MA PEAU SE SOUVIENT

Jean-Claude Jitrois

Ma peau se souvient

Autobiographie

Avec l'écoute bienveillante
de Vincent Petitet

Pauvert

Couverture :
Maquette : Delphine Delastre
Photo de couverture : © Rankin
ISBN : 978-2-720-21577-3
Dépôt légal : septembre 2024
Pauvert

À :

Édith,
Gilbert,
Philippe,
Véronique,
Yann,
Alexis

Prologue

Une femme agenouillée. Pour quoi faire ? On devine. Mais on se trompe. Une femme à genoux, pour un homme, c'est toujours la même chose. Plaisir furtif. Un petit tour et puis s'en va. Mais il ne s'agit pas de cela. De Dieu peut-être ? Une génuflexion ? Une pâmoison mystique ? La femme en extase se couvre le corps de neige. Les flocons tourbillonnent. Se posent sur sa poitrine nue. « C'est fou comme c'est chaud », hurle-t-elle. J'ai 5 ans. Cette femme fait partie du panthéon de mes souvenirs d'enfance. N'imaginez pas un paysage bucolique, mais plutôt la cour d'un hôpital psychiatrique. Montperrin, à Aix-en-Provence.

Le regard révulsé de cette femme me fascine. Troublant – cet épiderme qui bat au rythme d'une puissance sensuelle. Il faut imaginer les possédées de Loudun, prises d'une transe collective, habitées par le diable et son hybris. J'observe ses contorsions. La jouissance au contact du froid. Je suis avec ma grand-mère, assistante sociale au sein de cet établissement. Première vision de ce moi-peau, intuition première : cette enveloppe n'est pas seulement celle du corps, mais aussi de l'être entier. Et tout s'explique. Ma vie s'écrit déjà sur un palimpseste de chair. La peau comme seule maîtresse. L'observer, l'habiller, la toucher. Être par elle et bander à son contact. Bandantes, la psychanalyse, la psychomotricité, la création, la mode : bref, chaque épisode de ma vie.

Je n'ai jamais été parmi les frileux : « Dieu vomit les tièdes », comme le dirait Guédiguian. C'est pour cela que ma clientèle compte tellement de stars et d'artistes : parce qu'eux aussi conçoivent la liberté comme essentielle à l'exercice de leur art. Et qu'ils ne s'en cachent pas. Moi non plus. Je ne me suis jamais caché, bien au contraire ; j'aime donner à voir, partager une vision. Mes défilés ? Ce sont aussi des spectacles. Une mise en abyme, comme un miroir de la société. Un théâtre du regard et du toucher pour cuir *maniacs*, ambiance *Portier de nuit*. Mes amis photographes, maîtres du regard, ne s'y sont pas trompés, qu'ils aient pour nom Helmut Newton, Peter Beard, Jean-Baptiste Mondino ou John Rankin. C'est pour cela que j'aime que mes cuirs soient des aimants pour l'œil.

Il faut dire que j'ai appris la couleur au contact de grands maîtres : le roi Makoko, auquel, adolescent, je fus présenté au Congo. Je me souviens des boubous éclatants, des peaux de léopard, de cette puissance colorée de forces premières, comparables à celle de l'inconscient. La couleur qui s'unit au cuir, c'est Nice. L'École de Nice : César, Arman, Niki de Saint Phalle,

Ben. Nice, la ville de naissance de Jitrois. La couleur qui éclabousse le visible, autant que le cuir excite le ressenti. Ébullition. Intensité. Les Anglo-Saxons parlent d'*empowerment* pour désigner un sentiment de montée en puissance autant que de confiance en soi. Mes collections aussi sont une forme d'*empowerment*. Le vêtement est un renfort pour le moi. Un renfort de chair. Pour les femmes et les hommes.

Je suis tranchant, comme une lame de samouraï : je choisis vite, j'agis vite, je crée avec la détermination des passionnés. Car je suis aussi un sensuel. Si j'ai créé le « Skin Jean », c'est parce qu'à la sensualité de la peau répond celle du cuir. Enfant, je humais le blouson de cuir de mon père, aviateur. Je le touchais. J'aurais adoré me glisser à l'intérieur. Une odeur, une caresse : après l'épiderme battant et le froid de la femme extatique, l'épiderme caressé par le cuir usé du blouson de mon père. Et le trip transgressif qui va avec. Le revêtir ? Jouissif. Mais interdit. C'est un habit de pouvoir. Avec ses décorations. Le militaire. L'officier. La sensualité et la puissance vont bien ensemble. Vous avez saisi ? C'est la signification du cuir. La sensualité et la puissance, vous avez essayé ? Un langage dans lequel toute limite s'épuise. C'est l'empereur Hadrien, dont les *Mémoires*, écrits par Marguerite Yourcenar, sont mon livre de chevet. Ce qui est puissant m'attire.

Affligé d'un chuintement interdental qui me complexait au point de me paralyser, je fus longtemps timide. Pas surprenant, alors, que j'ai cherché et trouvé une matière qui puisse exprimer la force et la beauté. Pourquoi le cuir ? Parce que le cuir libère le corps. Donc l'esprit. Il est l'expression d'un mouvement que le vêtement doit prolonger. Je respecte infiniment le corps : c'est le script vivant de notre existence.

Revenons à mon histoire. Ma vie. Celle que je vais vous raconter. Pas celle des journaux ou de la presse people. Une vie qui oscille entre les marges et la création, entre le travail acharné et les fêtes étourdissantes, entre un Paris bourgeois et assoupi et mon Paris lumineux et transgressif. Je n'ai pas toujours évolué dans la mode. Quoi de plus pathétique que de se destiner à un seul métier dès son plus jeune âge ? Je suis un errant. Un *wanderer*. Je n'aime pas qu'on m'assigne un rôle, une destinée. Ma vie n'est pas un dessin animé avec un avant, un milieu et une fin. Trop prévisible. Mon itinéraire est aussi l'expression d'une personnalité, d'un psychisme. Agir, se mouvoir, c'est être vivant. Je ne suis pas un sédentaire. Plutôt un nomade qui imprime son nom sur les corps des plus grands mannequins et des célébrités *high-caliber*, au revers des fourreaux de la haute bourgeoisie parisienne, sur les fesses des mondaines, quart-et-demi, du monde entier, de New York à Pékin, de Saint-Tropez à Moscou. Aujourd'hui, c'est sur Tinder et sur Instagram qu'évolue cette High Society of Leather.

Je nais en 1944. Je grandis dans la France de l'après-guerre, la France de De Gaulle et la fin de l'Algérie française. Je suis élève dans le même lycée que Saint Laurent à Oran. Petit, je bourlingue déjà, car mon père, militaire, a été nommé en Afrique. La chose militaire me devient rapidement familière. À Mourmelon, je fais mon service. Et régulièrement le mur pour me taper l'institutrice du village. Je suis comme ça. Quand je vois un mur, j'ai envie de le franchir. Quand je vois une frontière, j'ai envie de voyager. J'assiste à la révolution de mai 68 enfermé à la caserne. Puis je suis formé au psychodrame et à la psychanalyse. Enseignement, publications scientifiques et universitaires : je ne plaisante pas. Psychomotricien de choc. Là aussi, j'assure. Me donne à fond. Tout le dispositif fonctionne bien. Tout ce que l'on attend d'un homme bien, installé. Je suis parfait. En apparence.

À 33 ans, ça tangue. Besoin d'aventure. Mon esprit ne s'accorde pas avec le confort. On ne peut demander à Rimbaud de s'en tenir au Parnasse. Je me lance dans la mode. Ma seconde épouse, qui le restera toute ma vie, n'est pas contre. Je commence dans un garage. Une vie de créateur et de chef d'entreprise. Tout marche vite et fort. Il faut dire que les années 1970 sont intenses. La mode, le cul, l'amour, la sensualité, la fête. L'intensité, toujours et encore. La sexualité, bien sûr. Dans les années 1970, les corps se dévoilent, se montrent, s'affirment. Hommes et femmes s'emparent des vieilles badernes de la sexualité pour revendiquer sa libération. S'affranchir de la conjugalité, des arrière-cuisines du sentiment, de ces contrats qui n'existent que pour qu'on les déchire.

J'accompagne ce mouvement. Ma vie personnelle aussi. Marié deux fois, des enfants. Puis des amants, des histoires de cul et des histoires d'amour, la vie en trouple avant l'heure. Baiser avec qui et quand je veux. J'étais déjà en 2022 il y a trente ans. Aujourd'hui, Jitrois est devenu le sésame de toute une culture assumée de l'émancipation et de la liberté du plaisir. Le Club Jitrois !

À la fin des années 1980, la maison Jitrois participe à l'exportation du savoir-faire français : j'habille les stars comme Elton John ou Johnny Hallyday, je crée une veste en python pour Gainsbourg. Il la demande rigide pour entraver son geste lorsqu'il porte la cigarette à sa bouche. Autre moyen pour s'arrêter de fumer. Stylé.

Les années 1990 sont plus *dark*. Si Céline Dion est une cliente et que le business prospère, une saloperie pointe son nez sans complexe depuis la décennie précédente. Le sida. Le noir est partout. Défilés funèbres. Corps décharnés. Silence, on crève ! Dans le cuir, le noir remplace aussi la couleur. Le monde de l'art est décimé. La mode, foudroyée. Certains de mes proches en sont victimes. Avant les trithérapies en 1996, l'hécatombe épouvante. Les amis que vous ne revoyez plus. Les amants qui disparaissent. Chaque mois, se dire : à qui le tour ? *Hard*.

Je me sens une responsabilité face à la mémoire de mes amis disparus. Je n'oublie pas. J'aime cet hommage aux victimes du sida que l'on appelle le Patchwork des noms : d'immenses banderoles de tissu où sont cousus les noms des disparus avec des motifs originaux et colorés. Ne pas s'enliser dans la mémoire de ceux qui nous ont quitté, mais plutôt l'entretenir, la transformer. « Silence = mort », crie Act Up. Il faut faire vivre ce patrimoine mémoriel.

Comme la mode fait vivre des savoir-faire ou comme un amoureux des vieilles demeures fait revivre un vieux château, mon vieux château.

Ne croyez pas que je m'imagine seul au monde. Comme un ermite dans mon atelier. Un créateur maudit loin de tout. Il y eut toutes les rencontres humaines que je raconterai dans le livre. Des hommes et des femmes qui comptèrent autant pour moi que pour ma carrière, qui surent apprécier immédiatement mon travail. Bienfaiteurs. Bienfaitrices. Muses et mannequins. Des princesses de Monaco à mes débuts et des stars d'Hollywood. Régine, qui me prodigua des conseils avisés.

Rencontres amoureuses aussi, avec des femmes et des hommes : après avoir vécu avec eux, je travaille avec eux et je continue à les fréquenter et à les aimer à ma manière. C'est ce que j'entends par fidélité. Nous créons ensemble une communauté de sentiment et de travail : la création, c'est aussi cela. Pas seulement les vêtements, mais les relations avec l'autre. « Faire de sa vie une œuvre d'art » : on en revient à l'Hadrien de Yourcenar et à ses amours avec Antinoüs. Rencontres intellectuelles aussi : avec Françoise Dolto ou Simone Veil, qui me nomma à la tête de l'Institut de psychomotricité de Nice. Rencontres avec des villes comme Londres, Pékin, Hong Kong, New York, Moscou et bien sûr Paris. Mon Paris. Si l'on me qualifie d'homme du monde, je l'entends non pas comme oisif ou mondain, mais comme sujet en action dans l'univers. « Le monde n'est pas si méchant », comme le chantait Barbara.

J'aime me voir comme un catalyseur. Un révélateur du potentiel caché des choses. Une peau de chamois devient une pièce somptueuse qui habillera Brigitte Nielsen. Mes cuirs épousent les formes d'Ariana Grande ou de Beyoncé. Kate Moss ou Cindy Bruna se coulent dans les peaux *made by* Jitrois. Une soirée, un festival, un bal, une *rave-party*, un *after*, un jeu amoureux : mon vestiaire est celui des intensités, des sentiments, des fêtes ou des saturnales. De la *night*. Liberté absolue de mes créations : des vêtements pour tous les moments de la vie, pour toutes les rencontres. Écoutez. Même à l'oreille, mes pièces sont annonciatrices d'épiphanies et de volupté : chemise Wander, blazer Maccus, pantalon jean. *Love on the Beat*. Un refrain à la Gainsbourg. Mes créations rendent à chacun un corps plus habitable et désirable. Elles le mettent en mouvement. Elles donnent l'envie de.

Ce livre, c'est une expérience, un témoignage. Un parcours. Comme les lignes de la main. C'est une vie. Ma vie. Une société en métamorphose. Mes transgressions annonçaient un monde plus tolérant, fluide et libéré. À 80 ans, je veux écrire une ode à la construction de soi. Donner aux jeunes générations les outils pour s'affranchir de valeurs qui ressurgissent de temps obscurs. En évoquant bien entendu les multiples rencontres de ma carrière, mais aussi en montrant que mes créations firent surgir tout un monde invisible que je portais en moi et que j'ai su donner à voir. Ce monde invisible mêle, au corps du thérapeute, les lignes de la matière et la graphie du créateur – soit une chorégraphie portée par un mouvement intérieur. C'est ainsi que le peintre Caspar David Friedrich présentait le geste artistique, une catharsis qu'il définissait en ces mots :

« Le peintre ne doit pas seulement peindre ce qu'il voit devant lui, mais aussi ce qu'il voit en lui, et s'il ne voit rien en lui, qu'il renonce à peindre ce qu'il voit devant lui. »

1

LES ANNÉES DE FORMATION

La comtesse de Ségur m'a trouvé si beau qu'elle a voulu me prendre sur ses genoux. J'ai 6 ans. Nous sommes en 1950. Elle, en tenue de cavalière. Altière telle une Amazone, je la revois, « agile et noble, avec sa jambe de statue », ressemblant à une madone baudelairienne. Elle porte un haut-de-forme. Des voiles lui caressent le visage et lui donnent les traits d'un rêve de taffetas. Que dire de sa silhouette ? Elle se déplace, magnifique, « soulevant, balançant le feston et l'ourlet ».

Mémé Lucie, ma grand-mère paternelle, m'a emmené à Bendor, l'une des îles Paul Ricard, surnommée l'île des arts de la Méditerranée. Le soleil y imprime une luxuriance qui dissimule un village de peintres et des musées. C'est au détour de l'une de leurs salles d'exposition que trône la comédienne Cécile Sorel, devenue comtesse de Ségur par son mariage. Lumineuse. Juchée sur un grand escabeau, elle pose face à un photographe. Me voyant, elle veut m'attirer à elle : « Viens là, petit bonhomme ! » Ma grand-mère me soulève et me hisse sur les genoux de l'Amazone vêtue de soie. Dans un balancement sensuel de va-et-vient, elle imprime un mouvement de cavalcade à mon corps, accélérant, puis ralentissant. Dans le même temps, elle m'amuse avec sa cravache. Ses seins contre mon dos, son souffle, le froissement des étoffes. Je me tends et me détends, je sens le tonus musculaire de ses cuisses dont la force me fait osciller : « À dada… » Quelques millimètres de tissu séparent sa peau de la mienne. Ma chair est la composante d'un jeu dont l'illustre comédienne du Français sait les règles, un corps-à-corps innocent qui en annoncera d'autres.

Ce jour-là, je devine que le corps est un objet de séduction, un véhicule de sensations nouvelles. Des années plus tard, ne serai-je pas universitaire, connu pour mes travaux sur la psychomotricité, mêlant intimement l'enveloppe charnelle à la psyché, le muscle à la sensation ? Cette connaissance par le corps, je l'expérimente ici, sensuellement, spontanément, au prisme de mon imaginaire d'enfant. C'est mémé Lulu qui en est comme l'éclaireuse : c'est elle qui me hisse vers Cécile Sorel, c'est elle qui me met dans les bras de la beauté, qui me rapproche de ce rêve de rubans et d'étoffes. C'est fort de ce troublant imprimatur qu'à mon tour, bien plus tard, je me jouerai des matières, non plus des rubans et des étoffes, mais du cuir, pour en orner les corps des hommes et des femmes.

Mémé Lulu, de son prénom Lucie, c'est la lumière de mon enfance : étymologiquement « celle qui donne ses yeux aux pauvres ». Elle est annonciatrice de l'homme que je deviendrai. Elle porte en elle mon futur. Des souvenirs comme des fusées. Des éclairs dans la nuit. Il y eut la femme agenouillée à l'asile de Montperrin. Il y a aussi cette femme-trophée de Bendor. C'est fort. Ça claque. Avec un goût particulier qui infuse en moi, comme une liqueur. Le nectar de l'enfance a pour moi une saveur matriarcale. Les femmes, aujourd'hui, je les habille. Enfant, elles présidèrent à mes visions. Je leur dois tant. Mémé Lulu me donna les clefs du monde. Mon *aposentador*, comme dans un tableau de Vélasquez : celui qui veille sur l'Escurial et en possède les clefs.

Assistante sociale intelligente et déterminée, elle m'apprend très tôt ce qu'est la volonté. Je suis fasciné par *Le Comte de Monte-Cristo*. Elle m'emmène au château d'If. Il y plane l'ombre de l'abbé Faria, le compagnon de captivité de Monte-Cristo, détenteur d'un trésor dont il lui dévoilera le secret. Le trésor de mon enfance, c'est mémé Lulu qui en est le plus bel éclat, qui saura le cultiver et le faire fructifier avec sa détermination et sa volonté. Si *Monte-Cristo* est un film en noir et blanc que je regarde chez moi à l'aide d'un vieux projecteur, avec mémé Lulu il devient vivant, cœur palpitant de mon imaginaire auquel elle a donné la vie. Mémé Lulu est infirmière. Pour moi, elle est une maïeuticienne m'accouchant de celui que je deviendrai.

Ainsi, c'est elle qui m'emmène pour la première fois au Festival d'Aix. On y joue *Dom Juan*. Je me souviens des maquillages, des perruques et des chapeaux. Des déguisements dans les coulisses. Du pouvoir du costume, de la force symbolique du vêtement. Ce sera le point de départ de mon parcours de créateur : s'habiller, se vêtir n'est pas simple question d'apparence. C'est une manière d'habiter le monde, de dire sur soi ce que l'on souhaite que le monde sache, de se protéger, de se mettre en scène et de rayonner. Je ne ferai rien d'autre lorsque je m'initierai au psychodrame, puis lorsque j'aiderai mes patients dans leur parcours de vie. Ce que je vois à l'Archevêché ce soir-là, c'est cette plasticité du corps, la multiplicité des façons de le montrer et de le sublimer. Le pouvoir de l'habit, je l'appliquerai à mon premier métier en créant pour mes patients des costumes en papier crépon, avant de faire du vêtement ma vocation définitive.

Mémé Lulu a un mari, mon grand-père paternel, côté Coste. Je le connais finalement très peu. Il partage sa vie entre les peintures d'oiseaux et le perfectionnement de son pédalo. Il fait monter mémé sur la table, avec deux gros baquets d'eau de chaque côté. Elle doit pédaler pour l'aider à polir le mécanisme. Mémé Lulu, c'est Aix-en-Provence. Le cours Mirabeau, le café des Deux Garçons. Elle en a d'ailleurs eu deux. Mon père, qui deviendra officier de l'armée de l'air, et mon oncle, Roger, proviseur à Alger.

Antoinette Gerbaudaut, ma grand-mère maternelle, est différente. Très bourgeoise. Origines italiennes. Elle a épousé mon grand-père Girod, gazé pendant la guerre de 14. Lui est Lyonnais. Commerçant prospère, il possède deux usines de chaussures : La Botte russe, la plus grande boutique de chaussures d'Aix-en-Provence, c'était lui. Son statut permet à ma grand-mère de posséder un luxueux appartement que j'adore. Il y a les velours de Gênes, *velluto di Genova*, qui ornent l'appartement.

Les fenêtres s'ourlent de rideaux noir et or. Je me perds dans les pièces qui étoilent le long couloir, m'amuse avec les papiers et les boîtes siglées La Botte russe.

C'est là qu'a vécu ma mère. Son frère Arthur, mon oncle, a également fait fortune dans le commerce. Il possède lui aussi un somptueux appartement. Je suis fasciné par un détail : les portes coulissantes qui séparent le salon de la salle à manger. Elles glissent avec un bruit léger, celui du luxe. La délicatesse d'un système qui roule avec facilité, sans accrocs. Dans mon appartement, aujourd'hui comme avant, j'ai fait poser de magnifiques portes coulissantes en pâte de verre de ma création.

À côté de l'opulence, la tragédie néanmoins : lors d'une visite à Antoinette, ma mère sursaute dans le vestibule de son appartement : « N'entre pas ! N'entre pas ! » Antoinette gît inanimée. Morte. Nimbée d'une forte odeur de gaz. Suicidée ? On ne saura jamais : Antoinette est partie avec son secret. Elle en a gardé un autre, à ma naissance, en 1944, à Narbonne. Afin de ne pas effrayer ma mère, elle me fait porter un bonnet pour cacher l'angiome que j'ai derrière l'oreille. Par délicatesse. Avant que l'on me retire cette grosseur qui s'avérera bégnine.

Antoinette et mémé Lulu sont comme les phares de ma petite enfance. Présentes par leur sens de l'action, leur détermination, qui se teinte chez mémé Lulu d'une grande générosité. Aimantes aussi. Elles savent m'apprendre le fondement humain de toute relation, son imprévisibilité et sa douceur, sans pour autant m'entretenir dans l'illusion mièvre d'un monde enfantin. Je comprends que l'existence est à la fois enchantement et lutte, qu'il y a des séparations et des unions.

Si mes parents sont immédiatement tombés amoureux, leur union sous un rapport social est moins évidente. Car les Girod ne veulent pas des Coste. Mon père, Coste, n'est pas un parti socialement convenable pour ma mère, Girod. Pas assez riche. Politiquement, les Coste portent à gauche. Chez les Girod, ça penche à droite. L'argent et la politique, les Montaigu et les Capulet, la rivalité en moins. Mais ma mère, Émilienne, est très éprise. Et mon père, Edmond, très séduisant. Élève officier à l'École de l'air de Salon-de-Provence, il porte beau. Alors on doit s'incliner face à ce mistral des sentiments.

Je vois le jour après leur mariage. Si je suis aimé par mes parents, c'est à leur façon. Ils forment un couple étrangement fusionnel. Parfois, je me sens observateur de cette dyarchie amoureuse. Pas une impression d'exclusion. Mais le sentiment d'être spectateur d'un lien fort, indéfectible, entre deux êtres. À sa mort, ma mère fera inscrire cette épitaphe sur la tombe de mon père : « Ici reposent cinquante ans de bonheur. » Mon enfance est l'entrelacs de ces deux mémoires : celle de l'amour de mes parents, et celle de l'existence que je construis en regard. Cela me permet néanmoins de devenir très autonome, de comprendre très vite que je ne suis pas qu'un objet passif, mais aussi un acteur de ma propre croissance. Et de jouir d'une certaine liberté. Je me souviens que ma mère ne se levait pas, le matin, pour m'emmener à l'école. Ni pour me préparer le petit déjeuner. Je pars seul à Aix, au lycée Mignet. Bien sûr, j'ai eu droit aux recommandations d'usage : « Ne parle pas aux étrangers », « Si on te propose de monter en voiture, pars en courant ». Ma mère a le *souci* de son fils. Mais elle se comporte avec moi comme les aristocrates d'Ancien Régime. Un amour qui ne se comprend pas à l'aune du temps passé ensemble. Un amour qui semble un peu distant, mais plein d'une affection profonde.

Seul sur le chemin de l'école, je passe rue Cardinale. Je joue dans la fontaine des Quatre-Dauphins. J'y jette des marrons qui parsèment le sol de la place où je fais les quatre cents coups avec les copains. Je suis sociable, j'ai des camarades. Je mène ma propre vie. Les fins de semaine sont ponctuées par le déjeuner dominical chez mémé Lulu, cours Mirabeau. J'adore sentir les effluves et les saveurs de sa cuisine provençale. Une odeur rassurante, enveloppante, comme la présence de ma grand-mère. Chacune à leur manière, ma mère et mes grands-mères savent prendre soin de moi, et la reconnaissance que m'inspire leur amour m'aide à grandir.

Mon père, quant à lui, est un homme occupé, régulièrement absent. Mais, tout comme l'odeur de son blouson de cuir, sa présence flotte dans l'air. Il a pour moi de l'affection et sait se comporter avec une certaine rigueur, sans pour autant faire preuve d'autoritarisme. Je vis une enfance de fils de militaire. Très tôt, j'apprends une certaine forme de discipline. Elle ne me pèse pas. Plus perturbantes, les mutations professionnelles de mon père se succèdent, en Afrique ou ailleurs. Lorsqu'il est muté en Algérie, en 1954, nous partageons la société des officiers et des expatriés. Le jeudi, nous allons dîner au cercle militaire d'Alger : service au cordeau, gants blancs, ambiance club anglais. Les codes de la vie coloniale. Les uniformes. Les galons et les médailles. Et le cuir, déjà : les ceintures, les souliers et, surtout, le fameux *flying jacket*, le blouson de l'aviateur.

Les militaires représentent un monde en soi. Une sociabilité hiérarchisée, un peu roide, qui passe par la tenue, les corps droits : on se redresse, on ne s'affale pas. Garde à vous ! Je comprendrai plus tard que le corps est un script : celui de l'obéissance, mais aussi, dans le monde militaire, de l'honneur. On se tient bien à table. On a des manières. Et, finalement, on est heureux. Pas de patriotisme excessif chez nous. Cela convient bien à tout le monde. Je suis insouciant, même si l'histoire ne va pas tarder à nous rattraper.

Oran. 1954. La Toussaint rouge. Ma mère et moi attendons le bus. Il est bondé. On hésite face à la foule compacte, puis, finalement, nous montons. Ma mère m'emmène à l'arrière, sur la plateforme, et le bus redémarre. Cinq minutes après : *boum !* Une déflagration. Des cris. À l'endroit même où nous attendions, une bombe vient d'exploser. Il s'en est fallu de peu – le destin. De cette guerre en Algérie, je ne me souviens néanmoins de presque rien. Je ne l'ai pas vue. Mes parents ont su me préserver. J'ai mes copains, leur nationalité m'est indifférente. À Oran, je suis inscrit à Lamoricière, vaste lycée construit au XIXe siècle, doté de plusieurs cours et de magnifiques palmiers à l'entrée. En 1942, il fut transformé en hôpital américain pendant douze mois.

Yves Saint Laurent y a été élève quelques années avant moi. J'en garde de bons souvenirs et de bons camarades. Comme Gabriel.

Séparés d'un an seulement, nous avons l'habitude de revenir de l'école ensemble, car nous habitons dans le même immeuble, rue Schneider, à Oran. Mes parents y ont un logement de fonction, mais je suis souvent seul. Gabriel vit avec sa mère ; son père, négociant, est retenu fréquemment par ses affaires. L'absence régulière de mes parents fait sans doute naître en moi une susceptibilité particulière au sentiment d'abandon, même si je sais y opposer une très forte propension à l'autonomie et un réflexe d'attachement à ma propre liberté.

Quelle n'est pas ma surprise lorsque, un jour, sonnant à sa porte pour saluer mon camarade, on m'ouvre et j'entends la mère de Gabriel s'écrier : « Jean-Claude, tu es là ? Viens dans la salle de bains. »

Je vois alors Gabriel nu, debout dans la baignoire, sa marraine lui frottant le dos à l'éponge. Que sa marraine lui astique le corps est pour moi inenvisageable, tant j'ai l'habitude de me débrouiller tout seul. Plus étrange : cette invitation, comme si la nudité d'un garçon de dix ans était chose accessoire, alors même que les enfants sont souvent très pudiques. Enfin, mon camarade d'école, mon compère, est nu face à moi et me présente un dos lisse, immaculé, sur lequel perlent des gouttes d'eau translucides. Il semble très vulnérable. Pour moi, il devrait être interdit d'entrer ou même de regarder, sauf peut-être par le trou d'une serrure. Il n'est pas question d'envie ou de convoitise, juste d'un regard qui glisse sur une peau – celui d'Ingres peignant, nues et de dos, ses odalisques au bain turc. Il n'y a rien à dire, rien à faire face à la naissance d'un trouble. De ce trouble éclora peut-être la singularité d'un désir futur, qui se distillera très lentement. Mais j'en ignore alors encore l'existence. Ce dos nu n'est ni un appel, ni une ostentation, mais d'abord une présence. Celle du corps dans sa simplicité et dans sa spontanéité.

« Excusez-moi. Je reviendrai. »

Je ne trouve rien d'autre à dire.

Je passe souvent le jeudi avec Gabriel. Une fois sur deux, nous rejoignons la station balnéaire de Canastel, à trente minutes d'Oran. Sa mère nous y conduit en voiture. J'adore ces petits voyages, assis à l'arrière de la berline avec mon camarade, profitant de la beauté lumineuse du paysage oranais. Bâti sur une falaise, Canastel est un lieu huppé, prisé par la haute société locale, qui profite de sa fraîcheur durant certains étés caniculaires. En 1925, on y a inauguré le Grand Hôtel, qui jouit d'une magnifique terrasse et d'une vue somptueuse sur la baie d'Oran. À côté du court de tennis se trouve le casino des Falaises. On descend dans les petites calanques par des chemins escarpés et, la nuit, s'élevant des maquis alentour, les hurlements sourds des loups dorés parviennent à nos oreilles. Cette nature généreuse, baignée de lumière et enveloppée du bleu fauve de la mer, donne à ces journées un air de paradis. Il y fait bon vivre. De ces lointains séjours, je tirerai mon amour de la Méditerranée, des bains estivaux dans les mers chaudes et des peaux cuivrées par le soleil.

À Canastel, le soir, la bourgeoisie oranaise promène son élégance en tenues blanches ou beiges, se laissant divertir par les spectacles burlesques qu'on y donne. Gabriel et moi nous y amusons beaucoup.

L'amitié qui me lie à Gabriel ne se dément pas. Lorsque mon père est nommé à Alger en 1955, l'éloignement physique ne m'empêche pas de rester en contact avec lui. Et quand, un an plus tard, nous nous installons à Nantes, je continue d'entretenir une correspondance régulière avec lui. Nous échangeons des photographies, j'évoque le plaisir de jouer de la guitare et lui me parle du soleil d'Oran. Je n'éprouve pas de nostalgie pour l'Algérie, mais un attachement à des lieux qui sont la toile de fond de notre profonde amitié. Nos échanges se raréfient un peu avant mon bac, en 1962, alors qu'il fait ses classes dans l'armée.

Entre-temps, c'est un autre rite de passage que je vais réussir. Je rencontre une jeune fille qui travaille pour la télévision, où elle crée des dessins animés. Un soir, nous nous promenons ensemble sur la plage de Menton. Nous nous asseyons et discutons. Puis nous nous allongeons sur une dalle de béton, chatouillés par les grains de sable dans nos vêtements. Nous finissons par nous embrasser. Ce qui suit tient de l'algarade fougueuse autant que du plaisir pénétrant. Cela me plaît et m'intrigue en même temps : voilà une nouvelle expérience à laquelle je me prête avec un plaisir mêlé de curiosité. Me reviennent à l'esprit les paroles de ma grand-mère : « Quand tu vas avec une fille, tu te retires et tu lui mets sur le ventre. »

À l'époque, être ce que l'on appelle une « fille-mère » est synonyme de honte sociale. En tâtonnant un peu, je trouve la position idoine pour qu'elle et moi profitions au mieux de l'étreinte. Soudain, un cri puissant sort de la gorge de ma partenaire. Je la regarde, surpris, craignant d'avoir fait un faux mouvement, puis me rassure en la voyant se pâmer, quasiment chavirer. J'ai compris : c'est ainsi que l'on jouit, me dis-je. Je ferai mien ce code de conduite tonitruant. Et je l'appliquerai dorénavant à chaque étreinte. Même si j'ai perdu de vue cette jeune fille, elle demeure dans ma mémoire à la fois belle et désirable, amoureuse et aimable. Son souvenir s'est sédimenté en moi autour de ce cri, dont l'empreinte érotique se ravive à chacune de mes propres extases, comme si, par une dette inconsciente, je lui restais fidèle. Comme une suzeraine cachée, elle règne par son cri que je reproduis à chacun de mes orgasmes.

Mon père est alors capitaine à Mourmelon. C'est pourquoi je passe mon bac à Reims. Mon envie d'indépendance ne me porte pas à de longues études, si bien qu'à l'issue de l'examen, sur les conseils d'une camarade, je décide de me rendre à Paris, à la Salpêtrière. On peut y entrer directement en troisième année de médecine pour obtenir un certificat de capacité en rééducation psychomotrice, après un cursus de deux ans sur le développement de l'enfant. Cette discipline en pleine évolution deviendra plus tard une pratique institutionnalisée, désignée par le terme de « psychomotricité ». Ce champ de recherche sera mon domaine d'activité pendant une dizaine d'années. Je le sonderai avant de l'enseigner et d'obtenir la reconnaissance de mes pairs. Portant sur l'ensemble des relations entre l'activité motrice et le psychisme, ma discipline utilise les ressources du corps comme véhicule thérapeutique, que ce soit par la respiration, la relaxation ou le jeu. Si elle ne confère pas le titre de médecin mais de praticien, elle est enseignée dans l'écosystème hospitalo-universitaire.

C'est par ce biais que je fais la connaissance du professeur Julian de Ajuriaguerra, neuropsychiatre et visionnaire. Ajuriaguerra, né en 1911, est de ces psychiatres qui fréquentent les surréalistes et se forment à la psychanalyse avec les successeurs directs de Freud. Contemporain de Jacques Lacan, professeur agrégé de neuropsychiatrie en 1946, son apport sera décisif dans le domaine de la psychiatrie de l'enfant. Il donnera à la psychomotricité une solide assise médicale. Ce père de la psychomotricité aura un rôle déterminant dans ma carrière universitaire et deviendra lui-même professeur au Collège de France en 1974. Le soutien de cet esprit brillant, d'une érudition médicale et philosophique reconnue par tous, ne se démentira jamais.

Je suis d'emblée enthousiasmé par les enseignements de la Salpêtrière, qui alternent entre la théorie et beaucoup de pratique. Dans notre petit groupe d'étudiants, car cet enseignement reste encore peu connu, la parité n'est pas à l'ordre du jour : nous sommes sept filles et un garçon – moi. Le professeur Léon Michaud, grand patron de médecine, me prend en sympathie. Il faut dire que je suis un étudiant attentif qui, loin de mener une existence bourgeoise et bohème, se préoccupe beaucoup de sa situation et de son avenir professionnel. Aussi, grâce à la secrétaire de l'Institut catholique, qui me trouve d'un commerce agréable, j'obtiens un logement chez un particulier au 13, boulevard Raspail. Du pain bénit pour l'étudiant sans le sou que je suis alors. Je peux profiter d'un logement au chaud.

Paris, au début des années 1960, est une ville balzacienne par ses contrastes : on y côtoie la splendeur autant que la misère, et la condition étudiante n'échappe pas à ce paradoxe. Les boursiers sont rares, et les inégalités très visibles. La ville elle-même connaît une métamorphose parfois brutale, avec des quartiers entièrement rasés. C'est une capitale en mouvement, dont un cinéaste comme Duvivier a bien capté les dangers et les attraits, et dont le ronronnement incessant me dépayse radicalement. J'arrive de Reims sans aucune relation, et me sens d'autant plus isolé que mes parents vivent au Congo, à la suite d'une nouvelle mutation de mon père.

Néanmoins, je profite d'un atout : je remarque déjà que je parviens à attirer facilement la sympathie et qu'il est fréquent que, coiffé d'une opportune crépine, j'obtienne sans intriguer les bonnes grâces des uns et des autres. Cela vient compenser des revenus précaires et des fins de mois difficiles. Quelques rencontres me sont favorables. Recommandé par la secrétaire de l'Institut catholique, je parviens à me faire embaucher comme répétiteur auprès des enfants d'Yvon Bourges, député et futur ministre de De Gaulle, Pompidou et Giscard d'Estaing.

Si monsieur Bourges m'octroie sa confiance, grâce, en partie, au statut d'officier de mon père, c'est également le cas de madame. Un jour, elle doit recevoir à dîner Roger Frey, ministre de l'Intérieur et futur président du Conseil constitutionnel. Elle ne peut se permettre le moindre écart. Indécise sur le vin à servir, elle me demande sans hésiter de goûter à chacun des flacons pour obtenir un conseil avisé. Je m'exécute, familier de certaines appellations, totalement ignorant d'autres, et improvise une forme de verdict. À peine âgé de 20 ans, je suis propulsé échanson d'un prestigieux dîner entre barons gaullistes. Satisfaite, madame Bourges me demandera d'aller donner des leçons aux enfants de Roger Frey, comme je le fais déjà pour les siens, en héros stendhalien. En quelques mois, je deviens ce que l'on nomme aujourd'hui un *slasher* : je multiplie les activités et les sources de revenus. Si bien que, après des débuts précaires, je peux m'acheter, petite consécration, une Renault d'occasion.

À cette époque, une autre rencontre s'avère elle aussi marquante. Se produit en effet au Golf-Drouot, salle de concert en vogue, un jeune rocker à succès. Je m'y rends un peu fébrile et très excité. Le spectacle commence : à ma stupéfaction, je réalise que je suis habillé exactement de la même façon que le chanteur : costume gris et cravate fine. Cela n'échappe pas à la sagacité du journaliste Pierre Desgraupes qui, pour sa fameuse émission, *Cinq colonnes à la une*, m'interviewe au sujet de Johnny Hallyday, car c'est de lui qu'il s'agit ce soir-là. Johnny Hallyday, qui deviendra plus tard un de mes plus proches amis, réalise une prestation brillante qui soulève l'auditoire. Son aisance sur scène est déjà remarquable et notre mimétisme vestimentaire en dit long sur notre façon commune d'habiter le monde. Le vêtement nous rapproche avant même de nous connaître. Il sera le tiers-objet qui scellera plus tard notre collaboration.

Mais un autre rapprochement m'occupe alors : je suis sur le point de rencontrer ma première épouse, Jeanine. Débrouillard et bourré d'énergie, j'ai pu décrocher un travail d'étudiant à la Food and Agriculture Organization, l'Organisation des Nations unies pour l'alimentation et l'agriculture. Sa vocation est de gérer l'aide alimentaire et d'aider au développement des pays les plus pauvres. J'y emballe des colis à destination des pays bénéficiaires des programmes d'aide alimentaire. La FAO est alors située 14, rue Saint-Benoît, à Saint-Germain-des-Prés, mais mon rythme de travail ne me laisse que peu d'occasions de profiter du monde germanopratin. En pleine période existentialiste, le Café de Flore ou les Deux Magots n'évoquent rien pour moi. Je passe souvent devant, sans savoir que le couple le plus glamour du Tout-Paris intellectuel et artistique en a fait son QG : Sartre et Beauvoir. Mon attention est davantage attirée par une belle femme, d'allure très bourgeoise, en charge des traductions au cinquième étage de la FAO. L'attirance est mutuelle et se développe si vite qu'en 1963, à l'âge de 19 ans, j'épouse Jeanine.

« C'est dommage qu'un si beau garçon se marie si jeune », me glisse Gabriel, invité à mes noces. Nos liens, distendus certes, ne se sont jamais rompus. Militaire,

Gabriel a obtenu une permission grâce à mon père et j'ai tenu à ce qu'il participe à la cérémonie. Il a marqué mon enfance, et je veux qu'il soit le témoin de mon entrée symbolique dans le monde adulte. Il fera la connaissance de mon épouse, et plus tard de ma fille Caroline.

Apprenant mon mariage, le professeur Michaud m'aide à obtenir mon premier poste à l'Assistance publique, où je deviens stagiaire dans un dispensaire d'hygiène mentale à Denfert-Rochereau. J'y travaille deux fois par semaine pour une rémunération de 25 000 anciens francs. Une jolie somme pour l'étudiant et tout jeune époux que je suis alors.

À Denfert-Rochereau, ma tâche consiste surtout à accueillir une faune bigarrée qui nécessite des soins (un euphémisme) ou du moins une prise en charge ponctuelle. La clientèle du dispensaire est alors constituée de prostituées de tous âges, d'alcooliques notoires ou d'une ribambelle d'hommes et de femmes à la symptomatologie parfois spectaculaire. Cela ne m'effraie pas : j'ai eu très tôt l'habitude de commercer avec cette population à l'hôpital psychiatrique Montperrin à Aix-en-Provence, sous la houlette de mémé Lulu, assistante sociale. Je navigue dans le dispensaire tout à mon aise, observateur, jamais choqué, mais toujours attentif à la patientèle. Afin de signifier mon statut de soignant, l'idée me vient d'acquérir une blouse blanche qui m'arrive juste au-dessus du genou, Yves Saint Laurent ayant lancé cette mode en multipliant les apparitions vêtu de la sorte. Tout à ma tenue immaculée, je me présente au dispensaire, sûr de mon effet. « Vous pouvez repartir. Si vous restez ici en fin de soirée, vous n'aurez plus de couilles », me décoche l'infirmière-chef en me jaugeant de bas en haut. En effet, il arrive que certaines patientes soient la proie de comportements imprévisibles. Qu'à cela ne tienne : je reviens le lendemain avec une blouse réglementaire, pas bégueule, car rompu depuis longtemps au folklore médical et à ses us.

Cette pratique, doublée de mes études à la Salpêtrière et de l'obtention de mon diplôme, me permet d'ouvrir en 1966 mon propre cabinet de consultation de psychagénésiste à Vincennes. Je reçois essentiellement pour les retards de développement de l'enfant ou pour des troubles comme l'énurésie ou même le bégaiement. Je suis en lien avec des médecins, pédopsychiatres le plus souvent, qui m'envoient une partie de leurs jeunes patients. J'écoute les parents, puis les enfants. Le métier me passionne.

C'est à cette époque que je fais la connaissance de Françoise Dolto. Médecin psychiatre et psychanalyste, elle a créé avec Jacques Lacan l'École freudienne de Paris, un des lieux les plus en vue du mouvement psychanalytique. Françoise Dolto est déjà connue pour ses travaux pionniers sur la psychanalyse des enfants et tient, depuis 1940, une consultation de pédopsychiatrie à l'hôpital Trousseau de Paris, qui attire tous les étudiants. Grande clinicienne, elle considère l'enfant comme une personne et non un sous-adulte. Sa pratique thérapeutique l'amène à travailler sur le langage et le corps, à l'aide notamment du jeu et du dessin. Son génie clinique lui fait entrevoir, par fulgurances, l'origine de certaines pathologies infantiles que nul autre n'aurait pu comprendre. Elle deviendra très médiatisée à partir de 1976, lorsqu'elle animera, avec le journaliste Jacques Pradel, une émission de radio sur France Inter, *Lorsque l'enfant paraît*, véritable événement dans le paysage psychanalytique et médiatique français.

Ce que l'on sait moins, c'est que Françoise Dolto est la mère du chanteur Carlos, figure populaire de la variété française jusque dans les années 1990.

Françoise est une femme brillante et très précise dans ses diagnostics. Parfois expéditive, elle est douée d'une très forte personnalité et d'une détermination qui lui sont utiles dans le monde très masculin de la psychanalyse et de la psychiatrie d'alors. Ce fort caractère rappelle mémé Lulu et sa volonté à toute épreuve : ce sera un trait commun aux femmes qui marqueront mon existence, comme ma seconde épouse, Édith, ou la géniale Giselle Soubiran, dont l'enseignement ultérieur sera décisif dans ma formation de psychomotricien.

À chacune de mes consultations, j'insiste sur les interactions avec l'enfant, que je fais souvent jouer et dessiner tout en l'observant. Je m'y intéresse d'autant plus que je suis moi-même jeune père. Considéré comme soutien de famille à ce titre, je bénéficie d'un report de mon service militaire. Je peux donc exercer mon activité et profiter de la stabilité de mon foyer.

Gabriel me rend visite entre deux permissions. Un soir, je l'invite à dîner avenue de Gravelle, à Vincennes. Notre employée de maison le fait entrer. Je suis de dos, debout sur un escabeau, en train de décrocher des rideaux. Il s'approche et m'attrape soudainement les jambes. Je manque de chuter et le repousse de façon instinctive.

N'est-il pas étrange que cette scène soit comme le symétrique de celle d'Oran ? Mais, cette fois, c'est moi qui suis de dos, donc vulnérable. Son geste m'apparaît anormal. Si j'en comprends instinctivement le sens, je sais qu'y répondre favorablement pourrait mettre en péril ma situation, mon union et mon foyer. Je l'interprète comme une menace pour la stabilité toute bourgeoise que j'ai patiemment construite. Moi qui ai souffert de la distance avec mes parents, je ne me sens pas prêt à briser les liens familiaux que j'ai moi-même désirés et noués par mon mariage.

Après le dîner, je le raccompagne néanmoins en voiture à l'entrée de la station de métro. Il se jette sur moi et m'embrasse. Une fois de plus, je le repousse, plus fermement, en lui demandant avec véhémence s'il est devenu fou. Je me sens agressé. J'ai envie de vomir. Le vomissement est toujours une réaction émotionnelle paradoxale, mêlant une forme d'excitation au rejet protecteur, et le débordement pulsionnel à la peur. Je dois me l'avouer : le trouble innocent que j'avais connu à Oran est revenu avec une vigueur nouvelle. Autrefois endormi et pacifique, le désir est désormais éveillé. Il me faut regarder en face cette inclination qui n'avait été qu'aperçue. Commencer à voir ce qui n'existait qu'à l'état latent. L'exprimer en me libérant de toute langue figée pour aller vers le nouveau, l'inattendu du désir – « la recombinaison, variée à l'infini, de composantes extrêmement anciennes », dirait le psychanalyste Carl Gustav Jung. Cet inattendu sera aussi un moteur dans ma carrière de créateur, où se conjugueront un langage du corps nouveau et un rapport au monde vif et authentique.

Peut-être est-ce pour ces raisons que je réponds favorablement, trois semaines plus tard, à l'invitation de Gabriel à dîner chez lui, boulevard Saint-Germain. Je m'y rends, à la fois curieux et excité, en me doutant de ce qui ne manquera pas d'arriver. Je sonne. Il ouvre. Inutile de parler. Au diable les conventions : il prend l'initiative et tout se précipite. Les baisers sont aussi brûlants que le soleil d'Oran et notre corps-à-corps ne fait qu'en attiser la morsure. Nous voici : deux jeunes hommes nus devant le feu de cheminée, au cœur de Paris, dont le tumulte nous paraît bien faible face à nos retrouvailles. Retrouvailles avec d'anciens rêves, retrouvailles avec un langage qui n'exprime plus la peur et qui fait sien l'aphorisme de Lacan : « Ne pas céder sur son désir. » La nuit n'en sera que plus extatique et s'achèvera sur mon cri, celui de la jouissance, celui que je poussai pour la première fois à 15 ans, sur une plage de Menton.

Toutefois, cette période m'inspire aussi une forme de malaise. Ma fille, Caroline, a trois mois, et Jeanine semble me délaisser pour faire primer son rôle de mère sur celui d'épouse. J'ai un vague sentiment de rejet face à cette fusion mère-fille. Or, nous sommes en 1968, et je suis contraint de partir au service militaire. Mais je suis chanceux, car, en tant que secrétaire d'un officier, je bénéficie d'une chambre pour moi seul. J'exerce aussi au service de santé, où j'accueille des conscrits torse nu qui défilent en rang d'oignons pour se faire vacciner de façon quasi industrielle : je pique dans l'épaule, j'injecte et hop ! Au suivant ! Mon train de vie, très confortable dans la vie civile, pâlit toutefois. Je suis obligé de vendre des cigarettes aux troufions pour améliorer l'ordinaire. En effet, mon épouse ne m'envoie pas d'argent et ne me donne que très peu de nouvelles. Son silence est accablant. C'est d'autant plus douloureux que les événements de mai nous imposent un strict cantonnement dans nos casernes, qui dure plusieurs semaines. Je me sens abandonné, disqualifié en tant que mari et en tant que père.

Je trouve une occupation qui soigne cette blessure autant que faire se peut : utilisant des draps comme support, je peins. Tantôt des couchers de soleil, tantôt des marines, parfois des ciels, mais jamais de personnages. Je m'amuse de ce détournement de la matière qui transforme le tissu en un espace de création libre et spontanée. Déjà se dessine mon inventivité dans l'utilisation du tissu et de la matière. Lourd de ces sentiments douloureux, je rentre à Vincennes à la fin de mon service. Jeanine m'attend, magnifiquement habillée pour le somptueux dîner qu'elle a préparé. Probablement son amour des conventions bourgeoises. Caroline est installée dans la chambre à côté, paisible. Nous passons à table et badinons. Malgré l'atmosphère agréable, ma décision est prise. La fin du dîner arrive simplement.

« On va se coucher ? me propose Jeanine.

– Non, réponds-je. Je dors dans la chambre de Caroline. »

La scène qui s'ensuit est étrange : Jeanine encaisse, muette, passive. Et quand j'ajoute : « Demain, je pars et je te laisse tout », je vois, dans sa réserve quasi silencieuse, une manière d'acquiescement.

Fidèle à mes paroles, je la quitte le lendemain et demande le divorce dans la foulée. Qu'aurait-elle pu me répondre ? Je me revois dans les baraquements militaires, sans nouvelles de ma femme et de ma fille, hanté par l'impression d'être une simple variable dans le plan de vie de Jeanine. Réduit à la portion congrue, sans autre statut que celui de géniteur éloigné. Décidément, je ne pouvais lui pardonner autant d'indifférence. Je m'éloigne de Paris et décide de partir pour Nice, où mes parents sont établis. Ils ne jugeront pas ma décision et m'accueilleront sans sourciller. Leur grand appartement me permet de disposer de ma propre chambre. Comble du bonheur : ils m'offrent dès le lendemain une 2 CV, avec laquelle je sillonnerai la Côte d'Azur pour mes vacations au sein de différents dispensaires d'hygiène mentale.

Ma formation me permet bientôt de travailler à l'hôpital Lenval, établissement de référence en matière de soins pédiatriques. Et tout me sourit. Je fais la connaissance de la psychanalyste Josiane Guillemaut, figure de l'institution. C'est une femme de tête ; en toute logique, nous sympathisons. Elle se lie d'amitié avec ma mère et me permet de faire des vacations pour l'Assistance publique dans différents dispensaires d'hygiène mentale du département : à Nice, au dispensaire Costanzo-Delfino ; à Cannes ; au dispensaire Vosgelade de Vence ; et à Saint-Laurent-du-Var. C'est au dispensaire Bariquand-Alphand de Menton, en 1969, que je rencontre Eunice Kennedy Shriver, sœur du président Kennedy et épouse de l'ambassadeur des États-Unis à Paris. Fondatrice en 1968 du mouvement Special Olympics, qui vient en aide par des activités sportives et de plein air aux personnes atteintes de handicap mental, elle porte un intérêt marqué à l'approche psychomotrice. Nous menons une conversation passionnante : cette femme remarquable me marquera par son intelligence et son attention aux problématiques de développement de l'enfant.

C'est d'une autre personne, non moins remarquable, que je fais ensuite la connaissance à Bariquand-Alphand. J'observe un jour une femme dont l'élégance reflète une grâce toute naturelle. En robe rouge, blonde éclatante, elle descend d'une petite Alfa Romeo. Je remarque sa ceinture en forme de grand rond-de-cuir, griffée Pierre Cardin, qui lui confère un impalpable charisme. Rien ne semble troubler cette jeune femme à la classe folle. Son style a tout de l'élégance à la française. Sa robe, ses accessoires, son maquillage, son teint, sa chevelure : tout en elle me parle de désir. Cette jeune et belle orthophoniste se prénomme Édith Wolgensinger et sa renommée de praticienne n'est plus à faire. En réunion hebdomadaire avec toute l'équipe médicale, Édith prend régulièrement la parole sur certains cas d'enfants difficiles. Je suis impressionné par la justesse de ses interventions, alors que je me sens encore en phase d'observation dans cette nouvelle équipe.

Le choix de cette discipline qui concerne les troubles de langage de l'enfant et de l'adolescent n'est pas étranger à l'histoire personnelle d'Édith, qui, à la puberté, s'est réfugiée plusieurs mois dans le silence. Puis, dès l'âge de 20 ans, elle s'est émancipée d'une éducation très rigide et d'un père grand chirurgien urologue, à la personnalité écrasante. Qui mieux qu'Édith peut comprendre que la parole empêchée ou le défaut d'expression d'une souffrance représente un handicap majeur pour le développement d'un enfant ? Son goût de la liberté et son intelligence l'ont probablement sauvée. Après quelques mois d'ennui à la fac de droit, l'orthophonie s'est imposée tout naturellement comme sa discipline d'étude et de prédilection.

Séduit, je l'invite à dîner la semaine suivante. Je découvre une femme cultivée et pleine d'esprit. Rapidement, je lui propose de se revoir. Au restaurant, j'observe ses gestes, qui, s'ils ne manquent pas de grâce, sont autant de signes très clairs : Édith exprime, par un langage verbal limpide, qu'il me faudra patienter avant d'aller plus loin. Elle protège son intimité : ce fut par le silence lorsqu'elle était adolescente ; c'est maintenant par une personnalité affirmée et très volontaire. Penaud, je rentre chez moi sous le charme, impatient et amoureux. C'est après une séance de ce film étrange, *Le Passager de la pluie* de René Clément, qu'Édith me laissera franchir ses barrières. Faut-il voir une coïncidence dans le fait que notre amour se soit concrétisé sous les auspices d'un film qui met en scène deux personnages, Marlène Jobert et Charles Bronson, habités par un secret et unis par le silence d'une disparition ?

J'épouserai Édith en secondes noces en 1971 ; nous aurons un fils, Jérôme, qui naîtra en 1975. Un amour charnel, presque addictif, nous unit, Édith et moi. Il nous arrive de faire l'amour trois jours sans discontinuer, nous levant juste pour grignoter et nous endormant entre deux étreintes. À cette parfaite entente sexuelle s'ajoute une forte connivence intellectuelle. Édith comprend mon métier et je comprends parfaitement le sien. Nous évoluons dans le même écosystème, procédons d'un souci commun, la psychomotricité et l'orthophonie. Cette synergie est très stimulante et participe de l'harmonie de notre couple.

Lorsque en 1970 je commence à enseigner la psychomotricité au CHU de Nice, Édith m'encourage et me motive. Elle sera longtemps ouvrière de ma réussite. Très au fait par son père des règles en vigueur dans le milieu hospitalo-universitaire, elle comprend vite que ma carrière risque d'être ralentie par ma formation universitaire trop courte. Elle me convainc de reprendre mes études afin d'obtenir un diplôme qui me donnera accès à des fonctions plus importantes. L'Institut supérieur de rééducation psychomotrice et de relaxation psychosomatique (ISRP), créé en 1967 à Paris par Giselle Soubiran, m'apparaît tout indiqué.

Giselle en assure la direction générale tout en y enseignant la méthode de relaxation qu'elle a mise au point. Masseuse-kinésithérapeute de formation, elle est une figure du milieu de la médecine psychosomatique de l'après-guerre. Femme de l'écrivain et médecin André Soubiran (auteur du best-seller en six tomes *Les Hommes en blanc*), elle est une des pionnières de l'introduction de la psychomotricité, en France et de sa reconnaissance comme discipline universitaire. Dès 1957, avec Julian de Ajuriaguerra, elle propose un enseignement libre de psychomotricité, et publiera avec ce dernier un article visionnaire dans la très sérieuse revue *La Psychiatrie de l'enfant*.

Giselle Soubiran et moi ne pouvions que nous entendre : sa force de caractère lui a fait traverser le xxe siècle. Née pendant la Première Guerre mondiale, elle obtient par la suite un diplôme de kinésithérapeute, à un moment où ce type de profession est peu ouvert aux femmes. Comme Françoise Dolto, elle est une clinicienne hors norme, aux qualités d'écoute hors du commun, et se battra pour faire reconnaître la psychomotricité comme discipline à part entière ; elle en bâtira les fondations académiques en formant les futurs praticiens. Elle ne reculera devant rien pour promouvoir « la psychothérapie à médiation corporelle » et parcourra le monde pour en généraliser la pratique.

Son énergie me plaît. La force qui se dégage de son discours tout autant. Notre estime mutuelle sera décisive pour ma carrière universitaire, et peut-être aussi pour ma carrière dans la mode. Ne me disait-elle pas que « quand on part gagnant, il faut être élégant » ? En 1973, Giselle me propose de créer et de diriger un institut de psychomotricité à Nice. Sa confiance m'honore ; elle est la conséquence d'une grande complicité intellectuelle.

Simone Veil, alors ministre de la Santé, me nomme à la tête de l'Institut de psychomotricité (ISRP) de Nice par décret.

S'ouvre alors une période féconde, d'une richesse intellectuelle dont mon épouse Édith est la première spectatrice. Je mène de nombreux travaux scientifiques tambour battant. Tout inspire ma pratique et mon approche de la psychomotricité. En 1975, je réalise un film sur les mouvements de mon fils Jérôme, alors tout bébé, et le présente avec succès lors d'un congrès de l'OMS à Genève avec Julian de Ajuriaguerra. J'explique, à partir de mes propres observations, l'importance du mouvement dans le développement du nourrisson et les conclusions que l'on peut tirer sur la santé de l'enfant à partir de leur classification. En 1975, je cosigne avec Giselle Soubiran un ouvrage de référence intitulé *Psychomotricité et relaxation psychosomatique* et deviens, en 1977, l'auteur d'un « Que sais-je ? » intitulé *La Psychomotricité*, qui fera date et sera réédité plusieurs fois.

Les années 1970 sont aussi le moment d'une nouvelle aventure avec la rencontre de Jacques Lacan, venu donner une conférence à Nice. Je l'écoute attentivement. Son génie théorique est incontestable et il règne en maître sur la psychanalyse, non seulement en France, mais dans de nombreux autres pays. Je comprends, en l'écoutant, l'importance d'entreprendre moi-même une cure analytique. Pourtant, c'est vers un psychanalyste jungien de Monaco que je me dirige. Le lacanisme m'apparaît trop froid, trop austère. L'univers jungien, du nom de son inventeur, Carl Gustav Jung, plus proche disciple de Freud avant leur rupture, est *a contrario* très incarné, presque charnel, et mêle les forces de l'inconscient à la mythologie. Sa connexion avec les symboles et l'art est puissante. Mais ce travail analytique, si passionnant qu'il soit, et pourtant long de plus de cent-cinquante heures, ne me suffit pas. Je veux aller plus loin. Au cœur même de l'enseignement jungien.

C'est à l'Institut Carl Gustav Jung de Zurich, accompagné d'Édith, que je poursuivrai ma formation. Créé par Jung lui-même, il s'agit d'un lieu d'apprentissage exceptionnel, sis au bord du lac de Zurich. Ses jardins sont propices à la réflexion et à la méditation, et sa bibliothèque de plus de 15 000 ouvrages est une invitation au travail et à l'étude des archétypes. J'y parfais ma connaissance de l'inconscient autant que ma culture mythologique, notamment par l'étude de la technique dite du « jeu de sable », qui consiste à laisser le sujet s'exprimer dans un petit bac à sable à l'aide d'objets hétéroclites. Le jeu de sable instaure un rapport de confiance avec l'espace et permet à l'inconscient de s'exprimer sans se laisser déborder. À l'intérieur de cet espace libre et intuitif, le thérapeute observe le sujet, ses attitudes et ses gestes.

Cette liberté, je la retrouverai avec le vêtement, à l'écoute du corps, de ses limites, certes, mais aussi de ses possibilités. J'ai toujours pensé le vêtement comme un intermédiaire dans une relation de confiance pacifiée avec l'extérieur. Mes créations symbolisent un rapport au monde qui se veut puissant et rassurant. Elles fixent un cadre qui peut pallier l'insécurité de l'individu. C'est d'ailleurs par le vêtement que j'agirai avec certains de mes patients, enfants et adolescents, en leur fabriquant des costumes de crépon afin de matérialiser symboliquement une nouvelle enveloppe protectrice. Dans cette enveloppe, le corps trouve suffisamment de sécurité pour se détendre et se renforcer, ouvrant ainsi un nouvel espace d'expression au psychisme. Cette technique du vêtement, je la perfectionne à Nice, dans le cadre de ma consultation, et la mêle à la technique du psychodrame de Moreno. Le non-verbal comme le verbal sont des composantes essentielles de l'action ; et le jeu de rôle, une voie d'accès majeure à l'inconscient.

Ma vie à Nice se partage alors entre mon cabinet, mes enseignements à l'Institut de psychomotricité et mes travaux universitaires. Édith est enceinte de notre premier enfant. Je m'essaie quelques mois à la psychanalyse lacanienne ; au retour d'une séance d'analyse, j'arrive à la maison épuisé. Je trouve Édith dans la salle de bains, le teint blafard. Je repense au visage effaré de Marlène Jobert dans *Le Passager de la pluie*. Elle m'apprend alors qu'elle vient de perdre notre bébé. Édith a dû faire face à une fausse couche seule. Elle reste maîtresse d'elle-même alors que je m'effondre en bloc. La nouvelle me sidère autant qu'elle me transperce. Je n'ai pas vu le fœtus ; elle s'est occupée de tout elle-même. Mon premier réflexe est bêtement de lui demander le sexe de l'enfant.

« Un garçon », me répond-elle.

Je m'efforce de la soutenir. Je lui dis que nous allons recommencer, que nous aurons un enfant ensemble. Si bien que, lorsque notre fils naîtra, en 1975, il sera prénommé Jérôme, ou « J'ai-encore-un-homme » en termes lacaniens.

Pendant cette seconde grossesse, Édith ne doit pas trop se mouvoir. Aussi, pour occuper ses longues journées, je lui offre le canevas entier de *La Dame à la licorne* dont j'ai fait l'achat au musée de Cluny à Paris. J'y adjoins le tissu et, à la différence de Pénélope qui se languit d'Ulysse, nous savons que notre enfant Jérôme sera bientôt là. Ce prénom est sans doute lié aussi à mon admiration pour le peintre Jérôme Bosch. Ses personnages colorés, d'une inquiétante étrangeté, n'incarnent-ils pas un pulsionnel en mouvement ? Objet d'étude passionnant pour un psychomotricien.

Lorsque Édith sent l'enfant arriver, elle est seule. Elle saute dans un taxi sans une seconde d'hésitation, avec la détermination et le sang-froid que je lui connais. Lorsque je la rejoins à la clinique Tsarewitch de Nice, à côté de l'église russe et du parc impérial, le bébé repose dans le berceau. En excellente santé. La force d'Édith, sa façon de tout gérer à la perfection, nous a permis d'avoir un fils. Je lui en serai éternellement reconnaissant. Elle reste pour moi un soutien indéfectible, mais intransigeant.

À Nice, fidèle au psychodrame de Moreno, je poursuis ma pratique avec des enfants et des adolescents. Une de mes jeunes patientes consulte, car elle semble refuser sa féminité, ce qui n'est pas forcément un problème. Néanmoins, elle en conçoit une grande détresse psychologique. Afin de la soulager, je l'invite à endosser le rôle d'une maîtresse de maison qui donne un grand dîner.

Pour incarner au mieux le rôle et lui conférer une forte légitimité, je l'habille d'une grande robe noire de papier crépon. Le psychodrame achevé, mon assistante, séduite par la robe, me demande la permission de l'emprunter pour une soirée, ce que, amusé, j'autorise bien volontiers. Le lendemain, je la croise :

« Alors ?

– J'ai fait un tabac, mais je n'ai plus la robe, me répond-elle, hilare. Ils étaient tous après moi, j'étais au centre des attentions et des discussions. Je me croyais une diva sur une scène improvisée. Imaginez qu'ils m'ont sauté dessus ! Un vrai carnaval. »

Cette anecdote fonctionne comme un déclic qui m'orientera vers un nouveau destin créateur. Il empruntera cette fois-ci, non plus la voie de l'inconscient, mais de la mode, quoique le premier n'ait jamais cessé de nourrir la deuxième. Pourquoi ne pas créer, pour des adultes qui y aspirent, un rapport au monde fluide et positif, dont j'ai expérimenté le bien-fondé avec mes jeunes patients ? Je devine à présent, en tant que thérapeute, ce que je pratiquerai par la suite comme créateur : le vêtement est cette seconde peau qui détermine notre rapport au monde. Autrement dit, se vêtir n'est pas un geste purement cosmétique ou futile. C'est une action à prendre en considération pour pacifier notre rapport au réel, pour faire du corps un objet de communication entre soi et les autres. S'habiller, choisir une matière est un signal puissant qui doit entrer en adéquation avec ce que je veux être. Dans mon travail avec les modèles, en préparation des défilés, cet aspect demeure primordial :

il faut que leurs postures et leurs attitudes expriment la signification que donne le vêtement à leur corps. Il ne s'agit pas seulement de s'habiller et de défiler de façon mécanique et standardisée ; il s'agit de rendre à la vêture sa signification, et ce qu'elle dit de celui qui choisit de s'en parer. Il faut prendre possession du vêtement autant que le vêtement nous possède. Il faut esthétiser notre rapport au monde en le fondant sur les ressources de notre corps.

2

LES DÉBUTS DANS LA MODE

Mon oncle Arthur roule à présent en Rolls-Royce. Arthur Girod, frère de ma mère, a fait fortune pendant la Seconde Guerre mondiale grâce au commerce de chaussures. En 1940, fabricant et vendeur de souliers, propriétaire de l'enseigne La Botte russe inquiet de l'arrivée des Allemands, lui vient une idée. Il regroupe tout son stock et s'en va, une nuit, enterrer celui-ci au cœur de la montagne Sainte-Victoire. Pendant l'Occupation, les pénuries sont légion et les chaussures n'échappent pas à la règle. Si bien qu'Arthur écoule sa marchandise au marché noir avec une insolente plus-value. Sa fortune ainsi faite, il se remarie et ouvre une boutique de cuirs à Marseille : « Qui dit cuir, dit Girod. » Si le slogan fait mouche, son sens des affaires n'est pas en reste. Ma mère, qui rend régulièrement visite à Arthur en ses boutiques, me parle souvent de lui. Je vois mon oncle lors de ses visites à Nice. À l'issue de l'une d'elles, il me fait cadeau d'une veste en cuir. Germe alors en moi l'idée que, du vêtement, je peux également faire une carrière. Mais cela reste un projet – pour lequel Édith et moi partageons toutefois un certain engouement. Aussi, quand ma mère évoque mes ambitions à Arthur, ce dernier nous propose-t-il un stock de blousons en dépôt-vente pour débuter notre activité de négoce.

Je n'ai rien contre : je suis un universitaire reconnu, à la tête de l'Institut de psychomotricité de Nice ; Édith, quant à elle, a sa consultation d'orthophonie, et nous élevons Jérôme dans un univers plutôt bourgeois. On s'y ennuie un peu. Nous avons cinq mois de vacances par an du fait de nos activités et ne savons finalement qu'en faire. Nous sommes heureux et tranquilles. Trop tranquilles. Nous avons besoin de mouvement. J'observe donc avec une certaine envie l'affaire prospère de mon oncle et les profits qu'il en tire. Si bien que je ne peux que répondre favorablement à sa proposition. Coïncidence : une petite boutique à l'air de rien est disponible rue Tonduti de l'Escarène, à Nice. Ni une ni deux : Édith et moi jetons notre dévolu sur l'adresse et ouvrons à l'été 1976 la boutique « J3 », en référence à la pièce de théâtre de Roger Ferdinand créée en 1943, *Les J3 ou la Nouvelle École*. On appelle ainsi cette classe d'âge concernée par les tickets de rationnement destinés aux 13-18 ans pendant la guerre. Ce sont aussi les « zazous », une jeunesse excentrique, mus par une révolte joyeuse et vêtus avec originalité, dont la vie festive est comme un pied de nez à l'occupant.

Plus tard, J3 deviendra la marque « Jitrois », à la suite d'une interview donnée à *Nice Matin*. En effet, je ne souhaite pas à l'époque que le journal me désigne par mon vrai patronyme, Coste, trop connu dans les milieux universitaires.

« Je ne vais pas vous appeler “Jean-Claude de la boutique J3”, me rétorque la journaliste. Et puis J3, écrit ainsi, ça fait marque de camembert.

– Écrivez-le en toutes lettres, lui dis-je.

– Jitroy ? me répond-elle.

– Non, c'est un peu ridicule et trop américain. »

Nous tombons d'accord pour « Jitrois ».

Avec l'aide de mes parents, nous rapatrions à la boutique le stock de blousons de cuir cédé par l'oncle Arthur, dans une atmosphère à la fois fébrile et amusante. Toute la famille est très excitée. Moi-même, je goûte le contraste absolu entre une entreprise commerciale de mode et ma carrière académique. J'ai à peine 32 ans et je retrouve l'engouement de mes débuts à Paris, l'attrait de la nouveauté et cette posture de défi qui me caractérisera toute ma vie : il n'y a pas d'adversité, il n'y a que de la volonté. Je garderai ce plaisir à désavouer la fatalité, cette indifférence au renoncement.

L'audace est depuis toujours ce qui me caractérise le mieux. Dans le fait d'oser, il y a un esprit d'ouverture presque ludique, la création d'un nouvel espace des possibles. Ce sont d'ailleurs les espaces et les lieux qui fonctionneront comme des catalyseurs pour le lancement de la marque Jitrois.

Ma première boutique jouxte un bar constamment bondé de jeunes. La boutique de l'artiste Ben, face à la nôtre, vend du pop art et draine une foule de personnes fantasques – d'influenceurs, dirait-on aujourd'hui. Ben deviendra l'artiste mondialement connu que l'on sait, exposant dans les plus grands musées. On peut voir aujourd'hui au Centre Pompidou, à Paris, le « magasin de Ben » reconstitué à l'identique.

Cet écosystème de la rue Tonduti de l'Escarène concentre à la fois clientèle et visibilité : que demander de plus pour le lancement d'une nouvelle affaire ? C'est néanmoins un événement particulier qui marque la naissance de la maison. Je comprends que la marque Jitrois doit habiter de nouveaux lieux, s'y associer. Nous créons alors, dans un club très en vue, La Camargue, notre premier défilé, initiative très novatrice dans une époque où les défilés n'existent qu'à Paris et selon des standards précis. Les hommes porteront des trenchs de cuir et des borsalinos. Les filles imiteront le look provocateur de James Bond girls dans *Goldfinger*. On fait bouger les lignes, on bouscule déjà les habitudes vestimentaires pour aller vers du psychodrame *fashionable*. Succès garanti. Alain Delon et son épouse Nathalie passent par là.

Édith et moi travaillons d'arrache-pied, avec l'aide indéfectible de ma mère. J'y mets tout le temps libre que me laisse ma carrière universitaire. J'ai l'intuition qu'il nous faut continuer à utiliser les ressorts du psychodrame et de la mise en scène pour pérenniser le succès de La Camargue. Aussi, inspiré peut-être par les *happenings* situationnistes et baigné des écrits de Moreno, j'ai l'idée de garer devant la boutique une rutilante Porsche Targa dans laquelle je place des mannequins de vitrine vêtus de nos blousons de cuir. Toute la rue se transforme en *happening* permanent scandé par la jeunesse locale, au diapason de la singularité pop art de Ben et de son commerce de disques.

Arrive l'été 1978. Si la boutique de Nice fonctionne bien, nos regards se tournent vers Juan-les-Pins et le cap d'Antibes. Ce sont alors des endroits très prisés par des artistes comme Prévert ou Picasso, mais aussi le lieu de villégiature de grandes fortunes européennes et américaines. Y règne une atmosphère fitzgéraldienne traversée d'un aréopage d'héritières, dont les lieux de prédilection ont pour nom le très exclusif palace Eden-Roc ou le chic et discret hôtel Le Provençal. Aussi décidons-nous, en profitant de cette clientèle estivale, d'y ouvrir le temps de quelques mois une petite annexe de la boutique niçoise. Nous faisons mouche. Nos modèles plaisent et se vendent bien, au prix d'un travail quotidien qui ne nous laisse que peu de temps libre.

Conséquence de nos efforts, notre stock s'épuise. Nous nous lançons dans la création et la fabrication, mais l'espace vient à manquer ; nous investissons alors un garage en face de la boutique de Nice. Nous y démontons les modèles pour les refaçonner de façon plus créative et plus travaillée. On défait des blousons auxquels on ajoute des peaux de cuir de Roberto Cavalli que nous allons acheter en Italie, à Florence. Cavalli, déjà un remarquable peaussier, n'est pas encore le couturier qu'il deviendra par la suite. Très florentin, il excelle dans l'impression de motifs sophistiqués sur des peaux délicates, avec des dorures assez chargées. Je travaille alors dans la veine de Dapper Dan en mélangeant des pièces de cuir très raffinées à des modèles plus accessibles. Deux ouvrières expérimentées nous prêtent main-forte. Le garage est comme un lieu de transformation et de travail du cuir, dont les odeurs se mêlent à celle du carburant.

C'est en 1979 que nous ouvrons une autre boutique, rue Maccarani, à Nice. Le quartier est plus interlope, mélange d'un luxe assumé et d'une canaillerie plutôt sympathique. Aux jeunes de la rue Tonduti se joignent désormais dandys et femmes légères devant notre boutique, qui tient davantage du couloir. Rosalba, notre divine vendeuse, fait merveille auprès de cette nouvelle clientèle. En miroir de Ben, rue Tonduti de l'Escarène, c'est l'artiste César qui marque l'endroit de sa présence régulière, d'autant plus assidu que la belle Rosalba est l'objet de tous ses égards. L'artiste vient y acheter des vêtements pour ses conquêtes. Si Ben assurait à notre boutique une belle visibilité, César fait de même pour nos pièces de cuir : une de ses maîtresses s'affiche en Jitrois dans un salon de thé très couru, le Scotch Tea House, à l'angle du jardin Albert-Ier. C'est César qui, plus tard, me présentera l'actrice Bernadette Lafont lors d'un festival de cinéma à Nice. César donnera finalement son nom aux trophées décernés annuellement aux artisans du cinéma français en créant une sculpture *ad hoc*.

Depuis ces années niçoises, ma marque est d'emblée associée à des lieux et à des ambiances qui créent un lien singulier avec les clients. Une boîte de nuit, un garage, une rue à la fois chic et louche : chacun de ces environnements crée une unité de lieu et de temps où se déploie l'expérience de mon univers. Mes boutiques elles-mêmes sont des espaces d'exposition et d'action. La boutique est une scène où je trouve une aisance et une énergie stimulantes. Je vais et viens entre différents lieux comme autant de mondes dont les expériences divergent ou convergent : l'Institut de psychomotricité et la rue Maccarani, l'université et la rue Tonduti. Se dessine une cartographie des lieux décisive pour ma future maison et mon avenir. J'en conçois une grande liberté. À mes chers collègues universitaires Soubiran et Ajuriaguerra se mêlent, sans jamais se mélanger, mes clients, César ou Ben. D'un auditoire d'étudiants sérieux, je passe à une foule interlope de noctambules et de cocottes. Giselle Soubiran elle-même me rend visite à la boutique. Ça remue, ça bouge : j'ai l'impression d'avoir plusieurs vies.

À Juan-les-Pins, j'ai sympathisé avec un vieux monsieur qui possède des boutiques de chaussures dans le Sud. Au cours d'une conversation, il évoque la possibilité pour moi de louer un emplacement pour l'été à Saint-Tropez. Il a entendu parler d'un glacier qui aurait dû l'occuper : malheureusement pour ce dernier, les machines qu'on devait lui livrer n'arriveront qu'à l'automne. Son été est compromis. C'est pour moi l'occasion d'investir la place ! Je m'organise à la hâte et, le même jour, j'achète une immense toile rectangulaire à rayures blanches et grises. J'ai une idée en tête. À minuit, je charge un camion loué pour l'occasion et, accompagné du vieux monsieur, je file à Saint-Tropez avec mon stock et ma tente.

Dans les années 1970, Saint-Tropez concentre tout ce que la Côte d'Azur a de plus glamour : célébrités, milliardaires en tout genre, artistes de renom. L'argent y circule facilement et dans des proportions stupéfiantes. Juan-les-Pins et le cap d'Antibes restent une destination de choix pour le gotha international, mais Saint-Tropez a un côté plus fantasque et bruissent de fêtes grandioses. On s'y amuse beaucoup, on y drague férocement et avec bonheur. Au détour d'une rue, on croise Brigitte Bardot et Annabel Buffet. Le lieu idéal pour ouvrir une nouvelle boutique. Cela ne m'échappe pas.

Arrivé en pleine nuit à destination, je prends possession d'une sorte de hangar à bateaux au sol en terre battue avec, en son centre, un faux puits. Kitschissime certes, mais doté d'une situation exceptionnelle, face au port, juste à côté du célèbre café Sénéquier, institution tropézienne. Je ne regrette pas l'achat de ma toile bigarrée, car je décide de monter un barnum sur-le-champ dans le style tente de campagne napoléonienne. Nous passons la nuit à la monter sans ménager nos efforts, et avec une certaine fébrilité. À 7 heures du matin, nous voici chez Sénéquier pour y faire une rapide toilette avant de retourner à notre campement. Pas le temps de dormir ! Nous y installons quatre mannequins.

La théâtralisation des lieux fonctionne : la tente joue le rôle d'un dispositif situationniste qui intrigue, qui attire d'abord comme un jeu avant de devenir un espace de vente. Appareille alors un magnifique bateau duquel descend une très belle et jeune femme qui se dirige droit vers nous. Elle repère immédiatement un modèle. Séduite, Florence Darty, l'héritière du groupe du même nom, en fait l'acquisition sans hésiter, après l'avoir tant bien que mal essayé dans un coin de la tente. Nous ne possédons pas de cabines d'essayage, mais qu'importe : le jeu fait partie de l'expérience originale Jitrois – on improvise dans la bonne humeur. Bien des années plus tard, Florence s'amusera plusieurs fois à me rappeler qu'elle fut ma première cliente à Saint-Tropez.

Fort de ce succès, je comprends que je ne peux faire l'économie d'une implantation durable dans ce petit village. En septembre 1978, j'ai vent d'une boutique à vendre à côté de la succursale Cartier, rue de la Ponche. Je réfléchis vite et synthétise ainsi mes conclusions : emplacement de choix, marque prestigieuse, clientèle fortunée et suffisamment audacieuse, prête à se laisser séduire par mes modèles en cuir. Je suis reçu par la propriétaire, madame Azzaro, épouse du couturier Loris Azzaro. Ce dernier est une célébrité du monde de la mode : il habille Brigitte Bardot, compte Sophia Loren, Raquel Welch et une galaxie sidérante de stars mondiales parmi sa clientèle. Il déploie un luxe inouï, se déplace dans une somptueuse Rolls, encore plus chic que celle de l'oncle Arthur, et organise des fêtes où se pressent *it-girls* et jet-setteurs. Joli pedigree. Cela me convient. J'entame les discussions avec Michelle Azzaro. Je remarque son superbe ensemble crème, dont la douceur pastel contraste singulièrement avec son tempérament de femme d'affaires redoutable à la tête de la SARL Loris Azzaro.

« C'est 80 millions », me réplique-t-elle sans sourciller quand je lui demande le prix de la boutique. Nous parlons alors en anciens francs.

Je lui réponds franchement : « J'en ai la moitié, soit 40 millions. Laissez-moi faire la saison et je vous donne la deuxième moitié. »

Elle accepte, prend l'argent et le fait disparaître dans le tiroir.

Une connivence tacite s'est installée entre nous. Elle y croit. Cela me galvanise. Sachant que les boutiques niçoises tournent bien et que Juan-les-Pins est un succès, je me jette dans le travail. La boutique tropézienne devient ma priorité : j'y travaille, j'y dors et ne m'autorise aucun répit. Je suis animé d'une volonté soutenue par la conviction que Saint-Tropez est, pour la marque Jitrois, une étape vers plus grand. Ce mode de vie spartiate tourné vers le travail me galvanise. Je ne m'économise pas : le soir, je m'endors en pensant au lendemain et aux nouvelles façons de mettre en valeur mes modèles ; le matin, je me lève à l'aube et je récure tous les moellons qui parsèment la boutique afin de leur donner un aspect rouge typiquement provençal. Aucune tâche ne me rebute : je fais tout et je supervise tout. Je suis entièrement tourné vers la réussite de cette boutique. Fidèle à ma vision théâtrale des lieux, je crée cette fois-ci un décor champêtre, puis j'en change le lendemain. Rien n'est prévisible chez moi : je veux continuellement surprendre.

Si Saint-Tropez est une véritable ruche l'été, la fin de saison est plus terne. Fin octobre, tout ferme et je me retrouve bien seul dans cette ambiance un peu grisâtre, il faut l'admettre. J'ai l'impression d'un petit village désert et déprimant. Seule une animation vient égayer ma fin de saison : le soir, à la fermeture, j'aperçois parfois les phares d'une grosse berline qui s'arrête devant la boutique. Un petit cénacle de femmes légères s'éparpille et vient faire ses emplettes sous l'œil sagace de sa « directrice de conscience ».

Les penchants des uns et des autres m'importent peu : les années 1970 sont un temps de libération, où les mœurs s'affranchissent en même temps que les corps. Certains lieux en condensent toute la liberté, comme l'île du Levant.

Ce coin de terre, qui fait partie des îles d'Or, est situé face au massif des Maures. Il dispose d'un littoral exceptionnel, baigné par un soleil resplendissant et réputé pour sa partie sauvage et naturiste, le domaine d'Héliopolis. Édith et moi aimons y lézarder nus sur la plage. Un jour, mon regard est attiré par un jeune homme, grand, au corps magnifique. Nous entamons la discussion. À son sourire et son regard, je perçois l'audace voluptueuse d'un garçon à la Cavafy. Édith est elle aussi sensible au charme de ce beau marin souriant. C'est tout naturellement que cette rencontre se transforme en passion nocturne. Nous sommes tous comme envoûtés par l'esprit libertaire de l'île, où la simplicité du désir nous porte indolemment les uns vers les autres. Point de morale ou de pudibonderie, mais une persévérance du désir qui s'exprime avec le plus grand naturel.

Nous passons tous les trois une inoubliable nuit, bercés par la sensualité de cette lumière si particulière.

Lorsque notre partenaire nous quitte le lendemain matin, Édith et moi l'accompagnons. Il s'éloigne lentement, en bateau, dans son uniforme de marin et, comme dans *L'Amant* de Duras, disparaît sous nos yeux embués. En le voyant s'éloigner, je devine, sans encore la comprendre, la nostalgie de ce que j'ai été, mêlée à une intuition presque adolescente de ce que je serai. Une vie de création dédiée au corps et portée par une invention permanente. Jitrois sera le cœur de cette invention.

Cette vision du vêtement et l'expérience du psychodrame, l'intensité de mes efforts quotidiens, le travail à la fois éreintant et exaltant me permettent de respecter l'engagement pris auprès de madame Azzaro. Je parviens en trois mois à rassembler la somme de 40 millions qui me semblait mirobolante. Je conclus de cette expérience qu'il me faut désormais viser une clientèle internationale.

En 1979, un jeune homme rentre justement dans la boutique et m'explique qu'il cherche du travail. Beau et bien fait de sa personne, Michael a une autre qualité : il parle couramment anglais et est doué d'une aisance naturelle. Ayant fait commerce de ses charmes aux États-Unis, il y a sans doute acquis cette grâce sociale qui fait merveille dans le commerce avec les clients. Je ne m'en plains pas. Il est amusant, charmant et, naturellement, nous couchons ensemble. Michael a beaucoup d'imagination et me surprend par son inventivité. Un jour, il me rejoint et sort un revolver de son sac. Face à mon air un peu interloqué, il assène en riant : « C'est un faux ! » Ce n'est que le soir, à la maison, que je comprends son utilité pour Michael, qui veut s'en servir comme d'un sex-toy.

Michael garde cette attitude très américaine, décomplexée et spontanée, même dans les situations les plus inattendues. L'imprévisible et la surprise deviennent un moteur de vente ; cela ne se dit pas, mais se vit intuitivement. Je regretterai son retour aux États-Unis, car il comprend parfaitement la spécificité de mes boutiques : le dépaysement du client via des situations changeantes. Je décide de spectaculariser celle de Nice en ornant la grande arche de miroirs en son centre. Une fois de plus, je m'attelle moi-même à la besogne : achat des miroirs, placements et déplacements, fixations aux murs et au plafond. Je ne chôme pas. Je m'improvise décorateur et créateur sous l'œil convaincu de Michael. Je mets la même énergie dans la théâtralisation de tous mes points de vente, si bien qu'émerge une continuité d'expérience pour chaque client, qu'il soit à Saint-Tropez, Juan-les-Pins ou Nice.

C'est à Nice, justement, qu'en 1980 je rencontre Gilbert. Il est en prépa HEC au lycée Masséna, mais son premier échec au concours, qu'il réussira néanmoins à la deuxième tentative, laisse ce beau jeune homme perplexe sur son avenir. Devant l'absence d'un de ses professeurs, il décide un après-midi de se rendre avec une quinzaine d'amis à la boutique de la rue Maccarani. En effet, une annonce parue dans la presse locale fait état d'un casting de jeunes mannequins. Cette joyeuse bande s'agglutine devant la boutique, sans vraiment prendre la démarche au sérieux.

Très vite, ma mère, présente ce jour-là et inconditionnelle de la boutique, désigne Gilbert, dont l'allure lui semble parfaite pour la marque, et le fait entrer. Je le jauge l'air de rien, j'observe son image dans un miroir, je le détaille en professionnel : l'expérience de psychomotricien alimente singulièrement l'œil du créateur. Par la suite, Gilbert m'avouera qu'il a trouvé ces façons cavalières, même s'il me trouvait sexy dans mon jean serré et mes santiags. Qui aurait pu deviner que nous allions partager quarante années de vie commune ? Qui aurait pu croire que ce jeune homme de 19 ans, ancien enfant de chœur, me ferait découvrir Marguerite Yourcenar, grande passion littéraire de ma vie ?

Gilbert est beau. On le remarque, car il est grand et sportif. Je lui propose de faire une séance photo dans notre salon de thé habituel, juché sur une Jaguar verte. La mise en scène est audacieuse, car la voiture semble défoncer la vitrine, à l'image de ma marque qui explose les standards de la mode et du cuir. On y perçoit de la puissance, ça claque d'autant plus que la jeunesse des modèles donne une énergie folle à la scène. En choisissant Gilbert, ma mère ne s'est pas trompée. Comme il fait froid, je lui prête mon blouson – une pièce Jitrois qu'il a repérée un an avant dans la boutique, tout comme ma mère, qu'il avait aussi aperçue. Coïncidence ? Giraudoux ne disait-il pas que le destin est la forme accélérée du temps ?

Rapidement, je noue avec Gilbert une relation amoureuse qui marque aussi la rencontre de deux caractères liés par une forme de discipline : celle que j'ai apprise auprès de mon père officier, et celle que Gilbert a acquise auprès de ses parents. Ces derniers possèdent une pâtisserie prospère à Nice ; le travail leur tient lieu de credo. Ainsi, Gilbert participera naturellement à l'essor de la maison. Il s'y investira sans compter. Il en sera et en demeure un des premiers promoteurs.

Notre relation est aussi le fruit de nos tempéraments méditerranéens : on se dispute, bien sûr, les portes claquent, les fenêtres aussi. La lumière de Giono éclaire nos vies, mais la langue de Pagnol se lit sur nos lèvres. Nous sommes des amoureux sanguins. Après les éclats, nous nous réconcilions sur l'oreiller ; nous aimons nous lover l'un contre l'autre, bercés par la prose de l'académicien Dominique Fernandez dans *Porporino ou les Mystères de Naples*, dont Gilbert me fait la lecture. Il a découvert ce livre sur les conseils d'un ancien amant, professeur de latin et de grec. Ce roman a un je-ne-sais-quoi de révolutionnaire dans le sujet et de prophétique dans ce qu'il dit de nous : il narre l'éblouissante vie des castrats dans une Europe du XVIIIe siècle pleine de folies, de splendeurs et d'excès. Sans tabou. J'ai souvenir d'un extrait de la quatrième de couverture :

> « L'esprit des castrats était un esprit de liberté absolue, un défi à tout ce qui limite, une façon travestie de renouveler les mythes orphiques de la création. »

Il y a du Jitrois dans ce roman et du Porporino dans les envolées de feu et de tendresse qui habitent le beau visage de Gilbert. Beau, certes, mais redoutable en affaires et très intuitif.

Si la boutique de Saint-Tropez connaît de beaux succès, Gilbert et moi souhaitons écrire une romance sur le village. Nous y travaillerons tout l'hiver. Le contenu du livre n'est pas des plus palpitants, mais sera curieusement un immense succès de plage l'été suivant. Souhaitant mettre en valeur le côté « Saint-Tropez », nous faisons appel au peintre Ivan Hor pour la couverture : il réalise une belle marine dans son style primitif moderne. Bien plus tard, fort de sa notoriété, Hor réalisera l'affiche de la World Cup qui se tiendra en 2003 dans la même ville.

Le titre tient pour moi de l'évidence et me fait encore sourire aujourd'hui : *Du côté de… Saint-Tropez*. Après tout, le Sud a lui aussi un côté proustien ! La quatrième de couverture figurera un gros plan de mon visage, dont nous réaliserons environ 200 affiches. Elles deviennent les porte-drapeaux du bouquin, un soir où, discrètement, Gilbert et moi les collons sur toutes les bittes du port de Saint-Tropez, chargées de larges panneaux. Nous prenons soin de les tourner face aux passants et notamment face à la terrasse de Sénéquier. En l'espace d'une nuit, le port de Saint-Tropez est pavoisé aux couleurs de Jean-Claude Jitrois, qui devient pour quelques heures sa figure tutélaire !

C'est alors que Gilbert et moi draguons un grand brun, Charles, avec qui nous passons la nuit. Je le trouve très attirant et sexy, d'une expression plutôt soutenue. Il nous apprend qu'il a assisté pendant quelques mois aux débats de l'Assemblée nationale en autodidacte et qu'il y a appris cette façon très particulière de parler.

« Qu'est-ce que tu fais à Saint-Tropez ? lui demandé-je.

– Pas grand-chose », répond-il.

Je lui propose de venir nous aider à la boutique, puisque Michael a mis les voiles. Un peu jaloux, Gilbert n'y voit toutefois rien à redire. Charles y révèle un bagout incroyable qui nous assure des ventes croissantes. Mon livre étant en dépôt, j'ai alors l'idée de le lui faire vendre sur les plages de Saint-Tropez. Naturellement, il fait sensation et parvient en quelques semaines à liquider l'ensemble du stock, auprès de plagistes captivés par ses qualités de bateleur. Lorsqu'il se fait pompeusement draguer par une altesse princière, il quitte tout et disparaît sur son splendide yacht.

Quelques années plus tard, nous aurons la surprise de voir s'arrêter une magnifique Rolls devant la boutique de Saint-Honoré et d'en voir sortir un Charles tout sourire, élégamment vêtu. Il nous explique avec sa verve habituelle qu'il travaille désormais dans l'immobilier. Rusé comme un renard, il réussit très bien dans cette forme de business, comme l'attesteront son magnifique appartement au Trocadéro, où il nous invitera à dîner, et son hôtel particulier à Paris.

À Saint-Tropez, artistes et stars côtoient altesses sérénissimes et princières. Alors qu'une femme élégante essaie tranquillement vestes, robes et pantalons, Gilbert vient me trouver : « Cette personne me dit quelque chose. »

Probablement absorbé ailleurs, je ne prête pas attention à la jeune et belle élégante. Au moment de régler, elle tend simplement un chèque vert de la BNP à Gilbert : à la couleur du chéquier, celui-ci pense son intuition trompeuse, mais rapidement il y déchiffre « Monaco ». Puis la visiteuse quitte la boutique, satisfaite, au bras de son premier époux, Philippe Junot. Nous conserverons ce premier chèque tel un grigri, sans jamais l'encaisser. Notre mystérieuse amatrice revient la semaine suivante avec la richissime héritière Bozzano ; cette fois-ci, je la reconnais immédiatement. Elle a l'élégante simplicité des grands aristocrates, qui savent vous mettre à l'aise avec une aisance princière dénuée de familiarité. Nous badinons ; la princesse Caroline conseille son amie Bozzano. Elle devient cliente régulière. Un été, alors qu'elle passe par le plus grand des hasards à la boutique, nous voici habillés à l'identique : un jean, une ceinture, des baskets et un haut simple. Nous nous promenons dans les rues de Saint-Tropez, attirant à nous les paparazzi.

Gilbert sait m'épauler. Il sera à mes côtés lors de notre premier voyage à New York, suggéré par notre amie Ingrid Méchoulam. L'hôtel du Cap-Eden-Roc, à Antibes est un des palaces les plus prisés de la jet-set. Cole Porter, Ernest Hemingway, Rudolph Valentino ou Pablo Picasso y ont leurs habitudes. Certaines de mes clientes aussi, comme Ingrid, épouse du richissime Félix Méchoulam. Né pauvre à Salonique, Félix a construit sa colossale fortune sans autre alliée que son audace. Il n'en tire aucune arrogance et, si son regard brille d'une redoutable intelligence, sa bienveillance s'y devine également. Il adore son épouse et cède avec amusement à ses caprices. Ingrid passe sa vie entre croisières sur d'immenses yachts et séjours dans l'une de leurs résidences d'Acapulco, Capri, New York (Cinquième Avenue) ou Paris. C'est une femme libre qui sera la compagne des quinze dernières années de la vie de Françoise Sagan. Elle me la présentera quelques années plus tard, lors d'une de ses virées dans la boutique du Faubourg Saint-Honoré.

Je la revois encore, grande et plantureuse, cheveux acier, jouant des sommes astronomiques au backgammon, avec ses amies Monica Davidoff ou Domino. Je l'ai rejointe à sa demande pour lui livrer des modèles. L'ambiance est détendue. Nous devisons au bord de la piscine de l'Eden-Roc, face à la mer baignée d'un bleu à la Raoul Dufy. Entre deux jets de dés, le poignet cassé faisant tinter l'or de ses bracelets, elle me dit nonchalamment en souriant : « Jean-Claude, j'adore tes fringues. Pourquoi ne viendrais-tu pas à New York ? J'organiserais volontiers une soirée pour toi et j'inviterais mes copines. Allez, Jean-Claude, s'il te plaît. Félix serait tellement content. »

Monica et Domino approuvent avec entrain. Nous sommes au cœur de l'été. Les jet-setteurs sont à Saint-Tropez jusqu'à fin août. L'été indien débutant mi-octobre et la saison mondaine reprenant à New York, début novembre serait la période idéale. Notre boutique de Saint-Tropez nous a permis de comprendre que nos clientes jet-setteuses sont avant tout des nomades. Le monde est leur terrain de jeu, et, si elles viennent à nous à Saint-Tropez, il est temps que nous allions à elles à New York. J'accepte donc avec enthousiasme.

Gilbert et moi sommes très excités, car, en 1982, les États-Unis sont pour nous une *terra incognita*. Dominique Ventura, pétulante attachée de presse en cheville avec la terre entière, dont Andy Warhol, doit nous accompagner. Un détail nous chiffonne cependant : le passage à la douane. Comment faire circuler des marchandises, et singulièrement des pièces de couture, sans une déclaration préalable et le règlement d'une taxe qui pourrait monter aussi haut que les sommes jouées par Ingrid Méchoulam au backgammon ? Tout simplement en carottant : tel un savant origami, nous décidons de mélanger dans nos valises vêtements usuels et modèles en cuir pliés côté doublure.

Je demande à Dominique de se prêter au jeu, notamment pour les tenues les plus féminines. Elle louvoie et hésite. Avec la nuance qui me caractérise à l'époque, j'entre dans une colère noire et hurle. Nous lui payons le voyage et elle fait la fine bouche ! Elle a l'outrecuidance de refuser de nous aider : je lui reproche sa mesquinerie ; des objets volent, portés par mes rugissements ; je brandis son billet d'avion pour New York, que je déchire en mille morceaux et lui jette au visage, en confettis. Après moults pleurs et cris – les attachées de presses et les stylistes sont d'excellentes tragédiennes –, elle se range finalement à mes arguments. Gilbert et moi bourrons ses malles de nos plus beaux modèles, alors que Dominique s'absorbe dans une séance minutieuse de recollage de son billet d'avion. Nous prenons le vol de jour pour New York. Arrivés à la douane, Gilbert, en Méditerranéen sûr de lui – il a alors environ 22 ans et porte sa beauté comme une couronne –, passe les contrôles sans encombre, toisant les officiers un brin dédaigneux. De mon côté, je n'hésite pas : comme dans la mode, j'entre aux États-Unis un peu par effraction, sans demander la permission. Derrière ses lunettes fumées, Dominique Ventura fait moins la maligne. Elle passe tout de même.

Nous sommes comme des explorateurs d'un territoire nouveau : « Je leur apporte la peste », aurait dit Freud lors de son premier voyage comme psychanalyste à New York. Jitrois leur apportera son regard, un peu de l'École de Nice, une nouvelle vision du cuir. Gilbert partage mon enthousiasme. Nous n'avons pas le temps de douter. Pour certains, la peur conditionne le futur. Pour moi, l'audace tient lieu de boussole. Un ami de Dominique doit nous prêter son appartement de rêve, dans l'Upper East Side, mais évidemment nous n'arrivons pas à le joindre.

Il est une heure du matin. Nous voici perdus au cœur de Manhattan sans point d'attache. Heureusement, Dominique ne manque pas de ressources. Elle demande au taxi de nous déposer au bas d'une immense façade de verre sise au 36 Central Park South, face à ce qui nous semble, au cœur de la nuit, une jungle urbaine à la topographie inquiétante et dense : Central Park. Une métaphore de nos sentiments pour New York, cette grande inconnue. On nous ouvre les portes du 36, qui n'est autre que le Park Lane Hotel, un établissement de luxe où la première chambre se négocie à partir de 700 dollars.

Gilbert et moi tremblons devant la morgue des portiers, mais Dominique les ignore superbement et se dirige vers la réception. À force d'arguments et de palabres, et au vu de l'heure avancée, elle parvient à négocier une chambre avec vue sur le parc à hauteur de 100 dollars. Nous nous effondrons, épuisés, Gilbert et moi sur le lit *king size*, Dominique sur le gigantesque sofa.

Nous sommes réveillés par la lumière de notre premier lever de soleil new-yorkais. Plutôt : par le rougeoiement des couleurs automnales sur l'immensité de Central Park. Ce qui nous était apparu comme une jungle hostile s'avère un somptueux tableau aux couleurs fauves. La baie vitrée de notre chambre nous en offre une peinture magnifique. Si « la Terre est bleue comme une orange », New York nous apparaît rutilant comme nos espérances. Son immensité nous saisit. Encore groggys du jet-lag, nous saisissons nos valises pour partir à l'assaut de Madison Avenue et de ses boutiques, bien décidés à les écumer une par une afin de présenter nos modèles.

À New York, la richesse est proportionnelle à la distance qui sépare « ceux d'en bas » de « ceux d'en haut ». Comme le chante Billy Joel dans son succès planétaire « Uptown Girl », sorti justement en 1983 : *« Uptown girl, she's been living in her uptown world. »* Si bien que, arrivé en bas de Park Lane et en pleine rue, je me trouve littéralement écrasé par l'immensité des buildings et la réussite arrogante des noms qui défilent devant moi : Empire State Building, Bank of Manhattan, First National

City Bank, Waldorf-Astoria, Pierre. Le Plaza, hôtel mythique de New York, m'apparaît plein de morgue. En 1966, il a abrité ce que les Américains appellent encore aujourd'hui « le bal du siècle », organisé par un Truman Capote au faîte de sa gloire – un « Black and White Ball » où se croisèrent richissimes industriels comme Giovanni Agnelli et stars inaccessibles comme Franck Sinatra, Lauren Bacall, Henry Fonda ou Candice Bergen. La mode ne fut pas en reste avec Oscar de la Renta, Gloria Vanderbilt, Richard Avedon, Diana Vreeland ou Françoise de Langlade, la papesse du *Vogue* français.

Le Plaza est un monument vivant et j'ai le sentiment d'être observé par ces spectres illustres des années 1960. Derrière leurs masques et leurs loups noirs, ils me jaugent. J'entends les chuchotements moqueurs du fantôme de Katharine Graham, amie de Truman Capote et femme de presse la plus puissante des États-Unis : « Jitrois, Jitrois, Jitrois. » Ces fantômes sont effrayants de réussite, sûrs d'eux. Je m'effondre en pleurs, assis sur mes valises. Tout semble inaccessible. Mon inconscient joue d'ambivalence et me murmure : « C'est impossible », puis se ressaisit : « C'est à New York que tout se décide. » Si je ne suis pas sur la liste du « Black and White Ball », je créerai ma propre liste, mes propres bals. Le monde portera du Jitrois. *Fuck* le Plaza !

Gilbert et moi commençons notre périple. Nos journées consistent à franchir le seuil de tout lieu qui correspond à la marque. Nous promenons nos créations dans des valises, entrons dans une boutique et les exposons. Et ça fonctionne. Il se passe quelque chose d'indéfini et d'enthousiasmant. Nos pièces de cuir ou de daim plaisent par leur rendu, leur coupe et leur brillant. Leur lieu de fabrication, le port de Nice, fait son effet. Notre matière est très souple : l'agneau plongé que nous proposons a la douceur de la soie, et son indiscutable confort séduit les acheteurs des magasins.

Aux États-Unis, le cuir renvoie surtout aux *flying jackets* des aviateurs créées en 1942 par les stylistes de l'US Army pour la bataille du Pacifique. Il reste aussi représentatif du rebelle à la James Dean ou des rôles de John Wayne dans les westerns hollywoodiens en *chaps* et gilet de cuir. Nous transformons cette mythologie en faisant du cuir une matière renouvelée pour le vestiaire féminin et masculin par le biais de ce triptyque : volume, couleur, féminité.

Nous n'avons que notre volonté et notre travail : une boutique, deux boutiques, dix boutiques ! On remonte tout Madison, on bat le pavé comme des forçats de la sape. Qu'importe la fatigue, nous n'en démordons pas et notre accent français fait fureur. Gilbert et moi sommes impatients de participer au *trunk show* organisé pour nous par Ingrid Méchoulam.

Les *trunk shows* sont des présentations de vêtements dans un cadre privé, des réunions Tupperware version chic, pourrait-on dire. Ils culminent avec la présentation par le couturier lui-même de ses créations et représentent le moyen d'entrer dans le milieu de la mode américaine en court-circuitant les réseaux traditionnels.

On entre chez Ingrid par un ascenseur privé qui conduit jusqu'aux cimes de la Cinquième Avenue.

Véritable Neuschwanstein new-yorkais, son penthouse ressemble à un petit palais d'environ 800 m^2 avec un hall en damier de marbre noir et blanc. Un escalier à double révolution monte à l'étage. Ingrid, affable et délicieuse, nous accueille avec son naturel habituel.

« Comment vas-tu, Jean-Claude ? Oh, magnifique, Gilbert est avec toi ! »

Le mobilier, mélange heureux de classique et de contemporain, forme un ensemble qui ressemble à Félix Méchoulam : la simplicité sous le grand style. Les œuvres d'art qui ornent les murs ne sont ni clinquantes, ni ostentatoires : elles ont la beauté évidente des tableaux impressionnistes.

Ces dames papotent entre elles. Elles gardent cette attitude très américaine, toujours amicale, avec une pointe de curiosité infantile. Certaines nous connaissent, d'autres non, mais toutes donnent l'impression de compter parmi nos copines. Elles viennent nous saluer, amènes et excitées, sans une once de snobisme. *Cool* mais élégantes. Gilbert fait sensation comme moi, et elles nous regardent parfois comme des petites filles lorgnent une barbe à papa, en nous jaugeant d'un œil expert. Sur les conseils de Gilbert, j'ai emporté avec moi le livre d'or de la boutique de Saint-Tropez portant les noms de nos plus prestigieux clients, dont la famille de Monaco, qui affolent cette *high society* cancanière. Lorsque nous leur annonçons qu'elles pourront signer de leur nom à côté de cette prestigieuse lignée, elles sont aux anges.

« Jean-Claude, montre-nous ce que tu as apporté avec toi, déclare Ingrid. Ne nous fais pas attendre plus longtemps. »

Le silence se fait instantanément, rompu seulement par le glissement prometteur d'une braguette qu'on ouvre et qui attire tous les regards. J'ouvre par ce bruit caractéristique la première valise, y enfonce les doigts avant d'y pénétrer plus profondément pour en faire jaillir une pièce de cuir. À la stupéfaction générale, j'exhibe alors mes créations, les déploie, les commente, aidé naturellement par Gilbert pour l'anglais. Nos clientes potentielles observent, très attentives, puis la métamorphose débute.

Elles s'imaginent déjà vêtues de cuir, non plus en *established ladies*, mais en charmeuses. Les *trunk shows* ne sont rien d'autre que la mise en scène de leurs désirs et de leur penchant naturel pour la séduction. Cette alchimie du désir et de la matière éveille leur imagination. Mes modèles sont pour elles une transgression différée : elles touchent les cuirs, malaxent les vêtements, s'inondent de leurs couleurs et hument leurs odeurs. Mes *trunk shows* sont des promesses ; et mes cuirs, délicieux à caresser et à sentir. Je suis leur Zénon, dévoyé par le libertinage d'un Valmont. Elles passent avec moi d'*Autant en emporte le vent* au *Portier de nuit*, de l'Amérique classique à l'Europe sulfureuse, des passions convenues de Vivien Leigh aux penchants plus troubles de Charlotte Rampling. Sous les vestes Chanel et les jeans Ralph Lauren pulse une fébrilité qui les porte à enfiler mes créations. D'abord, avec une certaine pudeur, elles se déshabillent dans l'une des salles de bain ; puis progressivement dans le salon, ou derrière un canapé, toute cette *Café society* se rhabille et se déshabille sans aucune gêne. Une *fashion orgy.* J'écoute le glissement des cuirs et des tissus contre les épidermes battants et observe les seins durcis à leur contact.

« C'est comme chez le docteur », ai-je l'habitude de dire.

Avec une certaine gravité, les clientes défilent à leur tour, se regardent dans le miroir. Elles s'observent, se sentent puissantes, désirables, prêtes à concurrencer certaines de ces femmes que leurs maris paient des fortunes. Elles sont, fortes de cette nouvelle peau, des corps embellis, rendus agiles par *empowerment.* Elles pourraient enfin livrer une guerre sans merci, à la loyale, à celles que l'on dit « bandantes » ou « bonnes ». Certaines m'appellent « monsieur Jitrois » avec un délicieux accent américain ; d'autres se risquent à un « Jean-Claude » mâtiné de quelques expressions tricolores. L'usage du français résonne comme la langue de l'érotisme, du désir et de la transgression. Celle de Georges Bataille, de Choderlos de Laclos – une langue à faire pâlir jusqu'à l'évanouissement. La langue du cuir. Ce qui semblait ordonné comme un jardin à la française prend des allures de lupanar : les vêtements jetés de-ci de-là, les femmes à demi nues et les domestiques aussi impassibles que des astres morts. Je les rends heureuses, je leur offre un espace de liberté loin des arrière-cuisines de la conjugalité. Et Ingrid est une maîtresse de cérémonie parfaite et attentionnée. Nous sortons sur la terrasse afin d'admirer le soleil couchant qui illumine Central Park de sa lumière moirée.

« Quel après-midi réussi », conclut une Ingrid aussi excitée que quand elle gagne au backgammon.

Et Félix qui, confortablement installé dans un angle du salon, n'a rien manqué du show, ajoute au sujet des quelques pièces éparses sur les canapés : « Vous n'allez pas rapporter ça. Je prends tout. »

Rarement nous avons vu un chèque aussi conséquent : 10 000 dollars ! Félix nous encourage à nous rendre au guichet de sa banque, sise au bas des Twin Towers. En deux temps, trois mouvements, nous prenons un taxi et encaissons le chèque. Nous ressortons de la banque, grisés par cette situation digne de *Scarface*, avec 10 000 dollars de billets en poche. Ce trésor de guerre nous permettra de financer l'intégralité de notre escarmouche new-yorkaise.

Dominique Ventura, remise de ses émotions de *fashion bootlegger*, nous offre alors un accès privilégié au saint des saints de la mode et des nuits new-yorkaises : le Studio 54. Forts de ses connaissances, nous n'avons pas besoin de passer par la porte où Steve Rubell, le fondateur du club, joue le rôle de cerbère redoutable, autorisant ou interdisant l'accès à ceux et à celles qui, suffisamment présomptueux, en réclament l'entrée. La porte du Studio 54 accueille moins une file d'attente qu'une émeute. On se damne pour en être. Riche ou pauvre, connu ou anonyme, rien ne garantit l'accès. Si ce n'est un look. Mieux vaut être beau. Ce soir-là, nous avons la chance de pouvoir y dîner. Nous sommes en smoking, sur une scène couverte par un lourd rideau rouge, autour d'une table figurant la Cène avec Andy Warhol en Christ androgyne flanqué d'un archange au chapeau stupéfiant : Paloma Picasso, la star du repas. Des domestiques en livrée assurent le service et j'essaie sans grand succès de parler à mes voisins de table, des illustres inconnus, avec mon anglais laborieux. À mes côtés, le sourire de sphinge de Paloma Picasso contraste avec l'attitude de momie de Warhol.

À minuit, sans qu'on nous ait prévenus, le grand rideau devant nous se lève. Nous nous retrouvons face à une foule qui, déjà, se déhanche. Le mélange de tous avec tous peut commencer. Notre surprise semble beaucoup amuser les autres convives. Tels de vivants appâts, nous sommes le point de mire de tous les regards. La musique et les corps ondulent en mouvements cadencés, préludes à d'autres étreintes. Hommes et femmes s'embrassent et se caressent en dansant. Chacun a laissé son surmoi au vestiaire : plus la nuit avance, plus l'ivresse pulsionnelle prend possession des corps. Les âges et les sexes se confondent : le voilà, notre grand remplacement – grand remplacement de la bienséance par l'interdit, des bonnes manières par les gestes impudiques, des sourires timides par les rires tonitruants. Au cœur de cette Amérique capitaliste et matérialiste, on ne bande plus pour le dollar mais pour la jouissance, l'immatériel et la folie. L'*escort boy* y promène son banquier d'affaires du moment, la veuve joyeuse inonde son gigolo de Dom Pérignon et les Gatsby en goguette s'y affichent avec de superbes mannequins en robe argentée. Avec un peu de chance, on aperçoit des habituées comme Grace Jones, Dona

Summer ou la divine Cher. Quant à la haute pédalerie new-yorkaise, elle aime à y fricoter librement avec les barmen torse nu, soigneusement sélectionnés par Steve Rubell. Ceux-ci dansent derrière le bar en maniant des shakers oblongs et argentés, adroits comme des jongleurs, avant de répandre des jus couleur arc-en-ciel dans des verres aux décors baroques.

Dominique Ventura m'a recommandé auprès de Warhol et me le présente au milieu de cet aréopage de *disco queens* et de noctambules hallucinés. On parle tranquillement. C'est un homme étrange et translucide ; Dominique assure la traduction et, bien entendu, il me propose un de ses fameux portraits polaroïds à 10 000 dollars. Ou plutôt il veut m'en « vendre » un, pour un montant qui paraît si fantasque à Gilbert que celui-ci considère avec hauteur la proposition grotesque de « ce fada » et, sentant l'entourloupe, ne manque pas de m'en avertir à haute voix. Gilbert n'a peur de rien et n'est intimidé par personne. Je l'adore.

« Pas la peine de donner nos dollars à ce type alors qu'on s'est cassé le cul pendant quinze jours », dit-il avec un discernement très niçois. Puis, en Méditerranéen un brin jaloux, il tourne les talons. D'appâts, nous sommes devenus pigeons pour Warhol, et Gilbert, avec raison, déteste ça.

Je reste néanmoins avec Warhol et sa bande, qui m'amusent beaucoup. Je garde une distance qui me permet de ne pas sombrer dans une flagornerie à laquelle l'artiste est habitué. Il doit avoir 50 ans, mais arbore une tête de vieillard, couverte d'une perruque argentée. La tentative d'assassinat de Valerie Solanas l'a considérablement affaibli, si bien qu'il est contraint de porter un corset qui lui confère une démarche mécanique, robotisée. Il ne danse pas. En psychomotricien, j'y vois une démarche contrainte et douloureuse. Le pape du pop art pourrait passer pour un impotent, et j'ai du mal à l'imaginer jeune. Avec qui baise-t-il ? Basquiat ? Haring ? Difficile à concevoir. On l'imagine plutôt voyeur. Le ballet des corps superbes qui l'entourent contraste violemment avec ce petit homme chétif. Seul son regard flamboie. Il observe. Réfléchit vite, mais s'exprime lentement. Il me demande vaguement ce que je fais, s'intéresse avec un détachement courtois. J'aimerais lui présenter Gilbert. Mais il a disparu. Je quitte illico la compagnie de Warhol et me mets à le chercher frénétiquement. Je le retrouve, après avoir parcouru le Studio 54 pendant plus de trente minutes, en pleurs et le regard vague, probablement à cause du joint qu'il vient de fumer pour la première fois, assis sur les marches du grand escalier.

La fatigue, les émotions fortes, la folie de New York nous tournent un peu la tête. Nous manquerons de la perdre quelques jours plus tard lors d'une soirée au Saint.

Nous ne pouvions manquer ce club, sanctuaire de la gaytitude new-yorkaise. Bien qu'épuisés par nos journées de travail, hors de question de manquer ça. Le Saint est un club exclusivement gay, aussi appelé « The Vatican of Disco » : on y boit, on y danse et on y baise.

« Je vais juste boire un verre au Saint » est un mensonge. On y avale bien souvent autre chose que de l'alcool.

Gilbert et moi sommes immédiatement saisis par la configuration des lieux, propice aux rencontres *hot,* un peu partout dans les recoins, comme un marché aux esclaves où tout est gratuit. Il faut se montrer partageur et nous le sommes. Les couples trop sages finissent bien souvent au centre d'un gang-bang au final en forme de geyser. Au centre de cette salle circulaire, un énorme projecteur appelé le Tree of Light trône comme un cyclope. Le son très avant-gardiste, dans le plus pur style disco-electro à la Giorgio Moroder, irrigue cette arène avant de donner le ton des clubs du monde entier. *« Oh it's so good, it's so good… I feel love. »* On nous observe avec envie ou antipathie. La convoitise gonfle les braguettes, les gilets de cuir soulignent des musculatures herculéennes, les *chaps* laissent apparents des culs bombés qui se frottent les uns aux autres. Athlètes blacks, *preppys* consumés de luxure, modèles hypermusclés façon Tom of Finland apparaissent soudainement dans la semi-obscurité – un clair-obscur caravagesque qui crucifie, dans des lumières stroboscopiques, des visages de saint Sébastien aux corps de Goliath.

La topographie de cette arène fait de la drague un ballet giratoire, rythmé par des basses entêtantes : pupilles dilatées, mouvements altérés par un cocktail de drogues dont l'Al Pacino du *Cruising* de William Friedkin a su rendre les saccades brutales et surexcitantes. Le Saint est un Olympe gay où la puissance phallique dicte sa hiérarchie. Pas étonnant que Robert Mapplethorpe ait participé à la sacralisation du lieu en 1981, lors de la fameuse et très *kinky* « Black Party ». Son Saint est un carnaval où les clichés fétiches et BDSM le disputent à une fanfare de bites énormes animées d'une vie propre.

Face à moi, des centaures aux torses hérissés de pinces à sein saisissent leurs proies, qui se laissent posséder et déchirer. Cette bacchanale urbaine est une célébration de la nuit new-yorkaise où les chairs font office de vivants panthéons : lèvres, mains, torses, poitrines, queues, hanches, dont l'hypersensibilité arrache des cris et des rires de plaisir. Je me retourne vers Gilbert pour commenter la scène. Mais je ne le vois plus. La sueur perle sur mon front et m'inonde les yeux. Je tente de repérer sa silhouette sous le Tree of Light. Je descends dans la fosse qui tient maintenant du chaudron pendant que des corps ruisselants sanglés dans des harnais de cuir se frottent contre moi. Une puissante odeur de sueur et de poppers me saisit. Elle est aussi pénétrante que les regards des Kouros qui s'agitent autour de moi. Machos moustachus en casquette et perfecto ne cessent de me serrer contre leurs cuisses et de m'agripper de leurs bras massifs. Climax de testostérone pure, sans une once d'œstrogène.

Je retourne au bar ; Gilbert n'y est pas. A-t-il levé un bodybuilder ? Nous faisons cela à deux d'habitude, et plutôt à mon initiative. Autre possibilité : drogué à son insu. Je flippe. Il a à peine 22 ans. Tout est possible au Saint, la damnation autant que le martyre : on peut y aller seul ou entre amis, s'y transformer en pute, puis en esclave soumis fouetté au rythme de la musique, puis en nouveau romantique pour y rouler des pelles profondes à dix inconnus. J'en ai envie. Mais pas sans Gilbert.

Je m'apprête à me rendre aux toilettes quand je vois un petit attroupement contre un des murs de l'arène. Enfoncés au centre des gradins assez larges, des mecs en entourent un autre. Leurs intentions sont claires, mais le protagoniste semble rétif. Gilbert, à la fois effrayé et excité, a rassemblé autour de lui une grappe de faunes priapiques. Je me précipite dans la mêlée, le saisis par le col et l'arrache à la horde. Il est pâle, déboussolé. Nous nous regardons, interrogatifs, un peu sonnés par la folie *underground* et transgressive qui nous déborde. Lorsque nous sortons, l'aube new-yorkaise nous sourit ; sa fraîcheur nous saisit et nous arrache un rire. En marchant, nous contemplons une nouvelle fois le soleil qui se lève et réveille les rues de New York. C'est notre troisième grand soleil new-yorkais : après celui, rougeoyant, de Park Lane et le deuxième, parfumé aux dollars d'Ingrid Méchoulam, ce troisième point du jour n'est que pour nous deux. Ce matin-là, rien ne peut nous assombrir. Dans le taxi qui nous ramène une dernière fois vers l'Upper East Side, nous décidons de revenir au plus vite à New York.

Le retour à Paris nous plonge dans une réalité tragique. On parle d'une nouvelle épidémie qui sévit dans le milieu gay, se manifestant par des infections pulmonaires mortelles ou des lésions violacées envahissantes. Aujourd'hui, je m'interroge : sur les 4 000 personnes présentes ce soir-là au Saint, combien allaient survivre à l'épidémie de sida dont le grondement couvait ? Peut-être un tiers. Combien étaient déjà contaminées ? Peut-être la moitié ? Un quart ? Le Saint fermerait en 1989, au pic de l'épidémie, deux ans après la création d'Act Up-New York par Larry Kramer. Le temple de la nuit deviendrait un mausolée pour ses disparus. Plus tard, Gilbert me confierait : « Ce soir-là, tu m'as sûrement sauvé du sida. »

Nos quinze jours à New York sont un succès : « *Amazing, amazing* » Je comprends que ma marque va plaire aux Américains par son originalité et son glamour. L'été suivant, à Saint-Tropez et New York, les États-Unis viennent à nous par l'intermédiaire du Sea Goddess, paquebot de luxe qui amène chaque semaine *it-girls* et Américaines fortunées. Notre passage à New York n'est pas passé inaperçu ; le bouche-à-oreille bilingue fonctionne à ravir : « Où est la boutique Jitrois ? » est une des premières questions que posent ces riches clientes à leur arrivée sur le port.

Je suis dans un tout autre état d'esprit. Je retrouve, dans mes créations et mes boutiques, le cadre structurant que l'éducation de mes parents m'a donné. Avec les stars, comme avec d'autres, je ne suis jamais obséquieux et ne me sens pas leur obligé. Je les habille, établissant naturellement avec elles une relation de confiance dont le vêtement est un intermédiaire symbolique – un objet transitionnel, dirait un psychanalyste. Je les fais entrer dans l'univers Jitrois, je les initie à mes codes vestimentaires, je les écoute aussi.

Je profite de cette énergie qui me porte le jour à m'atteler furieusement à mon travail et, la nuit, à satisfaire mes désirs, avec une frénésie d'autant plus pénétrante qu'elle comble mes partenaires.

Je vois régulièrement mon épouse, Édith, et partage harmonieusement la vie de Gilbert. J'invente un mode de vie singulier dont la loyauté et l'ardeur sont les fers de lance. Je suis heureux à Saint-Tropez, d'autant que la rue de la Ponche, maintenant très en vue, dispose de prestigieux ambassadeurs. Il est important que l'essor de la marque soit associé à des icônes ou des artistes. Cela se fait naturellement, sans campagne tapageuse, avec la simplicité d'un scénario qui s'écrit de lui-même, comme si la marque prenait elle-même son autonomie, sa vie propre, son destin. Le philosophe Jacques Derrida aurait peut-être pu parler de « destinerrance » de la marque tant elle évolue indépendamment de nous, s'incarne dans des corps sur lesquels nous n'avons pas de contrôle, au gré des clients qui la portent. Nos vêtements ont leur vie propre.

L'icône de Saint-Tropez reste Brigitte Bardot. Elle aime la discrétion et ne s'affiche qu'à contrecœur. Elle a choisi de quitter définitivement le cinéma en 1973 et demeure une présence associée aux années de la vogue tropézienne. Tout comme son coiffeur, adorable folle que l'on appelle tous la « Perruquière », Brigitte est une femme simple qui se permet néanmoins une coquetterie : être coiffée tous les jours par Gérard.

C'est d'ailleurs grâce à lui que je fais sa connaissance en 1983, date de ma première visite à la Madrague, sur la route des Canoubiers. C'est une maison en bord de mer, près de Saint-Tropez. Passé un grand portail en bois, ouvert par son jardinier, on est saisi par sa simplicité, qui contraste avec sa notoriété extraordinaire.

Elle a été, en 1956, la Juliette de Vadim dans *Dieu créa la femme*. Héroïne sensuelle, tournant nue, la Bardot de Vadim révèle des courbes magnifiques, une descente de reins à se damner, qui fera hurler les peine-à-jouir et se pâmer toute la jeunesse. Au nom de Bardot, on s'agite, on hue, on crie, on applaudit ou on bande : elle ne laisse personne indifférent. La censure s'est cassé les dents sur la lumière cuivrée de son épiderme. Son corps ne lui appartient plus : il est passé du domaine privé aux domaines politique et public, symbolisant une forme de libération. Le corps féminin au cinéma avant Bardot, c'était l'interdit, l'hiver de la culpabilité, la morsure du négatif. Défense de regarder. Défense de montrer. Le corps de Bardot, c'est l'inverse : des courbes illuminées par un été charnel, une peau que l'on a envie de croquer, des images chauffées à blanc par une sexualité assumée. Effet phénoménal en France, où des milliers de jeunes filles l'élèvent au rang de modèle. Aux États-Unis, le film sort en 1957 et suscite une intense campagne des églises. Dans une ville aussi puritaine que Philadelphie, les descentes de police dans les cinémas seront monnaie courante. Puis Godard en fait son personnage principal dans *Le Mépris*, en 1963, l'année de mon mariage avec Jeanine, ma première épouse. Alors que j'embrasse un conformisme conjugal et bourgeois, Bardot en déconstruit les standards en incarnant le cœur battant de la Nouvelle Vague. Changement de cap pour les Américains, qui la considèrent alors comme une immense star.

Quelle n'est donc pas ma surprise d'être reçu par une femme aux longs cheveux blonds, ramassés négligemment autour d'un crayon. Elle est vêtue d'une grande robe du plus pur style hippie sans aucun maquillage, si ce n'est peut-être un léger kohl sous les yeux. Un collier simple figurant des médailles ou des fleurs stylisées, rehaussées de petites perles de couleur, lui orne le cou. Je devine un parfum agréable de benjoin ou d'encens. Elle se montre tout de suite spontanée, pas bêcheuse pour un sou. Je remarque des portraits d'elle aux murs. D'immenses affiches de cinéma illustrent ses plus grands succès.

Elle marche pieds nus sur les tommettes de la maison et me fait découvrir, souriante, son refuge. L'absence de mobilier sophistiqué, les murs à la chaux blanche, l'osier et le rotin sont au diapason des goûts sobres de Brigitte. Seule fantaisie : une baignoire enclavée dans le sol en ciment. Une maison, un jardin, le rivage : Brigitte a la gloire humble et le goût très provençal.

Sa voix est à la fois charmante et assurée : Brigitte est une amazone, une Diane chasseresse plus proche des faunes que des hommes. Comme Artémis, elle se méfie d'eux et je retrouve Camille, l'héroïne du *Mépris*, en elle. Le personnage du film a fait son œuvre : un désamour pour les hommes a éclos en elle, auquel elle réagit par une mesure d'éloignement contre l'agitation du monde. Si elle fut adorée et aimée par les plus beaux, les plus grands et les plus riches, j'observe une défiance pour les appétits masculins dans la manière dont elle se tient. Elle ne veut plus être convoitée comme elle le fut par le cinéma. Elle aime être écoutée sans être reluquée, regardée sans être matée. Lorsqu'elle se saisit de sa guitare et nous fredonne « Sur la plage abandonnée », je devine un délaissement assumé qui fait monter en moi une nostalgie de soleil couchant.

Entre amis, nous discutons de tous les sujets très librement. J'aborde même mon admiration pour Marguerite Yourcenar.

« Mais, Jean-Claude, je l'ai rencontrée en 1980 !

– Vraiment ? fais-je, éberlué. Quel livre as-tu préféré ?

– Aucun, je ne les avais pas lus. C'est elle qui a demandé à me rencontrer lorsqu'elle est entrée à l'Académie. »

Puis Brigitte, pour reprendre ses propres mots, fait ce récit de leur entrevue :

« Un soir que je revenais de promener mes chiens sous la pluie, il faisait nuit et j'étais crottée et pleine de boue, le téléphone a sonné. C'était elle ! Elle était à Cogolin, à quelques kilomètres de la Madrague, et me demandait si elle pouvait passer me dire bonjour. J'étais à la fois gênée et heureuse, fière et désolée d'être prise à l'improviste par une visite aussi importante. Lorsqu'elle est arrivée, il pleuvait à seaux, elle avait mis un châle noir sur sa tête. Les chiens lui sautaient joyeusement autour, et moi, toujours crottée, je l'accueillis comme si elle était une amie de toujours. Elle s'est assise au coin du feu pour se sécher ; elle souriait, son sourire était magique et ses petits yeux pétillaient au rythme des étincelles du feu de bois. »

Elle prend une gorgée de rosé.

« Je lui ai proposé à boire. “Du thé, si vous avez”, m'a répondu Yourcenar. »

Puis elle part d'un grand éclat de rire avant de poursuivre.

« “Ah non, je lui ai répondu, on fait péter la roteuse !” Et nous avons bu du champagne. Je lui ai avoué que je n'avais pas lu ses livres, ce qui l'a beaucoup fait rire. Mais on a rapidement découvert qu'on partageait un amour indéfectible des animaux, persuadées de l'importance de leur protection. Elle et moi, on est végétariennes par conviction, nous refusant toutes les deux à digérer l'agonie. Elle en parlait avec beaucoup de délicatesse, illustrant son propos de références classiques, sans aucun pédantisme. Sa conversation était d'une érudition captivante et chaque parole semblait précieuse et parfaitement choisie. Puis elle a dû repartir, après m'avoir offert quelques livres et un ineffable moment de grâce et de complicité. »

Je suis stupéfait. Brigitte en sourit et j'apprends à découvrir ses charmantes contradictions. Icône de la libération de la femme, elle n'a pas de réelle sympathie pour les féministes. Un jour, lors d'un déjeuner de Pâques, j'entends Brigitte hurler. Je me précipite dans la cuisine alors que Gérard s'apprête à plonger deux homards vivants dans l'eau bouillante. Ni une, ni deux : Brigitte s'en empare pour les remettre à la mer. Protectrice des animaux et de la nature, elle est visionnaire et défendra toute sa vie l'écologie.

Nous devenons proches et il m'arrive de plus en plus souvent de passer des journées à la Madrague. J'aime à m'installer dans le salon pendant que Brigitte me parle d'une pièce à l'autre. Lorsque le téléphone sonne, c'est souvent la même histoire : « Jean-Claude, tu peux répondre ? »

Je décroche alors qu'elle est dans la cuisine. C'est Zanuck, l'immense producteur américain. Je pose la main sur le combiné et articule en chuchotant le nom du correspondant.

« Oh, il me fait chier, celui-là. Dis que je ne suis pas là. »

Un autre soir, même scène : « Encore, mais qui est-ce ? Jean-Claude, réponds, veux-tu ? »

Je décroche, levant les yeux au ciel, mais amusé, et, d'un ton sec, je prononce un « allô » condescendant. À l'autre bout du fil, le président Giscard d'Estaing souhaite inviter Brigitte à Cogolin pour le dimanche de Pâques. Entendant son nom, Brigitte me répond : « Encore ? Je m'en fous ! Dis-lui de rappeler », soupire-t-elle.

Je prends ma plus belle voix : « Madame Bardot est indisponible, mais invite monsieur le Président à la rappeler demain. »

Lors de nos soirées à la Madrague, nous buvons toujours d'excellents vins. Brigitte n'envisage pas une soirée sans alcool. Comme Baudelaire, elle trouve suspect qu'on se refuse à boire. Elle a le vin gai et s'amuse à chanter ou à danser avec nous. Avec Gérard, nous sommes bien. Dans ces moments, sa misanthropie s'efface pour dévoiler une femme bohème, drôle, qui aime qu'on la regarde. Elle est en confiance et cela me touche. Parfois, elle se retire dans son autre maison, la Garrigue, non loin de la Madrague. Elle ne craint pas la solitude. Se tenir à l'écart du brouhaha du monde est son souhait le plus cher.

Un soir de 1983, elle m'explique, conseillée par la Perruquière, qu'elle aimerait bien ouvrir une boutique pour vendre des photographies et de vieux objets qui l'encombrent. Je l'y encourage et lui propose même, comme une boutade, de lui dessiner une ligne de peignoirs et de serviettes floqués de sa marguerite. Elle accepte, amusée. Sa boutique, la Madrague, du nom de sa maison, se situera près de la mienne, place de l'Ormeau. Avant son inauguration, en avril 1984, j'aide aux préparatifs et mets la main à la pâte avec Gilbert, un brin jaloux de ma proximité avec Brigitte. Aux aurores, nous transportons, dans sa vieille Méhari verte, l'enseigne de la boutique, que je me charge de fixer à la devanture. Elle tient aussi à exposer son buste de Marianne sculpté par Aslan. Je fais l'aller-retour Paris-Nice en avion avec deux bustes : discrétion assurée. L'ouverture de la boutique est un succès et fait la une de *Jours de France* et de *Nice Matin*.

En souvenir de cette aventure, Brigitte me gratifiera d'une belle photo avec la dédicace suivante : « Pour Jitrois, le roi de la réussite et de l'amitié. »

Son amitié ne se démentira pas : à l'été 1984, elle décide d'emménager à la Garrigue et me propose de loger ma mère et mon fils Jérôme dans la maison du gardien de la Madrague. Cela me permet de profiter de la plage quand je viens les voir.

Un soir, quelques amis viennent prendre un verre les pieds dans l'eau. Pierre, le populaire photographe de Saint-Tropez, réalise des photos souvenirs de cette soirée dans le jardin. Un cliché de cette face cachée de la Madrague sortira dans la presse locale et animera les commérages du marché Sibilli. Cette *party* improvisée en petit comité rassemble des proches et des amis : Domino, la compagne de Tony Murray, Daniel Michelin, le docteur Trocques et son épouse, Mad, ainsi que la James Bond girl Pussy Dial, née Grinda. Deux grands candélabres donnent une lumière rasante qui s'accorde au crépitement des torchères. Créer un *happening* pour partager un moment unique avec quelques amis nous ravit. Pieds nus et détendu, chacun discute, fait connaissance dans un éphémère entre-soi tropézien.

Arrive alors un invité surprise, Helmut Berger, vêtu d'un ensemble crème en lin, au bras d'une Régine flamboyante, dans le plus pur style Finzi-Contini. En 1984, il reste une grande star, mythifiée par les films de Visconti. Jet-setteur incontournable, sa beauté est intacte malgré les excès en tout genre auxquels il se livre sans complexe. Je l'accueille comme il se doit, mais ses regards insistants vers Gilbert ne m'échappent pas. Tout en m'occupant de mes amis, je garde un œil sur lui. J'échange avec Domino à propos d'Ingrid Méchoulam. On met un peu de musique. Berger semble décidément plus intéressé par Gilbert que par la soirée. Celui-ci, flatté de susciter son intérêt, se prête gentiment à sa conversation incertaine.

La soirée touche à sa fin. Je raccompagne les invités. Soudain, j'aperçois Helmut qui plaque Gilbert contre le capot de la Peugeot de ses parents. Celui-ci, amusé, se débat gentiment alors que l'autre commence à se tortiller avec enthousiasme en lui faisant de grandes déclarations. Gilbert s'assure que je les ai bien vus – petite vengeance liée à ma proximité avec Brigitte, un peu trop appuyée à son goût. Je m'approche, contrarié, pour mettre un terme au spectacle. Tout rentre dans l'ordre après un petit regard moqueur dont Gilbert, pas peu fier d'avoir su attirer Helmut, a le secret.

Berger ne fait pas mystère de sa bisexualité. Lorsque Marisa Berenson me rejoint un été à Saint-Tropez, je sais qu'elle sort d'une relation avec le playboy viscontien. Elle regrette que Brigitte ne nous rejoigne pas pour son anniversaire. Saint-Tropez est la ville des anniversaires improbables : l'année suivante, nous fêterons celui de mon fils Jérôme en compagnie de Cher !

J'ai rencontré Marisa par son attachée de presse. Elle est enchantée de porter mes créations. Sa superbe silhouette s'y glisse à ravir et le cuir souligne son corps harmonieux de mannequin. Nous avons une relation très amicale. Son personnage de Lady Lyndon lui colle à la peau : il est vrai que sa démarche et son élocution trahissent ses origines aristocratiques. On la surnomme aussi « *The Queen of the Scene* » : sang bleu, encore, mais relevé de strass. Un rapprochement avec le monde de la mode semble aller de soi pour cette petite-fille de la grande Elsa Schiaparelli. Marisa est attachante et gentiment capricieuse. Enfant choyée, elle voit probablement en moi une figure protectrice, un thérapeute qui soulage ses angoisses. Elle paie son port altier et son éducation stricte par une indéfinissable retenue, à l'opposé, par exemple, d'une Liza Minnelli.

Lorsque cette dernière débarque un soir sur les coups de minuit à ma boutique avec Régine, elle enfile une robe corolle qu'elle fait virevolter en improvisant quelques pas de danse. Souriante, éclatante, elle s'amuse et nous entraîne dans un numéro de music-hall tout droit sorti de *Cabaret*, qui suscite l'enthousiasme de tous les badauds de la rue de la Ponche. Marisa est plus fragile. Hypersensible aussi, mais bien différente d'une Liza, qui ne s'encombre de rien.

Si le cinéma s'invite chez Jitrois, il en est de même pour la littérature. Chaque semaine, à 12 h 30 précises, Frédéric Dard, le créateur de San-Antonio, passe à la boutique avec ses filles et sa femme avant d'aller déjeuner à l'hôtel de la Ponche. Ses filles font tranquillement leur choix sous l'œil attentif de leur père, confortablement installé dans un fauteuil Charles Eames, observant ce qu'il considère comme une scène de théâtre. Je virevolte entre la femme et les filles de San-Antonio, présentant et brandissant quelques-unes de mes plus belles pièces. Frédéric Dard m'appelle « le toréador », tant je me déplace avec aisance et agilité parmi ces clientes exigeantes.

Des années plus tard, un autre écrivain, Françoise Sagan, accompagnée d'Ingrid Méchoulam, ne manquera pas de rendre visite à ma boutique parisienne. Elle veut un sac à main, mais ignore pour quoi faire. Avec son débit caractéristique, Sagan entortille son propos dans de complexes périphrases pour décrire l'accessoire qu'elle souhaite. Peggy Roche, son ex-compagne, par ailleurs ancienne conjointe de Claude Brasseur, est décédée il y a peu, la laissant dans un profond et interminable désarroi. Après de fastidieuses discussions, je l'interpelle avec mon accent du Sud :

« Mais enfin, Françoise, que veux-tu comme sac à main ?

– Je ne sais pas, Jean-Claude. Ce n'est pas facile... Un sac à main... c'est plus difficile à décrire qu'un livre à écrire... La couleur... ou la matière...

– Comment tu le veux ? Fais-moi un dessin », lui réponds-je un brin énervé.

Elle s'exécute. Ni elle ni moi ne sommes vraiment convaincus.

« Tu sais, Jean-Claude, je vais partir dans le Sud. Regarde ma peau : elle est terne. »

Du sac à main, nous passons à la cosmétique. Mais Jitrois ne fait pas dans les crèmes. Oubliant l'accessoire, je l'emmène en face, chez Carita, où elle trouve les crèmes et les soins qui lui conviennent.

Dans ce tourbillon de stars et de célébrités, je garde la tête froide. Gilbert m'y aide beaucoup. Toujours à l'écoute et jamais bégueule, je reste attaché aux conseils et aux remarques de tous. Parmi mes mentors, Régine, dure en affaires mais toujours loyale. Nous devenons proches lorsqu'elle ouvre son club à Saint-Tropez. Elle s'impose à la fin des années 1970 comme la reine de la nuit. Son fameux club, le Régine, situé rue de Ponthieu, dont elle me laissera parfois les clefs pour y recevoir mes clientes, lui assure, dès les années 1960, une renommée telle qu'elle ouvre des boîtes de nuit dans tous les lieux branchés : New York avec le Réginette, Paris, Monte-Carlo ou Saint-Tropez. Régine est capable de faire l'aller-retour en Concorde pour une soirée. Elle ne se ménage pas.

Lorsqu'elle inaugure son nouveau club tropézien, elle me demande de mettre ma popularité locale à son service. Elle fait venir par avion tout ce que le monde compte de stars, de Joan Collins, qui porte déjà régulièrement mes tenues dans *Dynasty*, à Roger Moore, alors incarnation de James Bond. Mon amie Ursula Andress est de la partie : j'ai fait sa connaissance grâce à Massimo Gargia, playboy jet-setteur devenu Gargantua du gratin mondial et faiseur de destins et d'idylles. Starifiée pour son rôle de première James Bond girl dans *Docteur No*, elle porte du Jitrois.

Le soir de l'inauguration, les stars ont faim. Et une star qui a faim doit manger. Ce n'est pas négociable. Le ventre vide, les vedettes rechignent à se prêter à la séance photo pour l'ouverture du club et décident à l'unanimité qu'elles ne peuvent dignement se prêter au jeu sans dîner. Il faut les satisfaire. Régine, désemparée, charge alors Gilbert de les amener dîner à bord de notre berline anglaise.

« Tu me les ramènes à la boîte après, sinon je t'étrangle », l'avertit-elle, l'œil redoutable.

Et voici toute cette petite bande dans la Rolls, qui s'amuse follement. Joan et Ursula sont en pleine forme, et James les fait beaucoup rire. Après le dîner, Gilbert a toutes les peines du monde à ramener les stars à Régine.

« Oh non, on ne va pas y retourner ?

– Vous vous foutez de moi ? De toute façon, c'est moi qui conduis ! »

Il parvient à ses fins. Bien entendu, nous faisons des photos, garantissant ainsi à la marque un rayonnement qui dépassera toutes nos espérances et, par là même, les frontières.

À Saint-Tropez, je bénéficie aussi du talent de Véronique, collaboratrice de choc que j'ai rencontrée à Nice en 1983, alors qu'elle avait à peine 18 ans. Mélange détonant de la Corse et du Sud, le dynamisme de cette belle jeune femme solaire, désireuse de voler de ses propres ailes, me plaît tout de suite. Blonde, petite, sexy en diable, ne dit-elle pas d'elle-même, avec son accent : « Je suis petite, mais j'ai la sympathie » ? J'ai besoin de son énergie et de son entregent, qui favorisent l'essor de la maison – si bien que j'imagine parfaitement cette jeune fille du Sud pimpante et souriante à Saint-Tropez. Les clients l'adoreront. Alors que nous sommes assis à la terrasse d'un café, je lui confie : « J'ai besoin de quelqu'un pour Saint-Tropez. Tentée ? »

Elle lève les yeux de sa menthe à l'eau, tout sourire. Et, bien entendu, elle accepte, d'autant plus que nous lui assurons le gîte rue de la Ponche. Ni une, ni deux : le lendemain, nous partons ensemble pour Saint-Tropez.

Elle se révèle une vendeuse hors pair et devient un des piliers de la maison. Notre relation père/fille fluidifie les échanges, d'autant qu'elle a elle-même déserté le foyer familial, tenu par un père corse à l'autorité écrasante. J'imagine les disputes épiques entre ces deux caractères bien trempés...

Véronique sort alors avec Yves François, un playboy cannois dont le charme « *no limit* » opère aussi dans la vente. Nous finirons naturellement par collaborer avec lui en ouvrant une boutique à Cannes, rue d'Antibes. À Saint-Tropez, Véronique fait un malheur. Elle emporte tous les suffrages, avec son don pour attirer à elle les gens de toutes les sphères.

Elle contribue à l'essor de Jitrois en cultivant des amitiés avec Tony Muray, Domino, Daniel Roche, Céline Dion ou Johnny Hallyday, qu'elle me présentera. Elle sait se fondre dans n'importe quel milieu avec l'agilité d'une circassienne faisant le grand écart entre la jet-set et les *bad boys*. Elle se mariera d'ailleurs avec un Tropézien de souche, un *biker* sexy proche de Johnny. De cette union naîtra une fille, dont je serai le parrain et pour qui je choisirai le prénom de Gala, en référence à la compagne de Salvador Dalí.

Véronique Locci du Rocher, comme je l'ai baptisée en référence à son ancienne adresse à Nice, possède un humour et une aisance innée qui lui permettent de s'attirer la sympathie des grands, avec qui elle noue spontanément des liens. Elle devient leur amie, leur confidente, devinant leurs envies ou leurs faiblesses. C'est tout naturellement qu'elle reprend la franchise de Saint-Tropez dès 1984, alors que nous sommes absorbés par le développement de la marque à Paris. Elle fait alors partie intégrante de notre expansion et de nos réussites. Véronique a le talent de nous mettre au contact des personnalités les plus appropriées à notre développement et au moment propice. Avec son ami Stéphane Ratel, auquel elle s'associe pour une saison à Saint-Tropez, elle ouvre notre première boutique londonienne sur Sloane Street. Y virevoltent filles superbes, Lamborghini et princes arabes. Par la suite, nous connaîtrons des désaccords grandissants, scellés par une séparation à la Pagnol. Qu'à cela ne tienne : elle épousera un gay aux États-Unis et s'installera à Los Angeles, où, amie des grandes fortunes, elle deviendra une artiste à succès.

3

LES ANNÉES 1980 : L'ESSOR PARISIEN ET INTERNATIONAL

« Ne m'ouvre pas de boutique à Paris ! m'enjoint, gouailleuse, Régine. Je te donne les clefs du Régine, rue de Ponthieu, et tu pourras y présenter tes collections. »

Je n'en fais rien. Afin que le triptyque soit parfait, il manque en effet Paris à New York et Saint-Tropez. En octobre 1983, nous décidons, Gilbert et moi, de nous y rendre et de descendre à l'hôtel de Castiglione, rue du Faubourg Saint-Honoré.

Un vent de créativité souffle sur Paris et les frayeurs que de nombreux Français ont partagées, lors de l'élection de François Mitterrand en mai 1981, ont disparu. Si la libération des mœurs et, particulièrement, l'amélioration de la condition homosexuelle ont marqué une évolution sociale spectaculaire ; pour l'économie, rien n'a vraiment changé. Disparue, l'hydre bolchévique, dissipées, les illusions du Grand Soir. Les années Mitterrand seront pour la maison Jitrois des années fastes, et j'aurai plaisir à fréquenter quelquefois le Président, un homme très raffiné et d'une grande culture. Certaines de ses visiteuses les plus discrètes ne manqueront d'ailleurs pas de faire l'achat qui d'une mini-jupe en cuir, qui d'une combinaison, avant d'aller rejoindre leur illustre ami, « ce Scorpion très sceptique », comme le dira l'une d'entre elles, astrologue de son état.

« Monsieur Jitrois, le plaisir de séduire n'est pas accessoire et vous faites aussi des accessoires, me dit un jour François Mitterrand à l'Élysée, alors que je l'entreprends sur les difficultés du commerce extérieur. Pour le commerce extérieur, voyez Édith Cresson là-bas. »

Alors que je me retourne pour aller à la rencontre de la future Première ministre, deux gardes du corps me saisissent : « On ne tourne pas le dos au Président », m'intiment-ils.

Je me le tiendrai pour dit. Je reverrai François Mitterrand plusieurs fois et ne commettrai plus jamais cet impair. En esthète, il s'intéresse à la mode, en laquelle il voit probablement un symbole du raffinement français. Je garde de Mitterrand l'image d'un homme charismatique et mystérieux, lourd de secrets qui font flotter une aura étrange autour de lui. « Il occupait le haut du monde comme un rêve », aurait-on pu dire de lui, en paraphrasant Victor Hugo.

Une phrase de Mitterrand sur le plaisir de séduire me renvoie au 22 janvier 1981, soit quelques mois avant ma rencontre avec lui. Je suis allongé sur la table d'opération d'un cabinet médical, pour ma première intervention de chirurgie esthétique. Marguerite Yourcenar prononce alors à la radio son discours de réception à l'Académie française. J'en suis l'auditeur attentif, alors qu'une légère anesthésie laisse une partie de mon visage engourdie.

« Cela ne vous dérange pas si je laisse la radio ? me demande le médecin.

– Pas du tout », lui réponds-je.

Me voici habité par la voix solennelle de Marguerite, le visage du médecin tout près du mien. C'est la première intervention de ce type qu'il m'est donné de réaliser : j'ai décidé de rectifier mes paupières, que je juge un peu fatiguées. D'autres se font recoller des oreilles en chou-fleur ou polir un nez en forme d'aubergine. Ce ne sera pas ma dernière opération : le reste de mon visage et mon corps connaîtront à leur tour les finesses du bistouri. À 36 ans, je considère mon corps comme un support de jeu avec les apparences, un espace de chair que je peux transformer.

Si la psychomotricité fut une aventure exceptionnelle, grâce à laquelle j'ai compris le caractère indissociable du corps et du psychisme, façonner mon physique en est une autre. Je n'aime pas subir, et il me semble naturel que ce qui m'est le plus intime, mon corps, soit le destinataire premier de ma volonté. Ma décision est alors mûrement réfléchie et totalement assumée auprès de Gilbert, et bien entendu de mon entourage.

Après tout, n'ai-je pas subi à la naissance une opération consistant à m'ôter un angiome qui déformait mon crâne, et que ma grand-mère prit soin de cacher sous un bonnet ? Déjà une décision de corriger et de rectifier. En 1981, pour un homme, cela peut surprendre. Mais en toute chose j'aime l'audace. Je suis conscient que l'incongru ou l'anormalité d'un jour deviendront la normalité de demain. Le travail sur le cuir n'est-il pas un prolongement, conscient ou non, de cette attention à la peau, à la matière vivante, que je n'ai de cesse d'embellir ?

Soigner son corps n'est pas accessoire. J'en fais un mode de vie que je partagerai avec mes proches et de nombreuses stars, effrayées que cela se sache : « Mais, Jean-Claude, comment peux-tu ? » ; « Mais, Jean-Claude, tu oses ? » Je n'ai pas l'habitude de me cacher. Tout montrer et tout dire, le cœur léger face au bistouri et déjà ravi de ma future frimousse. J'en parle à qui veut l'entendre : nulle part de gravité ici. Cela m'amuse et les réactions ahuries de certains de mes amis ne font que m'encourager sur la voie de la chirurgie plastique. N'est-ce pas une façon singulière d'anticiper la souplesse de mon cuir stretch ? C'est un chemin de création que le Terry Gilliam de *Brazil* n'aurait pas renié.

Le Faubourg Saint-Honoré me plaît. En tant que couturier du cuir, je veux absolument être proche de la boutique Hermès. Notre chambre de l'Hôtel de Castiglione donne sur la rue. Je m'accoude à la rambarde et j'observe le Faubourg : les allées et venues des touristes, les potentielles clientes, le ballet des limousines devant les boutiques de haute couture, la sophistication de certaines tenues, les vitrines chatoyantes. Chanel, Yves Saint Laurent, Ungaro, Scherrer, Valentino, Gucci ou Mugler, rendu célèbre par les costumes à col Mao de

Jack Lang, sont alors les phares du monde de la mode. Par la suite, certains deviendront des amis.

Avec une attention flottante, un peu comme en analyse, je regarde ce spectacle, quand soudain mon regard se fixe sur une devanture discrète. Un peu chétive, cette boutique ne paie pas de mine face aux monuments de la mode qui la jouxtent. Mais je devine déjà qu'elle sera ma première boutique parisienne.

Ni une, ni deux : je me rends dans la boutique du 25, rue du Faubourg Saint-Honoré. Elle ressemble à un petit couloir. Y officie madame Fain, dont je fais rapidement la connaissance. Elle ne vend que des chemisiers, pas vraiment glamours d'ailleurs – un peu ternes. Ils sont tristement alignés sur un rack, sans aucune originalité, semblant attendre des clients qui ne viennent pas.

« Bonjour, ils sont beaux, vos chemisiers. »

De fil en aiguille, nous parlons mode, vente, boutique. Je gagne ainsi la sympathie de madame Fain. Puis j'en viens au fait : « Je suis un jeune créateur. Je fais des jupes et des pantalons de cuir. »

Elle m'écoute, intriguée. Je la sens séduite par mon enthousiasme. Tout à trac, j'assène : « Je vous loue une petite partie de votre espace pour y vendre mes créations. »

Elle accepte, sans doute heureuse de sortir enfin de sa routine, mais souhaite d'abord voir mes vêtements. Je remonte dans ma chambre et me saisis d'une grande valise dans laquelle j'ai rangé quelques pièces.

Comme à New York, me voici face à madame Fain, en pleine présentation de mes modèles, improvisant un *trunk show*. Je déploie toute l'habileté acquise à New York pour mettre en valeur mes dernières réalisations. Pas de différence pour moi entre une richissime Américaine et madame Fain : l'énergie est la même, le but aussi. Je veux absolument emporter son assentiment. Nous faisons affaire et je m'installe dès le lendemain. En quinze jours, je parviens non seulement à vendre son stock de chemisiers un peu défraîchis, mais j'attire aussi une clientèle nombreuse. C'est pourquoi elle accepte sans hésiter quand je lui propose de reprendre la location de sa boutique.

Gilbert et moi nous sentons galvanisés par cette victoire. C'est un succès, mais le travail est intense, car nous devons aussi nous occuper de Saint-Tropez et de Nice. L'emplacement de Saint-Honoré est idéal : Elton John peut aisément arrêter sa Rolls devant la boutique, et Liz Taylor nous rendre visite incognito.

L'histoire retiendra que Liz descendit un jour de son Olympe pour se draper d'un de mes manteaux. Naturellement, elle arrive en berline, accompagnée de Jacques Morali, coproducteur du groupe Village People, qui nous connaît par ses riches amies américaines. Intime des stars, il a eu pour moi un coup de foudre et ne manque pas une occasion de me rendre visite. Sympa mais pas mon genre : cheveux trop ondulés et dents trop blanches. Liz, pour sa part, me salue d'une façon naturelle et spontanée qui me met immédiatement à l'aise. Nous discutons de Paris, de la mode. Nous évitons de parler de « l'industrie », nom donné au cinéma à Los Angeles. Elle se balade dans la boutique au son du claquement de ses stilettos. Elle essaie une robe, un manteau. Un sourire éclaire son visage, mais à la façon d'une jeune fille coquette, pas comme un masque mondain. Elle sent divinement bon. Une poudre de riz délicate. Elle se regarde dans le miroir, se retourne avec grâce – une taille jolie et subtilement gironde. Je lui prodigue quelques conseils, sans être pressant, en respectant la distance qu'il convient de mettre avec les êtres fragiles.

Elle porte comme un sceptre fastueux le diamant poire de 69 carats offert par Richard Burton. Lorsque nous faisons ensemble quelques photographies, elle tourne le sidérant bijou sur son doigt, afin de dérober aux regards la pierre splendide qui l'orne, et me décoche un regard entendu.

La dynamique du Faubourg nous garantit une clientèle fidèle et très fortunée. La marque Jitrois sied parfaitement à l'esprit des lieux et trouve naturellement sa place dans cette géographie du luxe. La même année, me promenant rue de Rivoli, j'aperçois une pancarte sur la façade d'un immeuble au 202 : « Appartement à louer ». Je le visite et je suis immédiatement séduit. Lorsque j'apprends que Marguerite Yourcenar et sa compagne, Grace Frick, avaient leurs habitudes dans l'hôtel mitoyen, le Saint James Albany, lors de leurs séjours parisiens, mon sang ne fait qu'un tour.

« Je m'y installerais volontiers », dis-je à l'agent immobilier. Mais la partie est délicate – je ne suis pas forcément le mieux placé.

Aussi, apprenant qu'il est la propriété du groupe AXA, je demande à l'époux d'une cliente de Saint-Tropez, monsieur Brion, familier de la compagnie d'assurances, de jouer les intermédiaires. C'est un homme adorable, d'une classe folle, toujours vêtu de costumes impeccablement coupés. Grâce à cette filière tropézienne, Brion sera un facilitateur hors pair pour la rue de Rivoli.

Nous emménagerons la même année à cette prestigieuse adresse. L'appartement, situé au deuxième étage, est de style haussmannien. Sa vue embrasse le jardin des Tuileries, du Louvre à la tour Eiffel, en passant par le musée d'Orsay. Ses moulures très travaillées sont magnifiées par les 3,50 mètres de hauteur sous plafond. On y entre par un long couloir, accompagné à chaque pas par le crissement du parquet, longeant trois pièces pour déboucher sur un grand salon, décoré de mobilier Napoléon III et de quelques commodes Régence. Deux canapés se font face. Ils auront leur importance… Au milieu du salon, entre deux immenses fenêtres donnant sur les Tuileries, trône un Modigliani qui capte immédiatement le regard. Sauf que c'est un faux. Mais l'illusion est parfaite et précieuse. Dans les moments difficiles, quand les banquiers se feront pressants, nous les assiérons face au Modigliani.

« Nous vous devons quatre millions ? Mais enfin ! » ferai-je en riant devant mon Modigliani.

Les banquiers, convaincus, nous laisseront tranquilles.

La salle de bains est spectaculaire aussi, de forme cubique, dans le plus pur style Reno, ornée de petits carreaux blancs. Un peu clinique. Aseptisée. Mais parfaitement adaptée, tant je suis et resterai intraitable sur mon hygiène comme celle de mes invités d'un soir. L'ensemble du lieu dégage une énergie et un faste discrets. « Tu ne vends pas des fringues, toi. Tu vends des armes », me glissera ironiquement Alice Sapritch, première visiteuse de l'appartement. Il sera le décor de nombreuses photos iconiques.

Quand Stéphanie de Monaco décide de se faire mannequin, en 1983, nous voyons en elle une formidable ambassadrice pour la marque. Sa sœur, la princesse Caroline, est déjà cliente à Saint-Tropez. Lorsque nous proposons à Stéphanie de poser pour nous, celle-ci accepte avec enthousiasme. Son naturel, sa silhouette et son extraordinaire regard siéront parfaitement aux tenues que nous lui préparons, dont une veste coq et un cabochon blanc et vert. Dans la foulée, nous réalisons la fameuse photo en robe bleu turquoise au Crillon. Le cuir va bien à cette jeune princesse rebelle qui, plus que tout au monde, désire être considérée pour ce qu'elle fait ou entreprend plutôt que pour sa naissance.

C'est également à Rivoli que nous inviterons Elton John. Je le rencontre pour la première fois à la boutique de Saint-Tropez, avec son manager et son assistant. Après avoir jeté son dévolu sur deux blousons blancs, il fait le tour de la boutique et pioche de-ci de-là, rassemblant deux tas distincts. Très concentré, il semble prendre un réel plaisir à choisir les pièces. « Je prends ce tas-là ! »

Il signe la facture, enchanté. Deux jours après, je reçois une commande de robes pour une soirée drag. Lorsque je le livre dans sa splendide villa, j'ai face à moi un homme charmant et très spontané. Il reçoit aussi bien dans son salon que dans sa salle de bain, avec la courtoisie et le naturel d'un hôte attentionné.

À Paris, nous réalisons une première série de photos au Ritz pour *Paris Match*, puis une deuxième rue de Rivoli, où il a cette saillie au sujet du blouson Globe qu'il arbore : « Je porte le monde sur mes épaules. »

Je réaliserai le costume de scène d'une de ses tournées : une queue-de-pie noire brodée de feuilles de lierre. Son excentricité cache néanmoins un tempérament mélancolique, alourdi par la notoriété, qui l'empêche de connaître une relation amoureuse authentique et durable. Je suis heureux quand il rencontre David Furnish, qui lui permettra de connaître un amour qu'il désespérait d'atteindre et qui l'éloignera des paillettes et de la nuit. Comme Liz Taylor, il se consacrera à la lutte contre le sida en finançant des fondations.

Notre voisin du dessus est alors le dandy que le Tout-Paris de la mode et de la nuit s'arrache, Jacques de Bascher. Karl Lagerfeld, son illustre compagnon, l'y a installé, et il m'arrive de le croiser, élégant et aristocrate. Un soir, nous rencontrons une vieille connaissance, Helmut Berger, qui cherche en vain le moyen de pénétrer dans l'immeuble afin d'y rejoindre Jacques. Pour ma décoration de l'ordre du Mérite, Jacques glissera un bref compliment dans ma boîte aux lettres : « Bravo Jean-Claude, tu as une épingle de plus. »

Certains jours, de mon balcon, j'aperçois Karl Lagerfeld et Inès de la Fressange, qui se penchent pour répondre à mon salut par un hochement de tête.

La rue de Rivoli sera la concrétisation d'une manière de vivre et de faire famille à contre-courant des conformismes institutionnels. C'est un lieu que nous ferons nôtre en y occupant plusieurs appartements. S'installeront, outre Gilbert et plus tard Yann, avec qui nous formerons un trouple, Édith, mon épouse, et Jérôme, mon fils, au cinquième, puis ma mère au premier. Nous inventons un autre mode de vie familial. C'est ce que j'ai voulu pour Rivoli : un lieu qui crée du lien, qui incarne une éthique où l'amour, l'amitié, la liberté ont toute leur place. C'est par ce choix délibéré que je peux m'affranchir de toute idéologie normative. Par mes relations avec Édith et Jérôme, avec Gilbert et Yann ou ma mère, les facettes multiples de mon moi trouvent à s'exprimer de façon autonome : fils, père, époux, amant, ami. Il est toujours difficile de se définir comme sujet, de se connaître véritablement tant nous sommes travaillés par notre histoire personnelle et pulsionnelle, mais, par ces formes relationnelles enracinées dans un lieu unique, je trouve un cadre, une stabilité dans lesquels je peux travailler et me reconnaître.

J'ai voulu pour mes proches un environnement sécurisant, où la solitude que j'ai connue enfant est rare, ou alors délibérément choisie. C'est peut-être cet esprit de résilience qui attira mon amie Dalida à Rivoli. Nous nous rencontrons en 1983, car elle a vu certaines de mes créations dans la presse et souhaite faire ma connaissance. Pionnière du disco en France avec son tube « J'attendrai », sorti en 1975, elle se révèle une incomparable *show-woman*, qui ira jusqu'à enflammer Carnegie Hall en 1978 avec ses chorégraphies époustouflantes, annonciatrices de la vision scénique d'une Beyoncé.

À chacune de ses visites rue de Rivoli, lorsque je lui ouvre la porte, je vois ce visage souriant et lumineux. Sa blondeur et ses yeux de biche, soulignés par un trait d'eyeliner, la caractérisent. Elle est toujours parfaitement coiffée et magnifiquement vêtue, comme si elle s'apprêtait à monter sur scène. La sympathie est immédiate et réciproque : Dalida est une femme qui plaît au créateur Jitrois et, voyant sa silhouette, j'imagine déjà pour elle une robe avec d'imposantes épaules noires, qu'elle portera sur scène et qui est maintenant exposée au musée Galliera. Elle adore les séances photo, prend parfaitement la pose, change d'attitude de manière presque ludique et avec une aisance déconcertante qui nous amuse beaucoup. Ses gestes sont précis ; les mouvements de ses mains, soignés – ils animent tout son corps d'une langueur orientale.

Dalida touche aussi le thérapeute en moi : malgré sa beauté et ses rires, elle reste profondément marquée par une vie personnelle et amoureuse jalonnée de malheurs et de disparitions. En dessinant pour elle, je souhaite qu'elle fasse de chacune de mes créations une enveloppe, une armure qui la rend moins vulnérable. D'origine italienne, née en Égypte et arrivée très jeune à Paris, elle dégage la mélancolie dont souffrent les exilés du bonheur. Dans l'espoir de se donner confiance, elle vient régulièrement à Rivoli pour choisir les dessins et essayer ses tenues. Par l'alchimie du cuir, elle se mue en une femme puissante. Icône orientale, son penchant dépressif n'entame pas sa générosité. Dalida aime les autres et n'a pas la tristesse égoïste.

Dès 1985, elle organise avec Line Renaud un grand gala contre le sida. La cause lui tient à cœur, car elle est entourée de nombreux hommes gays, célèbres ou non, comme Thierry Le Luron. Sa popularité dans le milieu homosexuel coule de source. En 1986, lorsque le grand cinéaste égyptien Youssef Chahine lui propose le premier rôle dans *Le Sixième Jour*, toute la complexité du personnage me saute aux yeux. La papesse du disco se révèle en grande tragédienne saluée par une critique unanime. Au micro de Serge Daney sur France Culture, elle déclare : « Il faut avoir souffert dans la vie pour accepter un rôle comme ça. »

Le 2 mai 1987, un essayage est prévu dans l'après-midi à Rivoli. À ma grande surprise, car c'est une femme très polie, elle ne se présente pas. J'apprends le lendemain qu'elle s'est suicidée dans la soirée. Me revient alors une de ses chansons les plus connues, et ô combien prophétique : « Pour ne pas vivre seul ».

Malgré des souvenirs parfois douloureux, la rue de Rivoli sera aussi le lieu de fêtes somptueuses qui deviendront aussi mythiques que celles du Palace ou du Studio 54 au cours des années 2000 – j'y reviendrai. Dans le deuxième corps de bâtiment, qui fut la demeure parisienne du général La Fayette, auquel Marie-Antoinette venait rendre visite, j'organiserai des défilés dans les années 2010, qui se fondront harmonieusement dans les intérieurs Louis XVI.

L'année 1983 marque l'essor de la marque et sa professionnalisation. Philippe, le seul et très fidèle ami d'enfance de Gilbert comme lui ancien enfant de chœur à Nice, ayant fréquenté la même école catholique, rejoint notre aventure. Philippe est grand et brun, discret et formidablement gentil. Issus d'un milieu modeste, ses parents ont rapidement fait fortune dans le bâtiment et invitaient régulièrement Gilbert, alors adolescent, dans leur maison du Trayas, accrochée aux roches rouges de l'Estérel. Philippe fait alors des études de cinéma à Paris. Il se propose d'utiliser son temps libre pour gérer les approvisionnements auprès de nos fournisseurs du Sentier. C'est à leur contact qu'il s'initie aux coulisses de l'artisanat du cuir et développe un œil de connaisseur. Il parvient à comprendre la finesse du métier et sympathise notamment avec les coupeurs, personnages capitaux de cet environnement. C'est fort de cette expertise nouvelle qu'il nous propose de prendre en charge la production des produits de la maison, en association avec ses parents, qui ont connu un revers de fortune. Il aura un rôle essentiel dans la gestion des ateliers, qu'il installe à Paris, rue de la Condamine, puis rue du Faubourg Saint-Honoré.

Philippe adore Jérôme mon fils. Doté d'une impressionnante culture cinématographique, il lui fait partager sa passion en l'initiant à Hitchcock ou Lubitsch. Je ne peux m'empêcher d'associer la *« Lubitsch touch »* à Philippe : une retenue élégante, pas de démonstrations ni d'effusions publiques. Ce cinéma convient à son caractère : une discrétion par laquelle il dissimule sa profondeur et sa sensibilité. Jérôme et Philippe passent des nuits entières dans la salle de projection. Ensemble, ils se régalent aussi des derniers films d'action américains et des blockbusters du moment, qui me laissent indifférents. Édith apprécie son énergie, son dévouement et son influence sur Jérôme. Si son calme contrebalance mon caractère fougueux, Philippe témoigne néanmoins d'une audace qui le rend capable d'agir sur un coup de tête ou de décider sur un coup de cœur. Gilbert et moi l'adorons et nous composons un trio platonique, une famille recomposée, notre « sérénade à trois », pour reprendre le titre du plus illustre film de Lubitsch.

Porté par cet environnement relationnel fécond, je connais une période de créativité importante qui va de pair avec un travail de tous les instants. De ces années 1980 naîtront les premiers modèles iconiques de la marque Jitrois : le Birdy, le Cabochon et le fameux blouson Globe, affectionné par de nombreuses stars comme Elton John ou Arnold Schwarzenegger, et qui figure une carte du monde en agneau plongé sur un fond de cuir noir avec camaïeu de beige.

En 1984, Philippe découvre le château de Lierville : situé dans le Loir-et-Cher et construit au XVIe siècle. Il est à vendre.

« J'ai visité un château, nous dit-il par téléphone à Gilbert et moi. Il sera parfait pour tous nos ateliers. »

Nous sommes alors en Allemagne. Sachant Philippe susceptible de s'enflammer un peu trop vite, nous lui enjoignons d'attendre avant de signer quoi que ce soit. Le premier avion disponible nous ramène en France. La bâtisse est magnifique et les remaniements architecturaux du XIXe siècle la rendent très fonctionnelle. L'état des toitures laisse à désirer, mais qu'importe. Nous l'achetons tous les trois pour le prix d'un deux-pièces à Paris et y installerons jusqu'à quarante ouvriers, sans compter les parents de Philippe et de Gilbert, les bureaux de mon épouse Édith dans le pigeonnier et, bien entendu, mon fils Jérôme et mes parents.

L'acquisition nous garantit un parfait contrôle de notre production et l'assurance d'un usage adéquat des matériaux que nous choisissons. Sous l'œil expert de Philippe, nos ouvriers travaillent sur des machines Cornely, dont la précision est un gage de qualité et de savoir-faire, notamment pour les broderies. Le cuir Jitrois est en effet un matériau empreint de noblesse et de délicatesse : c'est le sens de la création de la marque « Cuir Couture », qui s'attache à créer une forme d'élégance à la française, dont le cuir a longtemps été le parent pauvre. Quoi de mieux qu'un château ayant abrité madame de La Vallière, une des favorites du Roi-Soleil, pour faire briller la marque d'un éclat nouveau ?

« Une femme qui ne porte pas de cuir n'a pas d'avenir », assènera de sa voix de rockeuse Agathe Godard, journaliste vedette de *Paris Match* et figure de proue de la vie parisienne, lors d'une émission télé qui m'est consacrée en 1985. Le château de Lierville participe au rayonnement de la marque aux États-Unis, associant à Jitrois l'image d'une demeure dont le prestige et l'histoire savent séduire la clientèle américaine et japonaise. C'est là une parfaite osmose culturelle entre une marque de couture française et le patrimoine historique. Le château est un intercesseur entre passé et avenir, entre histoire et modernité, liant notre manière très moderne de traiter une matière aussi ancestrale que le cuir à une architecture classique. Ancienne propriété des Wendel, maîtres de forges, le château s'orne également d'une somptueuse grille en ferronnerie de facture comparable à celle de Versailles : elle symbolise la dimension artisanale et hautement exigeante de mes créations.

Aussi refusons-nous de parler d'« usines » pour employer le terme « ateliers ». De même, le château et la chapelle en son centre, où nous baptiserons un neveu de Gilbert, sont le signe de notre attachement à la tradition et au savoir-faire propres au cuir, dont nous sommes les dépositaires autant que les promoteurs. Le cuir est notre douaire. Sa visibilité est assurée autant par notre production que par le décor de Lierville, qui plaît aux attachés de presse et à la presse people, comme *Paris Match* et notre très chère Agathe Godard. Les photos de Brigitte Nielsen assise sur la rambarde du grand escalier du hall en tailleur noir font sensation, tout comme Ursula Andress dans la cuisine octogonale de la tour du château. C'est cet aspect *star-system* et *people* qui déplaira à la presse officielle de la mode, un brin conservatrice. Jitrois s'affranchit en ce domaine des standards et des académismes pour promouvoir ses créations par l'entremise de personnalités qui, loin d'effacer le vêtement, en accroissent la puissance et la vie.

La presse de mode voit en Jitrois un feu de paille ou un engouement de starlettes. Toutefois, Laurent Jalou, fils du créateur du mensuel historique *L'Officiel de la couture et de la mode de Paris*, le plus ancien magazine de mode français, créé en 1921, fera exception. Né en 1954, c'est un jeune patron de presse audacieux qui comprend très vite le potentiel de Jitrois. Notre relation de travail fructueuse, loin du conformisme qui règne parfois dans la mode et de la coercition des grands groupes qui tiennent les magazines, conférera une visibilité décisive au développement de la maison. Ce n'est qu'en 1997, avec l'arrivée de Yann dans la maison, que nous parviendrons à rallier les magazines établis comme *Vogue* – après quarante années d'un travail constant et acharné face à une scène française longtemps boudeuse à notre endroit.

Le château de Lierville représente le tournant alchimique où la rudesse du cuir se mue en élégance électrique. Nous y organiserons des fêtes avec nos franchisés pour dévoiler nos nouvelles collections. C'est en cette topographie, en ces lieux historiques, que se créera l'esprit Jitrois.

Si 1983 marque notre installation à Paris, 1985 est notre tournant américain. Nous disposons désormais d'une clientèle internationale et fidèle de stars et de grandes fortunes. Lors d'une de ses séances de shopping, la richissime américaine Gloria Blackburn s'arrête devant la boutique du 25, rue du Faubourg Saint-Honoré et est immédiatement séduite. Fortunée, divorcée et audacieuse, elle veut installer la marque aux USA. Gloria ouvrira notre première boutique aux États-Unis, à Beverly Hills, avec, en vitrine, les posters de Stéphanie de Monaco en robe bleue réalisés la même année au Crillon. Sise dans le secteur prestigieux de Rodeo Collection, la boutique Jitrois jouit d'un emplacement de rêve.

C'est comme ça que Brigitte Nielsen tombe en arrêt devant ces posters. Figure iconique des années 1980, top model et actrice, elle épousera bientôt Sylvester Stallone. Notre rencontre marque le début d'une extraordinaire collaboration. Douglas Kirkland, son photographe, qui fut aussi celui de Marilyn Monroe, réalisera plusieurs séries de photographies sublimes à Los Angeles : au Chinese Theater, elle pose genou à terre en clin d'œil à Stallone ; sur Sunset Boulevard, elle affiche un déhanché parfait, caressé par une manucure bleutée comme son manteau à clous argent ; sur Rodeo Collection, son profil est impérial, dans un ensemble en astrakan et jupe fourreau noire en agneau plongé ; sur le mont Lee, devant les lettres Hollywood, ses jambes sont comme le prolongement de sa robe en cuir rouge, dont la traîne gît voluptueusement sur le capot d'une limousine stretch. Nous poserons en couverture de *L'Officiel* face à Mulholland Drive, elle en robe blanche et renard, moi enserrant ses jambes parfaites rehaussées de stilettos argentés : « Brigitte Nielsen, la femme Jitrois », titrera le magazine. Brigitte donne à la marque une visibilité internationale dont elle sera le pivot aux États-Unis.

À Los Angeles, grâce à elle, la boutique devient rapidement *famous*. On peut d'ailleurs l'apercevoir dans le film *Pretty Woman* de Garry Marshall, lorsque Julia Roberts déambule devant les magasins de Rodeo Drive. Nous prenons l'habitude de nous y rendre une fois par an. Gloria en connaît les meilleures adresses : les années 1980 y sont une ère de grande prospérité, jalonnée de fortunes rapidement faites par de jeunes *yuppies* et de fêtes débridées. Le reaganisme triomphant prône un ultralibéralisme effréné et porte le dollar comme une couronne. À Beverly Hills, les maisons se vendent aux alentours de 15 millions de dollars au bas mot, et les Ferrari, Lamborghini et Maserati qui y pullulent, affichent les couleurs de leurs propriétaires : l'argent ne se dissimule pas ; il s'exhibe sous une forme dont l'ostentation est la condition naturelle. Grands joailliers ou illustres couturiers forment un biotope dans lequel cette faune dorée se pâme joyeusement.

La nuit, l'alcool, et le sexe composent une trinité à laquelle les noctambules rendent un culte vibrant. Guidés par Gloria, Gilbert et moi fréquentons bars et clubs gays en vogue. Les hommes raffolent d'elle, tant elle ressemble à l'éblouissante Linda Evans. Les mâles gays américains sont magnifiques et exhibent des corps musculeux, consommables comme les marchandises de luxe de Rodeo Drive. Gilbert et moi rencontrons chaque soir les plus beaux de ces garçons, avec qui nous terminons la soirée dans l'appartement de Gloria, sur Wilshire Boulevard. Un soir, ayant oublié les clefs, nous improvisons une partie à trois sur la moquette du palier. Je ne peux résister à tant de sensualité – le sexe sera toujours pour moi une énergie puissante qui me porte autant qu'elle nourrit mon rapport au corps.

C'est dans cette même boutique de Los Angeles que je rencontrerai plus tard Mike Tyson. Condamné à l'obscurité par une enfance faite d'abus sexuels et de grande délinquance, il a transformé ses poings, au sens propre comme au sens figuré, en faiseurs de lumière. Ils lui ont apporté la gloire en le hissant au rang de plus jeune champion poids lourd de l'histoire de la boxe, à partir des années 1980. C'est donc un homme d'1,78 mètre et de 100 kilos qui franchit seul le seuil de la boutique de Rodeo Drive à l'été 1987. Gloria Blackburn le reconnaît immédiatement et m'avertit de sa présence. J'ai gardé à l'esprit le boxeur à la Visconti dans *Rocco et ses frères*, sous les traits sensuels d'un Alain Delon torse nu au comble de sa beauté. J'ai devant moi l'anti-Delon : un corps puissant comme celui d'un Héraclès américain, ramassé et sans grâce apparente. Tyson s'avance vers nous en bermuda sombre et chemise à rayures, le poignet orné d'une montre imposante. Je suis saisi par son indéfinissable agilité et sa rapidité naturelle. Sous nos yeux, Héraclès devient Pan, le taureau se mue en faune. Gloria Blackburn, aux anges, va l'accueillir.

Il s'arrête, le regard fixé sur les immenses photos de Brigitte Nielsen, en grande et sensuelle robe rouge, puis dans une somptueuse robe blanche ornée de fourrure.

Mike adore les femmes. Il en est fou. Cela le perdra. Gloria me le présente : je suis surpris par son regard, que j'imaginais menaçant. Le regard du *warrior*, de Rocky ou de Rambo. Au contraire, ses yeux pétillants sont juvéniles et rieurs.

Il me prend par l'épaule et je comprends immédiatement l'origine de son surnom, « Iron Mike », Mike de fer. Il ne cherche pas à m'en imposer par sa force ou à me broyer l'épaule. La précision avec laquelle il me saisit en descendant vers le rhomboïde suffit à me transmettre sa force maîtrisée, capable de me briser les os sans aucune difficulté. En thérapeute, je devine dans ce toucher l'assurance et la détermination du pugiliste. Ne dit-on pas de la boxe qu'elle est « la douce science des coups » ? Le corps musculeux de Mike Tyson est un script. Il parle pour lui. Il comprend instinctivement mon analyse et sourit. Il oscille de gauche à droite en faisant semblant de se mettre en garde, dans le style « peek-a-boo » qui lui est si particulier. Épaule vers la gauche, épaule vers la droite, le visage apparaissant et disparaissant derrière ses poings en une mimique mutine. Il a envie de s'amuser et, très naturellement, une sympathie se crée entre nous. Gloria et Gilbert observent, en retrait de notre petit théâtre. Il aperçoit alors le blouson Globe et le montre du doigt. Je le lui présente et il le regarde avec l'excitation d'un gamin face à un jouet.

« *Try it, Jean-Claude!* » dit-il avec un accent particulier, l'accent de Brooklyn, l'accent de la boxe.

Je le porte, il observe et le modèle lui plaît. Il l'essaie à son tour, mais arrive à peine à y glisser le bras et part d'un grand éclat de rire. Gilbert, observateur, lui présente une taille 54, au lieu du 48 que je viens de passer. Puis Mike jette son dévolu sur un blouson en croco qu'il essaie à l'envers, à la Elton John. Lui et moi communiquons de façon instinctive. Le boxeur veut qu'on le trouve beau, magnifique, comme sur le ring. Il veut être le roi comme un adolescent mal aimé. Il opte pour une salopette verte en cuir que nous lui réaliserons sur mesure. Il est très flatté que je lui demande d'immortaliser sa venue par un cliché de nous deux à Rodeo Drive. Il pose aussi sur un canapé en croco, ravi d'être shooté comme une star de la mode.

À ce cliché répond un autre, pris en 1988, à Paris. Tyson sort du Bristol, vêtu de sa fameuse salopette, et s'approche de la boutique du Faubourg Saint-Honoré, suivi d'une nuée de photographes. Dans la rue, c'est l'émeute, on se bouscule pour le voir, on l'interpelle, mais il continue tranquillement sa marche. Nous sortons sur le pas de la porte et apercevons un Mike souriant qui se dirige droit vers le magasin. Toujours rieur et joueur, il me serre dans ses bras affectueusement, puis me renverse pour me faire sauter dans les airs à la façon d'une jeune mariée. Je me sens un peu pucelle face à ce poids lourd, et la boutique part d'un immense éclat de rire suivi de cris d'encouragement. Gilbert nous photographie. Si son statut de star sème l'hystérie dans le Faubourg, Mike, apparemment immunisé, discute avec l'ensemble du staff et singulièrement avec Géraldine, ma collaboratrice. Les femmes, toujours. C'est un séducteur et nous comprenons que Géraldine lui plaît. Il fait le tour de la boutique : « *It's a maze!* » commente-t-il excité.

Le soir, nous irons aux Bains Douches pour une mémorable soirée.

Les États-Unis deviendront un terrain d'élection pour ma maison. Gloria Blackburn sera notre meilleure ambassadrice. Elle a pour habitude d'aller chez le coiffeur tous les matins. Fortunée, elle se rend dans le salon le plus huppé de L.A. et noue ainsi des amitiés avec une floppée de stars, qui sont autant de clientes potentielles. Prévenante et souriante, cette très belle femme a un sens du business qui lui fait comprendre rapidement l'intérêt des franchises – accords par lesquels nous autorisons l'ouverture exclusive de boutiques de la marque à des tiers. N'ayant pas de capital suffisant pour lancer en propre nos points de vente, elles représentent un avantageux compromis qui nous laisse néanmoins une visibilité sur les ouvertures. Par l'entremise de Gloria, qui en fait la promotion, elles sont comme un système d'affinités électives.

En 1987, Jitrois s'implante à Dallas, à Houston chez Tootsies, puis à Las Vegas avec un shop-in-shop au sein même du Caesars Palace. La même année, nous ouvrons à New York dans le sous-sol de la Trump Tower à côté d'un restaurant très en vogue. Nous sommes visibles, car l'escalator est quasiment devant la porte, et, bien souvent, on s'adresse à nous pour nous demander : « *Where can I find the bathroom, please?* »

Une fois de plus, l'emplacement est décisif. Pendant six mois, vingt-quatre heures sur vingt-quatre et sept jours sur sept, Gilbert et moi travaillons comme des forçats. Un jour, un homme à la stature imposante nous salue brièvement. Son assurance est digne des héros féroces de *Dallas* ou de *Dynasty*, d'un J.R. Ewing blond vénitien. On comprend à son regard qu'il est de ces hommes qui ne souffrent pas la contradiction. D'une façon très directe et très américaine, il me serre la main en m'accusant de chercher à le ruiner.

« Ivana m'a présenté vos factures », assène-t-il.

Je comprends alors que j'ai face à moi Donald Trump. En effet, nous nous sommes présentés un jour chez lui, au 56e étage de la Trump Tower. Unc domestique nous a ouvert avant de nous introduire dans un salon à la décoration baroque. Ivana Trump nous souriait en nous souhaitant la bienvenue. Je me souviens de sa silhouette longiligne et l'entretien soigneux de sa chevelure blonde remontée en chignon. Autrefois mannequin dans les années 1970, Ivana conservait une allure athlétique héritée de sa pratique professionnelle du ski, qu'elle avait longuement enseigné en Europe et au Canada. Elle gardait un visage arrondi, caractéristique des femmes d'Europe centrale. Comme beaucoup de ses compatriotes américaines, elle raffolait du cuir-couture Jitrois.

C'est lors de cette période new-yorkaise que nous réalisons d'importantes séries de photos avec Farrah Fawcett ou Jane Seymour, qui contribuent au glamour de la marque outre-Atlantique, mais aussi en France. Cette notoriété sera décisive, car elle favorisera par la suite des collaborations avec des stars américaines de premier plan, comme Brooke Shields. Grâce à Yanou Collart, l'attachée de presse de Rock Hudson, nous la rencontrerons à Paris. Nous ferons avec elle notre première couverture d'un magazine de mode, sous l'objectif de Jean-François Lamy, pour *L'Officiel* de Laurent Jalou. Durant toute la séance, la mère de Brooke Shields, Teri, restera à ses côtés afin de chaperonner celle qui est aussi la descendante directe des princes romains de Civitella-Cesi.

Cette intense activité nous permet d'amplifier notre présence aux États-Unis – si bien qu'en 1989 nous ouvrons à Phoenix, Atlanta, Palm Beach et San Francisco. La très chic et glamour station de ski d'Aspen, dans le Colorado, aura également sa boutique Jitrois, qui connaît aussi le succès parmi les hommes : le blouson Globe s'impose comme une pièce iconique du vestiaire masculin, plébiscitée par Sylvester Stallone. Il apparaîtra même dans un épisode de la série *Dynasty*, comme beaucoup de tailleurs Jitrois, portés par Joan Collins.

Si la marque connaît un véritable essor aux États-Unis, la France reste bien entendu notre port d'attache. En 1985, nous décidons de vendre la boutique de Maccarani à Nice, de garder Saint-Tropez et de nous implanter davantage à Paris. L'avenue Montaigne sera ma prochaine cible. En 1986, je m'y promène, j'observe, j'apprivoise les lieux du regard. Je suis attentif à son rythme, à ce ronronnement du luxe qui bruit à chaque coin de rue. Je suis en embuscade, comme un chasseur. Et ma proie m'apparaît naturellement. Une boutique à l'angle de la rue Goujon attire mon attention. On y vend exclusivement des cadres photo.

« Bonjour, ils sont beaux, vos cadres », dis-je à la propriétaire.

Nous engageons très librement la conversation. De mon sac, je sors une photographie de Stéphanie de Monaco portant une de mes créations et je lui explique, comme à madame Fain, que je suis un jeune couturier. Son regard est aimanté par la princesse de Monaco, ses yeux allant et venant du cliché de Stéphanie à moi.

« J'achèterais bien un de vos cadres pour la photo de Stéphanie de Monaco que je mettrais en vitrine de ma boutique. »

Cette idée l'enthousiasme. Le lien est noué. Je l'invite à déjeuner le jour même au Plaza Athénée.

« C'est votre magasin qui me plairait, lui dis-je au détour de la conversation.

– Je vous le céderais volontiers, mais que faire de tout mon stock de cadres ?

– Faites-moi un prix. J'achète tout. »

Nous sommes proches d'un accord à la fin du déjeuner. Mais un imperceptible mouvement de retrait la rend encore hésitante. Maître Ladoux, mon notaire parisien aux allures de personnage balzacien, prend les choses en main et nous voici chez la propriétaire. Elle me jauge du coin de l'œil. Elle s'enquiert de mes origines et de ma moralité. Maître Ladoux, avec ses allures rassurantes de gestionnaire cossu, et moi-même faisons des merveilles en lui racontant que nous nous sommes rencontrés sur les bancs du catéchisme. La voilà rassurée. Face à ce brevet de vertu, elle consent à faire de nous ses locataires – à condition d'augmenter légèrement le loyer.

Mon appartement rue de Rivoli devient à la même époque la scène de la marque Jitrois. J'y ai vu les travaux de la pyramide du Louvre et j'aime à me rendre au jardin des Tuileries, que je considère comme un théâtre. À partir de 22 h 30, je l'observe attentivement, muni de jumelles comme aux courses. Le spectacle débute vers 22 heures, mais j'en connais déjà l'intrigue. Ce « jardin extraordinaire » est un espace de liberté extime. En abrogeant définitivement le « délit d'homosexualité », la loi Forni a mis un terme à une discrimination pénale vieille de quarante ans. Depuis le XVIIIe siècle, le jardin des Tuileries est l'un des lieux incontournables de la géographie de la baise parisienne. Il y a des espaces découverts, d'autres arborés qui contentent les plus timides, mais en général l'action est partout. Sur ce théâtre à ciel ouvert, toutes les classes sociales se mélangent pour enfin jouer le rôle de leur choix. La chorégraphie est toujours la même : les corps s'effleurent et les regards se croisent, on se retourne, on discute tout simplement, on consomme sur place ou chez soi. Dans cette semi-obscurité domine une licence consentie, parfois silencieuse, parfois plus bruyante.

Rivoli est mon poste de guet. J'observe attentivement les ombres pour trouver l'envie dans une stature, une démarche, une allure. Il est fréquent que je repère une silhouette après vingt minutes d'observation. Vêtu d'un jean moulant, d'un tee-shirt blanc et d'un blouson qui soulignent mon corps athlétique, je descends au jardin pour confirmer *in vivo* mon intuition. Quant à Gilbert, notre scénario prévoit qu'il reste sagement devant la télé en préparation de la scène suivante.

Une fois dehors, fébrile, je me dirige vers la silhouette choisie. Dans ces nuits fauves, le langage s'abolit par la chair et c'est parfois silencieusement que l'on s'abandonne. La fixité réciproque d'un regard fait que l'un suit l'autre, poussé par un code muet connu de tous. Cette absence de parole fait du signifiant corporel le seul maître, renvoie à un ailleurs où s'exprime une poésie presque animale. Dans ces épilepsies nocturnes, il y a comme un délaissement de soi, un abandon, une émotion née d'un trouble.

Pour ma part, je préfère parler.

« On marche ? » est ma formule favorite.

Puis je me retourne, je continue à avancer. Si mon partenaire me suit, je commence à bander. Celui-ci chemine à mes côtés en silence. Nous reproduisons la méthode d'Aristote, en pérégrinant côte à côte, comme si notre proximité était le gage d'une montée progressive du désir. Jamais de contact et encore moins de tripotage public. J'aime déambuler ainsi. C'est pour moi un exquis préliminaire. Les autres nous regardent. Certains habitués me reconnaissent.

« J'habite en face », est ma seconde réplique.

Le gars suit. Pas d'injonction. Pas d'obligation ni d'ordre. Je crois dans le pouvoir de la suggestion qui finit par une association libre. Comme en analyse, mais dans une version plus charnelle. Nous entrons sous le porche et, silencieusement, montons dans l'ascenseur. Quelques paroles. Un ou deux sourires. Lorsque nous pénétrons dans l'appartement, l'effet varie. Certains sont troublés, décontenancés, d'autres stupéfaits, d'autres encore excités. Nous empruntons le couloir qui débouche sur le grand salon. Par les fenêtres, on distingue le faible éclairage des horloges du musée d'Orsay.

C'est à ce moment-là que Gilbert entre en scène. Dans la pénombre de la pièce, sur un des deux canapés en vis-à-vis, il repose étendu, à demi nu face à nous, éclairé par la lumière pâle de la télévision. Sa beauté rallie en général tous les suffrages. Deux options se présentent au mec.

S'il semble trop étonné, je le raccompagne en m'excusant du retour prématuré de mon ami. Mais, les garçons étant en général partageurs, nous prenons un verre. Je les invite à passer à la salle de bains pendant que Gilbert et moi les attendons nus sur le lit, prêts à en découdre. Pour nous deux, le sexe reste une saine discipline sportive, à pratiquer régulièrement, où le corps autant que l'esprit s'effacent dans l'éclair de la sensation.

Quand je jouis en criant, ces amants d'un soir sont souvent tétanisés, sous l'œil amusé et rassurant de Gilbert. Ce fameux cri découvert sur une plage de Menton, où mon passé manifeste sa jubilation dans l'extase du présent. Nous nous quittons alors amicalement, « toute passion abolie ».

Ce sont des hôtes bien différents que j'accueille cependant à Lierville. Philippe occupe avec ses parents une partie du château, où il a domicilié le siège de sa société des Cuirs de Lierville : nous lui confions notre confection. Je m'y rends quatre jours par semaine. Le château joue un rôle symbolique pour la marque, singulièrement à l'étranger, grâce à son style très français. Il participe à la spectacularisation de Jitrois par ses embellissements et ses décors. Le monde de la mode est une scène, et nous avons décidé, Gilbert et moi, de faire de Lierville son théâtre.

De fait, je choisis de jouer sur une décoration somptueuse avant de m'intéresser vaguement à la toiture – fragile – ou à la zinguerie – incertaine – du château. Qu'importe : j'engage des dépenses somptuaires auprès de tapissiers, de passementiers ou d'ambitieux décorateurs sans me soucier des frais astronomiques que cela engendre. Le lundi, Gilbert constate, effrayé et résigné, le montant de mes ambitions. Comme Lady Lyndon, il signe, fataliste, la ribambelle de factures qui défilent sous ses yeux.

Lierville est un pari sur l'avenir, son développement à l'unisson de l'expansion de la marque et du nombre croissant de nos franchisés. Il y a quelque chose d'anarchique et de grisant dans cette prospérité. Gilbert, malgré notre différence d'âge, est plus raisonnable que moi, et tente en vain de modérer mes dépenses ; mais nous nous accordons sur l'importance de l'agrément et de la beauté qui définissent aussi bien Lierville que Jitrois. Nous construisons une manière d'habiter le monde qui souffre mal l'utilitarisme. Nous restons des jouisseurs. Et des travailleurs. Nous carburons à la passion dont Lierville est le cadre privilégié. C'est notre jeu de sable à nous : un espace sécurisant, où la créativité peut librement s'exprimer, aussi bien à l'intérieur que parmi les cinquante hectares attenants que j'aime parcourir à cheval, accueilli à mon retour par la centaine d'oies qui, comme celles du Capitole, gardent le château. Celui-ci me semble vivant : il grandit au gré de nos franchisés, dont le nombre croissant va de pair avec la rénovation de nouvelles chambres !

Lierville devenu parfaitement fonctionnel, me vient l'idée d'y présenter notre collection cuir-couture printemps/été 1988 et d'y convier nos franchisés et nos principaux clients. Ce défilé doit être exceptionnel.

Ma fille, Caroline, qui s'occupe de la diffusion de la marque hors Amérique, invite également des Japonais qu'un intermédiaire lui a présentés. Rien ne doit être laissé au hasard. Lierville ayant abrité madame de La Vallière, nous voulons un défilé digne des grands divertissements du Roi-Soleil : le château sera pour quelques heures notre « île enchantée » des plaisirs où se jouera un « bal des ifs » consacré à la marque Jitrois. Sous les yeux d'un parterre d'ambassadeurs et d'ambassadrices de la marque, c'est toute une aristocratie du cuir que nous souhaitons célébrer, autant que le savoir-faire et l'excellence du cuir-couture.

Si Gloria Blackburn rallie Lierville dans une Rolls-Royce Silver Spur émeraude avec le naturel d'une favorite de Louis XIV, nous organisons un véritable ballet aérien pour nos invités américains et japonais. Ils arrivent en hélicoptère et se posent le jour venu dans la cour du château : le contraste entre la technologie du XXe siècle et l'architecture classique est saisissant. C'est cet effet de contraste que je souhaite, car la marque Jitrois surprend, ose, sur le modèle de l'arrivée de Jean Marais et de Delphine Seyrig dans la cour de Chambord à la fin de *Peau d'Âne*. C'est un métissage des temps, des formes et des matières. La journaliste Janie Samet du *Figaro* et Laurent Jalou de *L'Officiel* sont de la fête, couverte par *Paris Match*. Les Stevens, de riches clients américains, nous font le plaisir d'être parmi nous. L'effervescence est à son comble : certains se connaissent déjà, d'autres se découvrent. Je fais les présentations, me prête au jeu des photographies – non sans une certaine nervosité, que je dissimule au mieux.

C'est au cœur du château, sur une scène marquée de ma signature, que défilent les mannequins. Le décor est à la hauteur des attentes des invités : sol composé de damiers en tommettes bicolores, lambris sombres, mobilier aux styles mêlant Empire et Haute époque, tout participe d'une synergie parfaite. En ces lieux, la déambulation des mannequins brosse une fable. Elle raconte l'apogée du cuir-couture et la noblesse des matières : agneau plongé, veau velours, incrustations de reptiles figurent des enveloppes sensuelles et colorées. Les chapeaux noirs prolongent altièrement les silhouettes, alors que les ensembles jupe noire et blouson zippé sombre donnent l'indice d'une esthétique plus friponne. Mon désir de créateur est satisfait : mes modèles sont en harmonie parfaite avec le décor du château ; le cuir y trouve ses lettres de noblesse et s'accorde à une sensualité sophistiquée en sublimant les silhouettes.

Le défilé est un succès. Je suis parvenu à enraciner la maison Jitrois dans un lieu, une généalogie, qui lui confèrent une identité forte. Je veux pour ma marque une notoriété inscrite dans un patrimoine, une forme d'héritage. C'est chose faite. L'assistance est conquise autant par les modèles que par le cadre, qui les rend fiers de s'inscrire dans une telle lignée. Notre invité japonais, enthousiaste, souhaite ouvrir une boutique à Tokyo et acquérir une franchise.

Cet hôte japonais est à la tête d'une maison familiale, héritière d'un savoir-faire ancestral dans la confection de kimonos. Au Japon, le kimono est un vêtement de luxe que l'on porte en certaines occasions, comme la cérémonie du thé ou l'ikebana. Habit des acteurs de kabuki, le kimono émane donc d'un univers très traditionnel, plutôt éloigné du cuir-couture. Notre invité acquiert un petit immeuble à Minami Aoyama pour y installer la marque.

Pour l'ouverture, Philippe, Gilbert, Édith, Jérôme et moi sommes du voyage à Tokyo. Brigitte Nielsen, dont la présence est exigée et financée par les Japonais, nous rejoindra directement de Los Angeles. Une équipe de *Paris Match* se joint à nous, pour un shooting dans lequel Brigitte sera l'égérie de la marque au Japon. Je prends soin de ne rien dire à nos hôtes. Arrivés à Tokyo, nous sommes accueillis par nos partenaires japonais avec tout le cérémonial requis, et sommes conduits à notre hôtel. Le soir même, ils nous convient à un dîner afin de fêter notre arrivée.

Édith porte un tailleur Jitrois bleu ciel à broderie blanche que ne manque pas de remarquer notre hôte. Nous faisons connaissance avec la retenue qui sied aux relations sociales dans le monde nippon. Nos hôtes sont très polis, mais, comme dans les films d'Ozu, leur expression en dit peu sur leurs sentiments. J'ai l'impression que le moindre geste ou le moindre rire pourrait créer un tourbillon. Leur impassibilité est déconcertante. Édith, souriante, fait la conversation avec son élégance habituelle.

« Avez-vous fait bon voyage ? lui demande notre hôte.

– Oui, mais il fut un peu fatigant. J'ai mal aux pieds », répond-elle.

Silence de notre interlocuteur. Imperceptible plissement de lèvres. Œil qui cligne un quart de seconde : cela signifie-t-il quelque chose ? Nous l'ignorons.

« Il faut mettre d'autres chaussures », tranche le Japonais.

On nous apporte les mets, composés d'un exceptionnel assortiment de poissons, dont les Japonais raffolent. J'observe la disposition des plats, tout en sobriété et en délicatesse. Je remarque que les poissons sont parfaitement reconstitués. Ils ont presque l'air vivants. J'observe plus attentivement, car il me semble en voir certains gigoter. Ce n'est pas une impression : ils bougent !

« A-t-on bien tué les poissons ? » m'instruis-je auprès de notre hôte.

De nouveau le plissement des lèvres et l'œil qui cligne.

« Ah non, il faut qu'ils soient vivants. Vous savez, les Japonais sont cruels », dit très doucement sa femme.

Silence de plomb. Coup de tonnerre dans une nature paisible. Son mari la foudroie du regard. Son œillade, presque audible, semble lui hurler qu'elle n'est rien et que sa réponse est inadmissible. Gilbert et moi nous regardons. Ce dîner augure mal de nos quarante-huit heures à Tokyo. L'épouse se tait. Elle ne dira plus rien. Dans le Japon d'alors, la soumission de l'épouse est incontestable – aux antipodes de la femme Jitrois. Brigitte Nielsen, quant à elle, semble étrangère à ces échanges, ravie d'être à Tokyo et considérée comme une icône au Japon. Nous expliquons que nous souhaitons faire des photos originales avec Brigitte dans un environnement traditionnel japonais, mais notre client y est hostile – d'autant qu'il a conçu pour nous un programme au cordeau qui ne souffre ni retard ni écart, et doit débuter le lendemain matin à 8 heures. Qu'à cela ne tienne : nous décidons de nous retrouver à 5 heures du matin devant l'hôtel.

Aux aurores, Gilbert, Brigitte, Jean-Claude Sauer, grand photographe de *Paris Match*, et moi-même sommes sur le pied de guerre. Nous découvrons que nous avons un chaperon en la personne d'un homme-lige de notre client. Un van est à notre disposition et nous partons pour Tsukiji, le plus grand marché aux poissons du monde. Nous arrivons dans une halle où règne une incroyable effervescence avec force cris et gesticulations, peu usuels dans un Japon aux mœurs policées. Notre chaperon nous explique que ce sont les enchères à la criée : des thons pour les sushis s'y négocient à prix d'or. Il ne comprend pas ce que peut faire Brigitte parmi les étalages. Les cours s'envolent. L'excitation est à son comble. Brigitte, ravie, est parfaitement à l'aise. Elle ne passe pas inaperçue et se réjouit d'être parmi les saumons, les thons et les crevettes. Le photographe commence à shooter et à l'encourager. Très inspirée, elle se saisit d'un énorme poisson et prend la pose, au grand dam de notre accompagnateur, dont l'étonnement rend le visage aussi bouffi que celui d'un fugu. Et voilà Brigitte qui va d'étal en étal, gainée de cuir, saluant au passage les marchands étonnés et comblés de voir une sirène parmi la pêche du jour. Je suis ravi. Mais le photographe de *Paris Match* en veulent davantage.

« Et si nous allions faire un shooting avec des sumos ? » suggère l'un d'eux.

Brigitte est emballée. Nous aussi. Notre chaperon beaucoup moins – il manque de s'étouffer. Mais nous insistons tellement qu'il cède, mortifié. Nous voici dans un dojo, au milieu des rikishis, « professionnels de la force », portant le traditionnel *mawashi*, slip de tissu de six à huit mètres, les cheveux remontés en chignon. « On pourrait réaliser des *mawashis* en cuir », me dis-je, renonçant à faire part de mon idée à notre accompagnateur. Les lutteurs sont intrigués, mais celui-ci semble très agité, faisant des moulinets avec ses bras et semblant se confondre en excuses face au *gyōji*, l'arbitre du dojo. Ce dernier, vêtu d'un magnifique kimono, agite paisiblement son éventail en le dévisageant avec hauteur. Brigitte, de son côté, fait quelques photos avec les sumos, enchantés de cette visite inopinée. Lorsque nous demandons à prendre des photos dans un théâtre de kabuki, c'en est trop pour notre accompagnateur, qui gesticule et vocifère gutturalement : « Kabuki pas possible ! Pas possible. »

Débrouillards, nous parvenons à trouver l'emplacement d'un théâtre de kabuki. Nous passons dans des sous-sols, suivis de notre chaperon époumoné et suant à grosses gouttes, avant de débarquer dans le bureau exigu du régisseur éberlué. Tonitruante, la Nielsen s'approche de ce petit homme qu'elle pourrait dévorer aussi aisément qu'un sushi, les seins bombés et les coudes sur le bureau.

« *Stallone! His wife!* » explique Gilbert en la montrant du doigt.

À ce nom, le régisseur nous gratifie d'un grand sourire et nous emmène immédiatement sur scène, en pleine répétition, devant les acteurs grimés du fameux *keshō*. Il leur explique avec empressement qui nous sommes. Je saisis à plusieurs reprises le nom de « Stallone », qui fait converger tous les regards vers Brigitte. Tous les acteurs veulent alors une photo avec elle – requête à laquelle elle se prête naturellement avec entrain. Dans un coin du théâtre, notre accompagnateur décomposé nous observe muet, presque hostile. Nous arrivons avec deux heures de retard à notre rendez-vous, mais comblés. Grâce à Brigitte, nous évitons un scandale. Je termine la journée avec elle, donne quelques interviews et, devant l'insistance du photographe de *Match*, nous posons dans les jardins de l'ambassade de France. À mon bras, Brigitte Nielsen fait sensation. Vêtue d'une robe de mariée en cuir blanc par ailleurs brodée de fleurs multicolores aux couleurs des sakuras, elle provoque un émoi palpable parmi le Tout-Tokyo présent ce soir-là.

Nos conversations avec les Japonais nous apprennent néanmoins que les tenues Jitrois ne conviendront finalement pas à leur clientèle. Nos vêtements trop près du corps correspondent mal à la silhouette de la femme japonaise, qui n'a rien de la femme libérée à la Nielsen. Je ne souhaite pas, pour ma part, que la marque Jitrois crée une ligne évasée ou *oversize*. Nos interlocuteurs japonais nous demandent alors de développer une ligne de maroquinerie qu'ils pourraient commercialiser dans leurs immenses espaces à Tokyo. L'idée m'emballe, car, à l'époque, le marché de la maroquinerie est peu exploité par les marques de luxe, hormis Chanel, Hermès ou Lagerfeld et ses fameux sacs à tige métallique. Nous revenons à Paris enthousiastes et y croyons d'autant plus que nous sommes en pleine croissance : le défilé à Lierville a été un succès, nous multiplions les ouvertures de boutiques aux USA, et *Paris Match* nous fait d'excellents papiers.

Pour nous lancer dans ce nouveau défi, nous faisons appel à d'excellents artisans, comme Bernard Nerson pour le bagage mou ou la toile enduite, et à la maison Rioland pour le travail du crocodile ou du cuir box. Toutes les broderies se font à Lierville sous la supervision de Philippe. Après six mois de développement, nous réalisons trois lignes de sac : le Globe (malle cabine, *vanity case*, sac de voyage) ; le Vacher (sac à dos) avec boules dorées et broderies en relief ton sur ton ; les box et cuirs exotiques (sac, ceinture). Compte tenu de l'ambition des Japonais et de l'importance de notre gamme, nous devons nous agrandir. C'est à ce moment-là que je fais l'acquisition du 38, rue du Faubourg Saint-Honoré, dans l'hôtel de Castiglione, à côté de Saint Laurent.

Lorsque les Japonais reviennent à Paris six mois plus tard, ils sont accompagnés de certains de nos partenaires américains. Nous sommes en 1989 et la France, singulièrement Paris, bruisse d'une agitation liée aux grandes fêtes du bicentenaire de la Révolution française. Nous prévoyons un bus collectif afin de les amener à la boutique en prenant soin de leur faire découvrir les plus beaux aspects de Paris et, bien entendu, notre adresse de l'avenue Montaigne. Devant la nouvelle boutique du 38, rue du Faubourg Saint-Honoré, nos interlocuteurs sont bouche bée : le lieu, la décoration et notre réactivité les prennent de court. Nous leur expliquons notre concept de maroquinerie avant de les emmener à Lierville pour leur présenter toute la gamme. Philippe les accueille, leur explique le principe des broderies et leur fait visiter les ateliers. Gilbert leur présente en détail la collection. La soirée au château et le feu d'artifice achèvent de les séduire. Mais, lorsqu'ils se prononcent pour l'achat de « quelques échantillons » de notre ligne de maroquinerie, Gilbert leur oppose un non catégorique. En effet, le développement de la gamme et l'achat de la boutique ont représenté des frais colossaux que nous devons amortir. Face à notre intransigeance, ils cèdent et passent finalement commande. Jitrois est désormais une maison de couture solide. Sa popularité est à son zénith et certains hommes politiques n'hésitent pas à nous solliciter.

Je me souviendrai toujours de ma rencontre avec Jack Lang en 1989. Alors maire de Blois, souhaitant promouvoir la région et sa ville, il décide de créer une rose, la rose de Blois, écho de l'emblème du Parti socialiste. Il me demande d'honorer sa floraison par un défilé. Je décide alors, avec Philippe de fabriquer une collection complète dans les tons rose fuchsia et demande à Muriel Hermine, championne du monde de natation synchronisée, d'en être la marraine. Toutes les jeunes filles de la localité se pressent dans les salons de l'hôtel de ville où se tient le casting du défilé, sous l'œil d'un Jack Lang attentif et inquiet.

« C'est parfait : je les prends toutes », fais-je à un Jack Lang ravi.

Au-delà du triomphe que sera le défilé, c'est pour moi une réelle satisfaction de voir toutes ces jeunes femmes porter mes créations, hors des podiums et des standards féminins de la mode. La participation des familles et des amis des modèles fait de cet événement une rencontre sympathique qui me plaît beaucoup. Jack Lang est un hôte prévenant et délicat, dont la sensibilité évidente pour les créateurs me touche.

La création de Jitrois Parfums rue de Rivoli renforce la maturité de la marque, et la porte à une diversité d'offre digne des grandes maisons. Le parfum est une aventure magnifique à laquelle je consacrerai un temps et une énergie folle. Philippe s'y investit avec ferveur, ainsi que Stéphane Ratel. Souhaitant rester fidèle aux codes de la maison, je dessine un flacon emblématique qui reprend les éléments de décoration de la boutique de l'avenue Montaigne : le mur en pâte de verre, la couleur verte, le motif ondulant comme la trace des vagues sur le sable. Pour le réaliser, je choisis Pochet du Courval, maîtres verriers dont la renommée n'est plus à faire.

Pour le lancement en 1988, nous faisons de Brigitte Nielsen notre égérie. Le shooting réalisé par le photographe et maquilleur star de Dior, Tyen, est épique. Les vêtements sélectionnés ne vont pas à Brigitte. Tyen propose de la photographier nue. Brigitte ne réagit pas, mais une idée nous vient : nous remplissons un seau d'huile, dont nous lui enduisons le corps à l'aide d'une peau de chamois, et faisons de ce tissu une étoffe drapée qui épouse ses formes. J'y vois une réminiscence de ma première robe bleue, créée à Saint-Tropez, avec deux peaux nouées à l'épaule et retenues à la taille par une ceinture. Ainsi luisante, Brigitte semble une déesse – Diane chasseresse au bain d'huile, vêtue à l'antique, la poitrine dissimulée par la peau de chamois plissée. Elle brandit le flacon comme un trophée, ce qui donne à l'image une sensuelle majesté. Cette photo iconique de Tyen fera les beaux jours de *Max Magazine*.

Une autre campagne a été conçue par Tyen, qui réalise l'image d'un couple enlacé, les cheveux de la jeune fille cachant son visage et celui de son partenaire pour ne dévoiler que leurs lèvres prêtes à s'embrasser. Cette campagne, interdite dans les pays musulmans, sera remplacée par un dessin de ma main reproduisant de façon elliptique le flacon. Quand les Galeries Lafayette nous feront l'honneur de nous offrir le podium central pour le lancement du parfum, ce sera un succès d'autant plus retentissant que Brigitte Nielsen nous gratifiera de sa présence.

Quand j'évoque ce flacon, c'est aussi le souvenir de Serge Gainsbourg qui me revient en mémoire. Un jour, il me téléphone pour que je me rende chez lui, rue de Verneuil. Lorsque j'arrive à son domicile, accompagné de Philippe, il me commande alors le fameux perfecto en python raide à manches étroites pour l'empêcher de fumer. Je remarque chez lui de nombreux portraits de Brigitte Bardot et comprends l'amour fou qu'il voue à celle qui fut la plus belle femme du monde. L'antre de Gainsbourg a quelque chose d'utérin, de sombre, plein d'un bric-à-brac insolite et élégant. Bien entendu, je repère le fameux piano où il composa tant de succès, mais c'est de sa salle de bains noire dont il est le plus fier. Y trône un flacon géant du parfum Jitrois que je lui ai offert. Lorsque, bien des années plus tard, après sa mort, je passerai devant un antiquaire rue Montorgueil, je serai surpris de revoir ce flacon en vitrine. Je rentrerai pour l'acheter, accueilli par une femme charmante aux traits asiatiques et à la longue chevelure brune. « Tout est à vendre, sauf ce flacon », me dira-t-elle, en ajoutant : « J'y tiens beaucoup, il me vient de Serge. »

L'antiquaire n'était autre que sa dernière épouse, Bambou.

C'est au moment de la mise en vente du parfum qu'Henry Chapier demande à me découvrir. Il me convie à son émission culte, *Le Divan*. Sur un mode conversationnel inspiré de la psychanalyse, le journaliste interroge des stars qui se livrent sur leur enfance, leurs drames et leur histoire personnelle. Je porte un blouson Globe et une chemise noire, Chapier ayant rechigné en coulisse devant mon tee-shirt blanc. Lors de ce bref essai de psychanalyse télévisée, dont mes heures de thérapie jungienne à l'Institut Carl Gustav Jung de Zurich m'ont rendu familier, j'évoque très librement et avec assurance mon passé, l'importance de la connaissance de soi, la psychomotricité et bien entendu l'aventure de la maison. J'explique également l'importance du vêtement en partant de l'uniforme de mon père et en étendant mon propos à la valeur symbolique de la mise comme seconde peau : l'habit fait le moine.

Incidemment, le courant passe avec Henry Chapier : quelle ne sera pas ma surprise de le voir débarquer en toute décontraction, le samedi suivant la diffusion de l'émission, à la boutique du 38. S'instaurera alors une amitié durable avec cet homme extraordinairement cultivé et acquis à la défense de la cause gay, qui nous conduira à déjeuner souvent ensemble le samedi. Lors de son émission, Chapier s'aventure sur le terrain de ma vie privée et insiste sur ma grande liberté. Mais, contrairement à son attente, je rappelle que la liberté ne va pas sans une forme de frustration : « On ne peut pas tout faire à tout moment et pour toujours. Sinon, c'est la définition de la mort. » La mort, dont je n'imagine pas encore l'arrivée tonitruante dans ma vie.

4

LES ANNÉES NOIRES

« Négatif » : cette mention me saute au visage.

Je prends connaissance du résultat de mon dernier test VIH, soulagé. Nous sommes en 1987. Depuis notre retour de New York et l'arrivée du « cancer gay », dont on ignore tout, une nouvelle routine s'impose à moi. Elle a différents noms : prise de sang, test, test ELISA anticorps, qui recouvrent la même réalité, le sida. Et c'est au sein du laboratoire d'analyses Vendôme que cette réalité peut prendre un tour dramatique ou non. Avec Gilbert, suivi bientôt de l'ensemble de nos collaborateurs, je viens régulièrement m'y faire tester. L'angoisse m'étreint quand j'aperçois la façade neutre du petit labo rue Saint-Honoré, puis elle s'intensifie lorsque je pénètre dans son long couloir sombre. Chaque détail se densifie et devient propre à un qui-vive qui démultiplie ma sensibilité : le blanc des murs me semble intense ; le papier peint mural, d'un pastel trop soutenu ; le décor de jardin japonais, aveuglant. L'anxiété, l'appréhension ou le soulagement se lisent sur les visages des anonymes de la salle d'attente. Heureusement, la personnalité de Françoise Duparc, propriétaire du labo, toute en rondeur et bonne humeur, vient briser l'attente suffocante. Sa gentillesse et sa compréhension en sauveront plus d'un. Mais c'est une nouvelle ère qui s'ouvre pour Françoise – une ère où la médecine est de nouveau contrainte d'avouer son impuissance. Impossible parfois d'assurer que tout ira mieux, que les choses s'arrangeront tandis que, pour les séropositifs d'alors, elles s'apprêtent à empirer. Il faudra attendre 1995 et l'arrivée des premières trithérapies avant qu'apparaisse enfin un traitement efficace.

Pour la majorité des gays, le laboratoire ou le centre anonyme et gratuit, comme on appelle ces lieux où l'on peut se faire tester en tout anonymat, deviennent des espaces craints et pourtant familiers. Là-bas, nous sommes unis par la maladie, comme dans *La Montagne magique* de Thomas Mann : en sursis, bien portants ou malades. On entend et voit les symptômes de la maladie dans les médias : kaposi, maigreur extrême, toxoplasmose. 1987 encore : l'écrivain Jean-Paul Aron, neveu de Raymond Aron et collaborateur de Jack Lang, révèle sa séropositivité en une du *Nouvel Observateur*. Il ne mégote pas. La couverture du magazine titre en pleine page : « Pour la première fois, une personnalité brise le silence. Mon sida, par Jean-Paul Aron ». Le regard est creusé et le visage amaigri. Il mourra l'année suivante. En 2016, son ami Jean d'Ormesson lui rendra hommage dans son ouvrage *Je dirai malgré tout que cette vie fut belle*. Aron se montre d'un courage remarquable à une époque où les théories les plus fumeuses circulent sur les modes de contamination : on parle de simple contact physique, d'un virus aérien ou d'une contamination par la salive ou la sueur.

Quand, cette même année, la princesse Diana inaugure à Londres le premier centre médical destiné aux malades du sida, elle fait fi de ces mensonges. Elle entreprend d'en rencontrer chaque patient et, chose impensable, de leur serrer la main sans gants au grand dam d'une partie de la famille royale. Les malades et le personnel soignant lui en seront profondément reconnaissants. On sait alors qu'il n'existe aucun traitement, et qu'il n'y a qu'un moyen de s'en prémunir, l'usage de la capote, qui se généralise. Sur les panneaux publicitaires, Benetton s'apprête à lancer une campagne choc, montrant l'agonie d'un jeune sidéen dans les bras de son père.

Les trois jours passés à attendre les résultats de chaque test sont une torture dont le scénario reste toujours le même : le doute, la possibilité du pire. Un test VIH positif sonne comme un glas, une mort sociale et une inévitable agonie. Le sida est un magistrat inflexible. Ses jugements sont des condamnations qui ne souffrent aucun appel et, face à la maladie, les réactions sont au diapason de la personnalité de chacun : fuite, peur, déni, prière, espérance, fatalisme ou immolation.

Ce récit du sida, nous en devenons les acteurs anxieux, à l'image d'Hervé Guibert, qui, dans son roman *À l'ami qui ne m'a pas sauvé la vie,* raconte le sida et la mort du philosophe Michel Foucault. Le monde gay parisien est heurté de plein fouet par l'épidémie. Les amis s'évanouissent, on ne les revoit plus. Thierry Le Luron, client et rival de drague de Saint-Tropez, meurt. Certains subissent une véritable transformation physique : les visages s'émacient, deviennent méconnaissables. Chacun doute, s'interroge avec angoisse sur ses partenaires. La confiance fait place à la suspicion. Le coup d'un soir n'est plus un simple camarade de plaisir, mais un danger potentiel, une bombe virale dont les dommages peuvent à tout moment nous sauter en pleine figure. Je ressens autour de moi ce changement, cette frivolité qui parfois se change en gravité lorsque l'on apprend qu'un ami, une connaissance ou un voisin est touché par le mal. En tant que créateur, je suis particulièrement sensible à cette énergie sombre et, bien que Gilbert et moi cherchions à nous préserver, nous nous gardons bien de fuir les autres, de vivre dans un exil intérieur qui ne nous ressemble pas.

Si l'arrivée de François Mitterrand a marqué une véritable libération pour les gays dans les années 1980, une prison insidieuse nous guette désormais : celle de la maladie. C'est en 1987, encore, qu'un homme politique n'hésite pas à qualifier de « sidaïques » les porteurs du virus, affirmant la nécessité de les enfermer dans des lieux réservés. La stigmatisation nous revient comme un boomerang.

Le sida est une guerre. Notre guerre. Une guerre faite à toutes et tous, mais en particulier à la jeunesse et à sa vitalité : être jeune et gay à cette époque, c'est penser à la mort : « Suis-je malade ? », « Vais-je bientôt mourir ? », « Quand dois-je retourner faire mes analyses ? » Être jeune en 1987, c'est avoir des préoccupations de personne âgée, c'est entrer précocement en conversation avec la mort, en être trop familier. Malgré tout, certains se mobilisent et, dans les gay prides, accompagné d'Henry Chapier en *guest star*, Act Up défile en brandissant ses pancartes de sinistre mémoire, « Silence = mort », aux côtés d'autres associations pendant que l'infatigable Line Renaud mobilise les artistes avec une énergie admirable.

1987, c'est aussi la date de cette fameuse soirée. Je ne l'oublierai pas. Philippe nous accueille, blafard, à notre arrivée au château. Il nous prie, Gilbert et moi, de le suivre. Il a une annonce à nous faire. Il nous confie qu'il est contaminé, qu'il est séropositif, qu'il a attrapé le sida. C'est une déflagration. Les questions se bousculent : comment ? quand ? Mais nous les gardons pour nous, sous le choc. Comment est-ce possible, lui, « le moine », comme nous l'appelions ? Lui qui se tient toujours en marge de nos jeux de hasard ?

Nous décidons tous les trois de ne rien ébruiter. Nous voulons préserver Philippe. Je le sens effrayé par la maladie, même s'il n'en montre rien. Lui, le garçon discret, voici sa vie, ses actes exposés au grand jour. La maladie se rapproche ; elle investit le cœur de notre intimité, mais ne parvient pas à la briser. Bien au contraire, elle contribue à nous souder, et notre amour reste un phare dans cette nuit. Notre meilleur rempart. Nous avons la même attitude à la boutique avec certains de nos vendeurs, qui, malades, se confient à nous. Nous ferons face ensemble. Jitrois est une force. Je ne cède pas à la panique ni à la peur irrationnelle qui agitent les esprits faibles. J'ai retenu la leçon de Yourcenar : la lucidité dans l'adversité. Nous restons néanmoins prudents et discrets avec nos partenaires de travail, banquiers ou investisseurs, et bien entendu avec les clients.

Nous avons toujours respecté le souhait de Philippe de ne rien nous dire de sa sexualité. Ma conviction était simple : « Le cul ne l'intéresse pas. » Depuis l'achat du château de Lierville en pleine Beauce, il s'y est établi et y réside en permanence. Il ne le quitte que pour quelques manifestations Jitrois à Paris ou aux États-Unis. Sa magnifique BMW, qu'il aime faire vrombir, nous semble, avec le recul, à l'unisson de la puissance des pulsions qui le portaient la nuit, comme un bolide, en des lieux interlopes où il se perdait dans les bras d'inconnus.

Gilbert et moi assistons peu après cette annonce au concert mythique de Barbara au Châtelet en cette année 1987. François Mitterrand est assis juste devant nous. Au cours de son récital, elle fait silence, me regarde et de son corps fragile sort une plainte : « Si d'amour à mort ». Nous ne pouvons retenir nos larmes à la pensée de Philippe convoquée par ce chant funeste :

Ô Sida, Sida
Sida, Sida, danger Sida
Ô Sida, Sid'amour à mort
ÔSida, Sid'assassin

Philippe n'a pas vu venir l'assassin. Se sachant malade, il n'en réduit toutefois pas son implication dans le travail. Il ne se plaint jamais. Il est admirable.

Barbara, la dame en noir, n'a jamais aussi bien porté son nom. Émerge en effet, au début des années 1990, le minimalisme de l'anti-fashion. La mode revendique, se politise au diapason des crises économiques et sociales, éclairée par le halo sombre du sida. Les « Six d'Anvers » sont les promoteurs de ce tournant et ont pour nom Marina Yee, Dries Van Noten, Ann Demeulemeester, Walter Van Beirendonck, Dirk Bikkembergs et Dirk Van Saene. Fin du bling-bling et du glamour des années 1980 : les couleurs chatoyantes disparaissent des défilés. La volonté de rompre avec l'héritage de la décennie précédente est revendiquée par un certain Martin Margiela : le ton n'est plus à l'insouciance, d'autant que la crise économique frappe l'Amérique reaganienne et que le dollar chute de moitié en 1991.

Le corollaire, c'est le doublement des prix des produits Jitrois pour les franchisés, sans compter le taux de change défavorable à nos clients américains. Ne réussissant plus à payer leurs factures, nos partenaires risquent de nous entraîner dans leur chute. Se profile alors la faillite des Cuirs de Lierville, liée à la fermeture en cascade de nos franchises américaines : nous serons contraints de mettre en vente le château et la première boutique du 25, rue du Faubourg Saint-Honoré. Quant à notre aventure japonaise, elle prend fin avec la fermeture de la boutique de Tokyo. Je reste à Paris, happé par le travail, pour soutenir à bout de bras l'activité.

Afin de recouvrer les factures de commandes américaines et de relancer les ventes, Philippe s'envole pour les États-Unis. Il se démène pour proposer des *trunk shows* aux clientes invitées par les boutiques. Il ne se ménage pas. Mais, à Honolulu, il fait un grave malaise qui impose un rapatriement sanitaire d'urgence par avion. Son état de santé s'est fortement dégradé et son taux de T4, l'un des marqueurs sanguins de l'évolution de la maladie, est dramatiquement bas. Impossible de garder le secret plus longtemps. Ses parents apprennent sa maladie et restent à ses côtés pour reprendre la gestion des Cuirs de Lierville. D'autres malades n'ont pas cette chance et mourront dans la solitude et l'abandon. Le temps s'accélère. Il devient un redoutable ennemi, un sinistre métronome baudelairien.

Je repense à ma mère, qui, lorsque mon père partait en mission, se rongeait les sangs dans l'attente de son retour. Horloges, réveils et pendules œuvraient alors à alimenter son anxiété et son angoisse. Désormais, chaque minute écoulée affaiblit Philippe, qui se retire dans la maison de ses parents, au Trayas. Courageux et triste, il prépare ses adieux au monde. Le voyage qui s'annonce est sans retour et nous savons qu'à notre si vivante sérénade à trois succédera un silence de mort. Une nuit d'octobre 1992, le téléphone retentit. C'est la sœur de Philippe.

« Philippe veut vous parler », nous dit-elle.

Ce sera son dernier appel. Il veut partager un ultime moment avec nous et nous dire combien il nous a aimés. Étranglé par le chagrin, je n'arrive plus à parler. Je passe le combiné à Gilbert, qui demeure une heure avec lui. Silencieux, ils n'échangent que peu de mots, unis dans l'écoute de *Tannhäuser* de Wagner et portés par le chœur apaisant des pèlerins : « Du sombre enfer, je n'ai plus peur ! » Lorsque Philippe raccroche, nous avons le sentiment de le voir s'effacer.

Je n'aurais jamais pensé l'accompagner dans la mort Je n'aurais jamais pensé que son fantôme hanterait Lierville. J'imaginais pour nous de longues années de vie, de complicité, d'enthousiasme et d'ambition. Mais le sida ne fait pas de sentiment. C'est par une vilaine matinée de novembre 1992, à Cannes, qu'Édith, Gilbert et moi assistons à sa crémation. Il avait à peine 33 ans. Lorsque sa sœur apprend à Gilbert que Philippe était secrètement amoureux de lui depuis toujours, il tombe des nues. Mais est-ce si surprenant pour un passionné de Lubitsch, dont toute l'œuvre cinématographique est alimentée par le secret et la lente expansion du désir ? Son souvenir luit toujours en moi. Et si sa personnalité était exceptionnelle, c'est sa générosité qui en reste le trait le plus marquant. Avant sa mort, il avait ainsi pris sous son aile un garçon passionné de mode et de création, fantastiquement habile de ses mains. Après l'avoir employé quelques mois aux Cuirs de Lierville, Philippe, malade, comprend que ceux-ci ne lui survivraient pas. Convaincu de son talent, il l'aide à s'établir de façon indépendante. François Métreau ouvre alors son atelier à Paris et devient un de nos fournisseurs les plus talentueux. Il travaille depuis trente ans pour Vuitton et pour toute la haute couture parisienne, de Balenciaga à Schiaparelli. Philippe ne s'était pas trompé.

Ces mois pénibles sont néanmoins éclairés par notre rencontre avec Anthony en 1992. D'origine espagnole, fantasque et toujours enthousiaste, il porte en couronne sa magnifique crinière brune. Ce bel hidalgo ne manque pas de faire saillir ses pectoraux sous ses chemises Versace en soie imprimée. Le pendentif qu'il porte autour du cou lui assure une protection, selon lui efficace, contre le mauvais œil : cette superstition est au diapason de sa douce folie. Anthony est une *gym queen* : adepte assidu des salles de sport, un entraînement quotidien lui permet d'exhiber une plastique superbe, à laquelle nous ne pouvons résister. Galvanisés par son énergie, nous le suivons dans sa pratique sportive. Grâce à lui, la salle de sport devient un exutoire qui nous permet, le soir, d'échapper à nos angoisses quant à l'avenir de notre maison. Nous y travaillons nos muscles, ce qui, en cette période sombre, nous permet de trouver dans notre corps une ressource nouvelle. Nous nous renforçons physiquement et psychologiquement. Anthony agrémente le sport d'une légèreté qui nous fait oublier les épreuves du moment.

Avec lui, nous découvrons aussi un nouveau lieu, la piscine Deligny, non loin de Rivoli. Elle est alors connue pour son solarium, qui, dans les années 1970, était le lieu privilégié de la mode topless. En 1973, le député Hamel a protesté contre l'impudeur des seins et des cuisses dénudés, vers lesquels ses collègues de l'Assemblée nationale ne manquaient pas de lorgner. Cet « outrage aux bonnes mœurs » ne pouvait attenter au travail consciencieux des représentants du peuple, si bien qu'un espace plus discret, dévolu au monokini, fut spécialement créé. Durant deux ans, Deligny nous sert de lieu de vacances exclusif. Vieux de deux siècles, l'établissement est bâti autour du bateau qui ramena les cendres de Napoléon à Sainte-Hélène. J'aime le côté rétro, très parisien, de cette piscine en plein air face à la place de la Concorde et sa double hauteur de cabines blanches. Un véritable décor de cinéma à la Rohmer. Nous y passons le matin pour un bain de fraîcheur autour d'un café avant de partir travailler.

Coiffeur des stars et coiffeur star chez Alexandre Zouari, Anthony parcourt le monde à la demande de familles régnantes et de célébrités qui ne jurent que par son talent. Très convoité au Moyen-Orient, il peut passer des semaines entières à apprêter altesses royales et princières en vue de fastueux mariages. De ces voyages, il ramène toujours de croustillantes anecdotes qu'il ne manque pas, mutin, de partager avec nous. Il apporte à notre quotidien un peu de légèreté. Avec lui, nous partons pour nos premières vacances depuis trois ans à Mykonos, découvrons le fameux Pierros, la plage de Super Paradise, alors intacte. Si nous nous amusons lors de mémorables soirées, le sida rôde toujours et me terrifie. Mes précautions virent lentement à l'obsession : je refuse d'abandonner le sexe, mais j'évite tout contact avec le sperme de mes partenaires et fais très attention à Gilbert. Je ne peux me permettre d'écart ou de prise de risque : dans la tourmente, je dois tenir la maison et me sens responsable de tous ceux qui en dépendent.

Anthony a une face ombrageuse : son caractère volcanique et parfois capricieux l'entraîne dans de mémorables colères – si bien que, quand il me raccroche sèchement au nez à la suite d'une altercation sans importance, je ne m'en formalise pas et oublie bien vite. Il ne donne plus de nouvelles pendant plusieurs mois, ce qui ne me surprend pas, car son travail l'amène à s'absenter longuement. Je ne soupçonne pas que cette réclusion volontaire a une signification funeste. C'est par l'indiscrétion d'une connaissance que j'apprends qu'Anthony est séropositif. Ses nombreux voyages en avion et son travail dans le Golfe l'obligent à travailler sous une climatisation glaciale. En conséquence, il a attrapé une pneumonie. Pour une personne séropositive à l'immunité très faible, ce type d'infection respiratoire est mortel. Il n'a accepté ces voyages et ces travaux supplémentaires qu'afin de disposer, quand il en aura besoin, de fonds suffisants pour se soigner.

Lors de ses funérailles en 1995 à la cathédrale américaine de Paris, avenue George-V, la majesté et l'élévation de l'endroit me renvoient à mon cercle de disparus : Michael, mon beau vendeur de Saint-Tropez, reparti en Amérique ; Charles, mon bateleur de génie, qui a fait fortune dans l'immobilier après une liaison avec un prince allemand ; et bien sûr Philippe, si vivant dans ma mémoire. Résonnent en moi les vers du grand poète grec Constantin Cavafy, qui voyait dans le corps masculin une inépuisable inspiration :

> Beaux comme des morts qui n'ont point vieilli,
> enfermés au milieu des larmes dans un mausolée splendide.

Sans Michael, Charles, Anthony et Philippe, le monde me semble soudain un peu moins familier. Comme le note Virginia Woolf dans sa correspondance, je réalise que la mort de mes proches n'est ni une abstraction ni une possibilité lointaine, mais une réalité, un événement tangible, imminent.

Nul doute que Jérôme fut profondément affecté par la disparition de Philippe. Malheureusement, en 1992, il décide de nous quitter, sa mère et moi. Il est mon seul fils. Il fut désiré, attendu, et sa naissance nous apporta une indicible joie. Absorbé par la croissance de la marque Jitrois, j'ai probablement été trop absent à ses yeux, singulièrement durant ses premières années. En spécialiste de la psychologie des enfants, je suis bien conscient de l'importance des liens parentaux et de la signification de l'attachement pour les tout-petits. Je sais qu'Édith est une mère exceptionnelle et, ma situation à peine stabilisée, je me suis empressé de les installer tous deux auprès de moi et de Gilbert, dans un appartement de Rivoli. À Lierville, il dispose de sa propre chambre, décorée dans le plus pur style Empire. Au château, il profite aussi de ses grands-parents, et notamment de papi, mon père, qu'il adore. Lors de nos tournées aux USA, il m'accompagne aux côtés de Gilbert, Philippe et Édith.

On peut être étonné ou choqué qu'il soit au courant de ma vie privée et de ma relation avec Gilbert. Nous sommes certes hors des conventions, mais assez matures et attentifs pour strictement séparer ma vie intime et la vie de Jérôme. Il connaît Gilbert. Il sait pour notre relation mais, voyant qu'Édith accepte la situation et la vit sans difficulté, il peut lui-même l'intégrer à sa construction. Au sein de notre famille recomposée, Jérôme a donc trois pères aux tempéraments différents : moi-même, à la personnalité forte et peut-être écrasante mais plein d'amour, sans concession sur mes choix de vie ; Gilbert, plus rigide mais toujours juste ; Philippe, le copain, le confident, celui qui sait garder les secrets et dont il partage la passion pour le cinéma. Et puis il y a les stars : il a connu Brigitte Bardot et la Madrague à 9 ans ; Cher était présente pour ses 10 ans à Saint-Tropez ; Brigitte Nielsen, à la fête de ses 14 ans.

J'admets qu'il a probablement été difficile pour ce petit homme de trouver sa juste place au milieu de cet aréopage. Il a vécu dans une sorte d'Olympe, de monde inaccessible au commun des mortels. Bardot, Cher, Nielsen et Elton John, dont il est fan, étaient des superstars que chacun rêvait de côtoyer, mais ne représentaient pour lui que des étoiles filantes. Son attachement à papi procède probablement d'un besoin de figure fiable et sécurisante. Au décès de ce dernier, il sent sa stabilité menacée. D'autant plus que le contexte est particulièrement sombre : si Jérôme ignore bien entendu l'état de santé de Philippe, il est conscient de nos difficultés de plus en plus oppressantes.

Alors que nous sommes lourdement endettés, l'achat des boutiques de Montaigne et du 38, rue du Faubourg Saint-Honoré continuent de peser sur notre comptabilité. Se profile en sus la faillite de Jitrois Parfums dans un contexte international explosif avec la guerre du Golfe : or, la réussite du parfum dépend largement de nos ventes au Moyen-Orient, stoppées net. Notre distributeur local nous a commandé 300 000 miniatures du ravissant flacon.

Nous espérons que cette opération nous permettra de sécuriser l'indépendance de la société Jitrois Parfums. L'achat d'espace publicitaire a été signé et nous sommes prêts à livrer nos miniatures.

Quand soudain : « L'Irak a envahi le Koweit ! » Ce gros titre fleurit en une des quotidiens du Moyen-Orient le 2 août 1990, aux côtés de notre campagne publicitaire de lancement. Dans ce contexte, la clause de force majeure activée par le distributeur lui permet de se retirer de son obligation d'honorer sa commande. Sans le savoir, Saddam Hussein vient d'acter la fin de Jitrois Parfums. On en trouve aujourd'hui des miniatures sur eBay ou aux puces de Saint-Ouen.

Devant cette conjoncture critique, Édith et moi décidons qu'il est important pour Jérôme de découvrir un environnement nouveau et de l'envoyer améliorer son anglais chez Ann Johnston, une de nos franchisées canadienne. Cette dernière a un fils du même âge que lui, ce qui nous semble de bon augure. Par ailleurs, Ann a un caractère doux et assez maternel. Du moins, en apparence : après un mois au Canada, Jérôme revient métamorphosé. Édith et moi le sentons différent sans vraiment en comprendre les raisons. Le mode de vie américain, peut-être… C'est un adolescent beau et bien dans son époque.

Ann l'accompagne lors de son voyage de retour, car elle souhaite apprendre la cuisine française, et le Ritz propose des cours de *cooking* haut de gamme dont les touristes aisées raffolent. Un soir, Jérôme insiste pour lui apporter un livre.

« À 23 heures ? » lui réponds-je surpris.

Il n'en démord pas. Édith et moi lui donnons notre permission. Vingt minutes s'écoulent avant qu'il revienne, glacial et mutique. Après le départ d'Ann, voici qu'il assiste aux dîners préparés par Édith, avec une casquette de baseball vissée sur la tête qui dissimule son regard. Il mange sans rien dire et ne répond à aucune question. Des lunettes de soleil viennent ensuite s'ajouter à la casquette pour parfaire une armure symbolique qui indique clairement le refus de toute communication. Jérôme ne décroche plus un mot.

Gilbert tente de rompre son silence dans l'ascenseur : « Si tu dois en vouloir à quelqu'un, c'est à moi, pas à tes parents. »

Jérôme lui répond : « T'en vouloir ne sert à rien. Tu es comme Goldorak. »

Le livre apporté à Ann à 23 heures, la casquette, les lunettes, le mutisme et l'hostilité sourde de Jérôme nous alarment. Plus tard, la note de téléphone aussi... Lorsqu'elle la reçoit, Édith constate son montant astronomique, environ dix fois plus élevé qu'à l'accoutumée. Elle m'en informe en insistant sur la multitude d'appels vers le Canada. Nous décidons de questionner un Jérôme, furieux et renfrogné avant de comprendre qu'il a débuté une relation passionnelle avec Ann Johnston. Il nous fait part brutalement de sa volonté de partir s'installer chez elle pour y finir ses études.

Nous sommes sonnés. Nous n'avons rien vu venir. Sa détermination est implacable. J'apprends dans la foulée par ma mère qu'on lui aurait assuré que, s'il restait rue de Rivoli, il pourrait attraper le sida. Je suis furieux

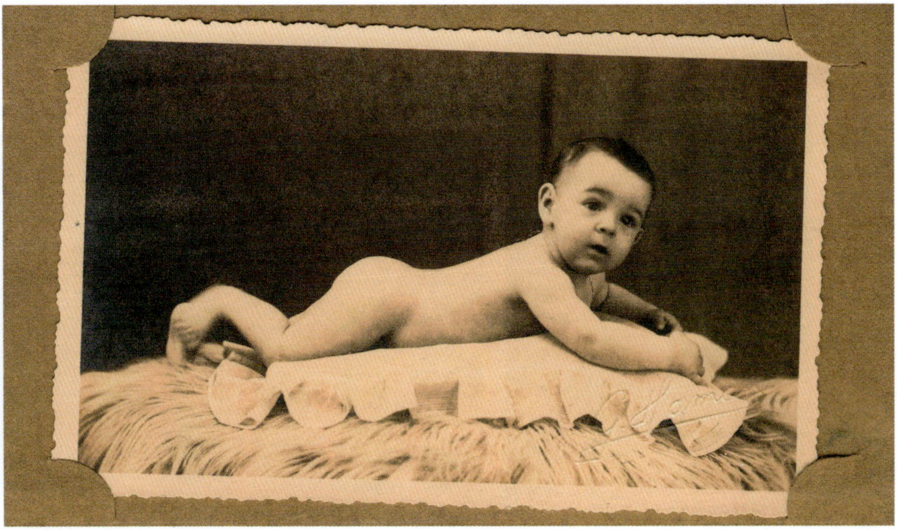

JEAN-CLAUDE JITROIS, NOUVEAU-NÉ, NARBONNE, 1944

▲ JEAN-CLAUDE JITROIS AU CONGRÈS INTERNATIONAL DE LA PSYCHOMOTRICITÉ, NICE, 1974

▲ JEAN-CLAUDE JITROIS, AIX-EN-PROVENCE, 1952

◄ AVEC GISELLE SOUBIRAN ET ÉDITH COSTE, NICE, 1974

◄ AVEC JÉRÔME COSTE, NICE, 1979

▼ AVEC CÉSAR, NICE, 1980

AVEC BRIGITTE DE GANAY ET RÉGINE,
SAINT-TROPEZ, 1982

AVEC LA PRINCESSE CAROLINE DE MONACO,
PAR PIERRE DE SAINT-TROPEZ,
SAINT-TROPEZ, 1981

BRIGITTE BARDOT À LA MADRAGUE,
SAINT-TROPEZ, 1985

AVEC BRIGITTE BARDOT,
SAINT-TROPEZ, 1985

AVEC LOVA MOOR, CHER,
ALAIN BERNARDIN ET JÉRÔME COSTE,
SAINT-TROPEZ, 1985

STÉPHANIE DE MONACO, HÔTEL
DE CRILLION, PARIS, 1985

EN HAUT À DROITE :
AVEC JOAN COLLINS, ROGER MOORE
ET URSULA ANDRESS, SAINT-TROPEZ, 1986

EN BAS À GAUCHE :
AVEC ALICE DE JENLIS ET MARISA BERENSON,
SAINT-TROPEZ, 1985

EN BAS À DROITE :
AVEC DALIDA, RUE DE RIVOLI, PARIS, 1986

AVEC MIKE TYSON, RUE DU FAUBOURG-SAINT-HONORÉ, PARIS, 1987

AVEC BRIGITTE NIELSEN ET BACKGAMMON
AU CHÂTEAU DE LIERVILLE, VERDES, 1987

À LA SOIRÉE ZÈBRE,
PARIS, 1992

AVEC BRIGITTE NIELSEN,
STUDIO DAGUERRE, PAR TYEN, PARIS, 1988

▲ AVEC BRIGITTE NIELSEN ET BACKGAMMON AU CHÂTEAU DE LIERVILLE, VERDES, 1988

▲ AVEC SIR ELTON JOHN, PARIS, 1988

▲ AVEC HENRY CHAPIER SUR LE TOURNAGE DU *DIVAN*, PARIS, 1989

◀ VANESSA DEMOUY, PARIS, 1995

▼ ARNOLD SCHWARZENEGGER ET LA TROUPE DU CRAZY HORSE, PARIS, 1988

▲ AVEC JOHNNY HALLYDAY ET LAETICIA HALLYDAY, RUE DE RIVOLI, PARIS, 1996

◀ AVEC JOHNNY HALLYDAY, VILLA MOLITOR, PARIS, 1993

AVEC GILBERT MARIA
ET YANN PATRY AU STUDIO DAGUERRE,
PAR TYEN, 1996, PARIS

STELLA TENNANT PAR JEAN-BAPTISTE MONDINO,
POUR *VOGUE*, PARIS, 1996

AVEC HELMUT NEWTON SUR UN SHOOTING,
PAR ALICE SPRINGS, MONACO, 1997

CALENDRIER JITROIS PAR HELMUT NEWTON,
MONTREUIL, 1998

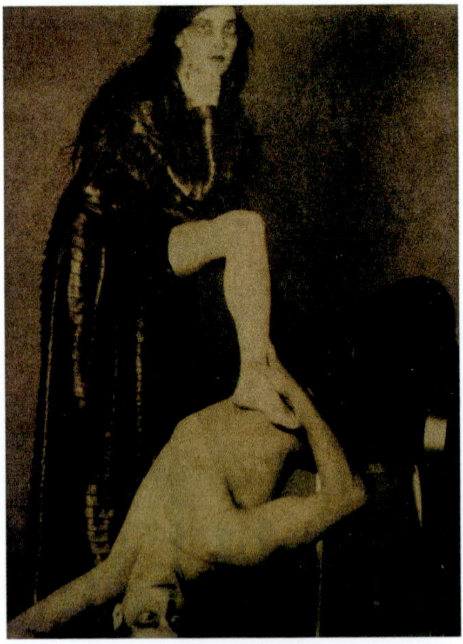

KARL LAGERFELD,
COLLABORATION DANS *VOGUE* FRANCE,
PARIS, 1998

LIBERTY ROSS ET ANDRÉ VAN NOORD
PAR JEAN-BAPTISTE MONDINO,
HÔTEL MEURICE, PARIS, 2003

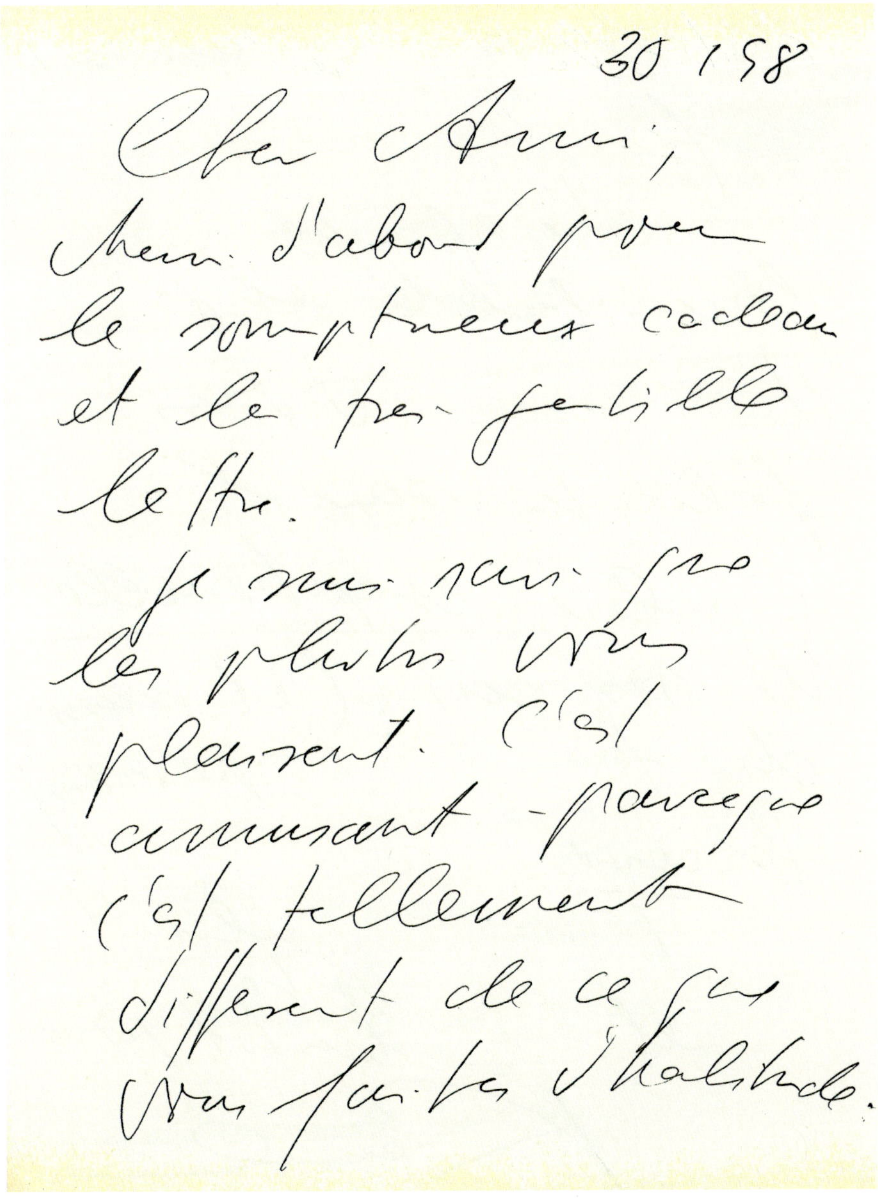
30 1 98

Cher Ami,

Merci d'abord pour le somptueux cadeau et la si gentille lettre.

Je suis sûr que les photos vous plaisent. C'est amusant parce que c'est tellement différent de ce que vous faites d'habitude.

KARL LAGERFELD, CORRESPONDANCE, 1998 (RECTO)

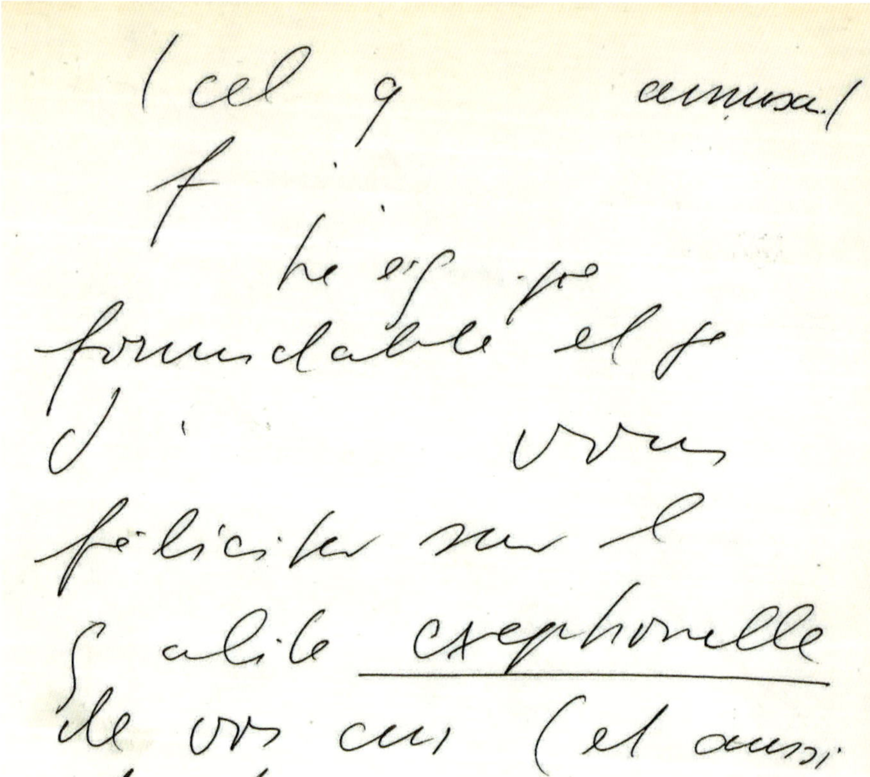

(cel q amusa.)
f
je suis
formidable et je
d vous
féliciter sur le
calibre exceptionnelle
de vos cours (et aussi
du te remarquable)
Bravo.
T
et votre talent
Karl

KARL LAGERFELD, CORRESPONDANCE, 1998 (VERSO)

AVEC CÉLINE DION
ET VÉRONIQUE LOCCI,
HÔTEL DE PARIS,
MONACO, 1997

AVEC EMMANUEL PETIT
ET ARIANE PORTHAULT,
SLOANE STREET,
LONDRES, 1998

AVEC KENZO TAKADA ET SYLVIE CHOUX,
INAUGURATION DU MARIAGE À TROIS,
GALERIES LAFAYETTE, PARIS, 2001

AVEC VIVIENNE WESTWOOD,
INAUGURATION DU MARIAGE
À TROIS, GALERIES LAFAYETTE,
PARIS, 2001

AVEC LADY GAGA, PAR HENRI TULLIO,
HÔTEL DE SERS, PARIS, 2009

BEYONCÉ ET KELLY OSBOURNE,
MTV EUROPE MUSIC AWARDS,
ÉDIMBOURG, 2003

AVEC GILBERT MARIA,
ALEKSANDRA BARNES ET YANN PATRY,
LE SPACE, IBIZA, 2002

LINDA EVANGELISTA
DANS *W MAGAZINE*, PAR STEVEN KLEIN,
NEW YORK, 2012

House party

Dès l'arrivée dans le hall marbré, l'imposante sécurité black se détache de murs de néons aveuglants, derrière lesquels Ariel Wizman devise *«doigtage anal»* avec le Serpent. L'ascenseur piégé par une foule de créatures venues d'ailleurs, on emprunte des sas, où go-go nus strassés se harnachent de cuir avant de reprendre place sur des podiums d'où hystériser l'assistance. Impossible, dans un premier temps, de pénétrer la foule compacte d'un couloir-miroir balisé de stroboscopes. Marc Lamour est déterminé – *«Regarde, c'est comme nager dans une piscine de queues tièdes.»* Autour du dance-floor, pulsant à la trance et la tech-house du Britannique Malcolm Duffy, underground et overground s'abandonnent dans des salons, de la dark-room gothique au lounge high-tech. Pascal Greggory observe Katoucha, irréelle de beauté, Cyrus Pahlavi est plus absent que jamais, Magic Madjid essaie de sucer Patrick Thévenin, mais n'ose pas s'attaquer à Mark Wahlberg. Certains brisent des flûtes à champagne sur les cuisses de superstars dont la divine Sybil s'inquiétant: *«I heard you're writing about my wet thighs.»* D'autres hurlent: *«I need a joint»* comme dans un musical sous acide, et des créatures laser dansent sur les murs, parasitées par le mouvement des lèvres d'Emmanuel de Brantes entouré d'Inès et Julian affalé à demi nu sur lui comme une Pietà. Rufus Kellman navigue entre les mondes, lâche des *«Hope you don't have herpes»* et autres *«Beauty is the lightest genius»*, avant de flasher sur le Bras Droit d'Abraxas qui l'humilie en évoquant *«les âges du développement»*, mais à qui il rétorque: *«You could be surprised somewhere.»* La nuit dure dans des odeurs de feuilles mortes, de cassis et de fruits rouges d'automne précoce, jusqu'à ce que l'on raccompagne Raphaël, qui tourne dans un film X à 10 heures et que l'on décroche sur Patrick qui s'apprête à enfiler un boubou pour aller à une fête africaine dans les Caraïbes. Il n'est pas impatient de passer par Paris: *«Il n'y a que des monoidéiques. Au Dépôt, ils veulent pas parler, au Queen ils veulent pas baiser.»* Son dernier zapping planétaire l'a laissé ahuri. Sur l'écran, des parents gloussaient de joie, leur fils avait trouvé la bonne réponse et gagné des brassées de pounds, en devinant qu'ils préféraient la sodomie au 69. *«La prochaine étape sera les chasses à l'homme et les viols en direct»*, soupirait-il, un peu las. En attendant, Jean-Claude Jitrois venait, avec cette house party, de faire vieillir ses copines de la fashion de dix mille ans●

nuits blanches

par eric dahan

TEXTE D'ÉRIC DAHAN, *LIBÉRATION*, 11 MAI 2001

ALI MAHDAVI ET DRAGONESS LOLA VON FLAME AU BLACK LEATHER BALL, RUE DE RIVOLI, PARIS, 2008

AVEC BENJAMIN GALOPIN ET CARINE ROITFELD AU BLACK LEATHER BALL, RUE DE RIVOLI, PARIS, 2008

EN HAUT À GAUCHE : AVEC MICHEL ET DANYELLAH POLNAREFF, BERCY, PARIS, 2007

EN BAS À GAUCHE : AVEC ALEXIS PÈNE À LA RÉTROSPECTIVE PIERRE SOULAGES AU CENTRE POMPIDOU, PARIS, 2019

EN BAS À DROITE : AVEC FRÉDÉRIQUE BEL, PALAIS DES FESTIVALS, CANNES, 2013

COULISSES DE LA MOSCOW FASHION WEEK, MOSCOU, 2012

AVEC ROSSY DE PALMA,
DÎNER DE LA MODE DU SIDACTION,
PAVILLON D'ARMENONVILLE,
PARIS, 2013

AVEC MONSIEUR LE PRÉSIDENT DE LA RÉPUBLIQUE
NICOLAS SARKOZY, PALAIS DE L'ÉLYSÉE,
PARIS, 2012

▲ AVEC JONONE, DÎNER DE LA MODE DU SIDACTION,
PAVILLON D'ARMENONVILLE, PARIS, 2016

◀ AVEC JULIEN LANDAIS, ELLEN VON UNWERTH,
LA CROISETTE, CANNES, 2022

AVEC JEAN-PAUL GAULTIER,
PAR HENRI TULLIO, GÉNÉRALE DU FASHION
FREAK SHOW, FOLIES BERGÈRES, PARIS, 2018

AVEC DIANE PERNET,
FESTIVAL DU FILM, VENISE, 2018

À L'HÔTEL MARTINEZ, PAR STÉPHANE CARDINALE, CANNES, 2022

contre la Canadienne, à qui j'ai confié ce que j'avais de plus cher au monde. Je croyais Jérôme entre les mains d'une mère de famille et le voilà pris dans sa première passion amoureuse.

Je réunis sans attendre Édith, ainsi que ma mère et Gilbert dans le salon afin de prendre une décision. La collégialité me semble tout indiquée, et ce groupe de parole improvisé ne peut s'avérer que de bon conseil. Gilbert propose de l'envoyer dans une pension en Suisse. Ma mère, plus flexible, est d'avis de le laisser partir et se souvient m'avoir laissé seul à Oran, pris en charge par l'estafette de mon père pour les besoins quotidiens, alors que je n'avais que 10 ans. Édith est accablée, mais d'ores et déjà résignée : « On ne retient pas quelqu'un qui veut partir », résume-t-elle. Pour avoir quitté le foyer parental très tôt, elle est consciente que la décision de Jérôme sera irrévocable.

Quant à moi, en tant que père, je ressens un fort sentiment d'abandon devant le départ de mon fils. Je ne connais pas la vie sans lui. Je chéris sa présence, j'aime le savoir près de moi. En tant que thérapeute, je suis bien entendu plus mesuré : je reste à son écoute, attentif à sa demande considérable. Je suis sensible à la façon dont il peut s'épanouir, se créer une existence autonome. Mon premier mouvement serait de le garder auprès de moi, mais j'ai aussi appris à penser contre moi-même, à ne pas être un bloc monolithique. Je sais observer et écouter. L'idée qu'il puisse me quitter était encore impensable il y a une heure. Je suis ébranlé par sa décision, mais je pense qu'il y va de son avenir. N'a-t-il pas le besoin primordial de choisir et de créer un environnement qui lui soit propre ? Qui lui permette de dire oui ou non sans contrainte ? Pas facile de vivre auprès d'un père star et à l'ombre d'idoles à la renommée fulgurante, peut-être même écrasante. Ann aura fait office de catalyseur, autorisant son envol loin de la ruche émotionnelle de la rue de Rivoli. Partir pour le Canada, donc mettre des kilomètres entre lui et moi, lui permettra de vivre de manière plus apaisée et de suivre son propre rêve d'indépendance, loin de la folie du monde des adultes.

En partant au Canada et en optant symboliquement pour l'anglais au détriment du français, Jérôme me dit aussi qu'il a besoin de s'affranchir de son père, de son monde et de la langue paternelle. Il affirme avec force et colère que ses rêves et sa vie ne peuvent trouver d'expression à Rivoli. Comme José-Maria de Heredia, il part, « ivre d'un rêve héroïque et brutal ». « Héroïque », car il faut du courage pour décider à 15 ans de tout quitter. « Brutal », car sa décision nous tombe dessus comme un bloc, lourd de la volonté et de la détermination de l'adolescence. S'il décide de prendre son envol, Jérôme me fait comprendre que sa croissance psychologique doit se faire loin de moi. Je me souviens d'une de ses remarques sur mes yeux, dont le vert est d'une intensité telle qu'il préfère l'éviter. Effrayant pour un adolescent en pleine construction. Et pas facile à entendre et à comprendre pour un père. Mais le bonheur de mon fils vaut bien ce sacrifice. C'est ainsi que, à l'été 1991, Jérôme s'envole pour Toronto. Les adieux sont pour moi difficiles. Pour nous tous.

Entendre mon fils en le sachant si loin représente une épreuve émotionnelle, et je préfère raréfier nos échanges. Édith, qui garde un contact régulier avec lui, maintient le lien entre Jérôme et moi, pourvoit mensuellement à ses besoins et veille à ce que Jérôme suive de solides études – avec succès. Mon seul contact avec Ann se produira quelques années plus tard, en 1998, lors d'un appel téléphonique nocturne :

« *He is deaaaad! Deaaad!* hurle-t-elle.

– *What? Who is dead? Jérôme?* fais-je automatiquement, tétanisé.

– *No! My son... in a motorcycle accident! One hour ago!* »

Je n'entends pas sa réponse. Gilbert s'empare du combiné. Ann m'entraîne dans une forme de folie. Sa folie. Un désespoir suffocant. Je ne veux pas comprendre. Il est mort ! Je crois que Jérôme est mort ! Je hurle à mon tour et casse tout dans la pièce. Conscients de ma méprise, Gilbert et Yann, le garçon qui partagera notre vie, se jettent sur moi, pensant que je vais perdre la raison. Édith accourt. Ce n'est qu'après plusieurs heures qu'ils réussissent enfin à me calmer.

Peut-être ai-je réagi de façon différée au départ de Jérôme ? Ce qui se manifeste ici de façon spectaculaire, c'est sa mort symbolique, celle de mon fils attaché à moi, mon fils avec qui j'ai vécu jusqu'à ses 15 ans et qui m'a été enlevé par un tiers. Ann Johnston, initiales J et A, comme « J'Arrache » : on m'a arraché mon fils. On m'a déjà arraché le premier à sa naissance, on m'arrache symboliquement le deuxième à son adolescence. Quel père pourrait accepter cela sans un sentiment de révolte ? Sans un déferlement incontrôlé ? Pas moi. J'exprime à ma façon tout l'amour que j'ai pour Jérôme.

Il passera brillamment son bac et restera sept ans avec Ann. Il rencontrera une jeune fille à l'université. Elle deviendra son épouse et la mère de mes deux merveilleux petits-enfants, Zacharie et Adrien. En appelant son aîné Adrien, Jérôme n'accepte-t-il pas tacitement un peu de moi, un peu de ce lointain empereur dont les *Mémoires* sont mon livre de chevet ?

5

RENAISSANCE

Au triple galop, tournant le dos au château de Lierville, je suis entraîné dans une course folle où mon haleine se mêle au souffle puissant de mon étalon. L'air pénètre mes narines et gonfle mes poumons : j'ai besoin de respirer à nouveau, de lutter contre l'étouffement de ces deux années, contre l'asphyxie de toutes ces disparitions qui alourdissent le ciel. Je sens les flancs de la bête se soulever sous les éperons de mes bottes de cuir. La chaleur de nos peaux se confond : je deviens centaure, je ne fais plus qu'un avec l'animal. J'ai besoin de sa force mythique pour franchir les obstacles et les chagrins de la mort de Philippe, du départ de mon fils, de la fin des franchises américaines, de la faillite des Cuirs de Lierville, de l'échec du parfum, de l'endettement et de la mise en vente du château.

« Toute une journée d'automne sombre, morne et silencieuse, sous les nuages oppressants qui planaient bas dans les cieux, j'avais traversé seul, à dos de cheval, une étendue de terres singulièrement désolées » : ce sentiment éprouvé par le personnage principal de « La Chute de la maison Usher », si familier pour moi, je décide de le chasser. Il n'y aura pas de chute de la maison Jitrois.

Je parcours bois et forêts toujours plus vite, jusqu'à l'épuisement. Je tente de conjurer, dans ma course, les mauvais génies qui s'acharnent depuis deux ans. Je crie. Je crie, car ils ne parviendront pas à m'abattre. Je ralentis. Je sens l'apaisement me gagner. Je caresse avec émotion les flancs du cheval, dont la puissance égale ma volonté, égale la détermination qui m'a permis de créer, de construire et de franchir l'Atlantique. Et pense à Gilbert, toujours à mes côtés, et à certains de mes frères et sœurs d'armes.

C'est à ce moment qu'une Walkyrie envoyée par le destin entre dans ma vie : Marina Shreyer, femme blonde d'origine allemande aux traits à la Krystle Carrington dont le tempérament rappelle l'autorité de la cavalière wagnérienne. Marina est un dompteur. Atteinte d'un cancer, elle ne s'en laisse pas conter : la maladie ne l'impressionne pas et c'est avec sa rage qu'elle va le vaincre – cette rage qui, de Médée à Circé, anime les héroïnes déçues ou trompées. En l'occurrence, l'époux de Marina a décidé de la plaquer alors qu'on lui annonçait sa maladie et qu'elle s'apprêtait à la combattre ; ce qui, loin de l'affaiblir, l'a rendue encore plus forte. Avant cela, elle avait su créer avec lui une des premières sociétés de microprocesseurs en Californie, source de sa fortune.

À la boutique, je noue une relation affective avec elle. Je perçois son besoin compulsif d'être au centre du jeu, d'être admirée. Elle est de ces femmes qui se nourrissent des attentions des autres, bien qu'elles en soient elles-mêmes avares. Ses achats gargantuesques lui permettent de revenir à la vie, de se nourrir de nos préventions, d'exiger de nouveau qu'on lui cède et qu'on lui obéisse. Elle a besoin d'hommages et, souvent, Marina semble penser le monde en termes féodaux.

Femme de pouvoir et de volonté, elle adore la marque Jitrois, car mes créations sont ses habits de combat, des fourreaux dans lesquels elle se glisse pour mener sa guerre – une guerre contre les hommes, sur lesquels elle porte le regard d'une Gorgone trahie par celui à qui elle avait fait confiance et consacré sa vie. Toujours entre deux avions, imprévisible, elle apparaît et disparaît au rythme des conventions internationales pour éviter une résidence fixe. Marina a pris la décision de disposer du monde au lieu de laisser le monde disposer d'elle. Comme avec le cancer. Partout mais nulle part, seule au milieu des mondanités, trouvant refuge dans l'opéra, elle contemple l'univers avec le regard scrutateur d'une chasseresse. Marina est une femme de contrastes qui aime aussi bien mes créations en cuir brodé, dessinées pour elle seule, que les chinchillas que je lui confectionne en une variété inouïe de couleurs. Les sacs en crocodile qu'elle me demande de peindre s'alignent dans son immense appartement comme des trophées.

Nous parcourons ensemble le monde, toujours à l'affût de nouvelles productions lyriques. Elle nous adore, Gilbert et moi, et l'idée lui vient de créer une fondation Jitrois avec tous les modèles uniques que j'ai conçus pour elle. Quand elle choisit la Thaïlande puis Hong Kong pour faire face à une rechute de sa maladie, nous comprenons que, tel un animal blessé, elle cherche à se cacher pour mourir. À son décès, aucune disposition n'a été prise et mes modèles sont dispersés au gré des enchères. Je lui conserve une profonde affection et une grande reconnaissance, mais n'ai jamais pu revêtir l'armure de solitude dont elle s'était harnachée. À son évocation, et en observant son parcours, je décide d'abandonner les longues chevauchées en solitaire pour me replonger dans le monde.

J'ai toujours détesté l'oisiveté et je vois dans le labeur un formidable levier de force et d'action. Nous nous concentrons sur la vie à la boutique, la création et le plaisir de voir les gens apprécier mon travail, s'approprier mes modèles.

Je renoue avec le succès d'antan aussi bien à Saint-Tropez qu'à Paris, entre franchises, séances photo et business – j'avais failli oublier. La familiarité avec l'émotion, le plaisir de la création restent ma force ; et mon attachement à mes clientes, la source de ma satisfaction. Il en va de même pour le rapport privilégié que j'entretiens avec tous mes vendeurs, Véronique, Rita, Marc, Jean-Philippe et Myriam. Nous formons un clan solide, uni autour d'une matière totémique, le cuir. En plus du soutien de Gilbert, sa mère et la mienne se relaient à la boutique pour tenir la caisse en notre absence et écouler avec humilité nos miniatures de parfum.

Je reconquiers le sens de mon travail, sans toutefois vivre en ermite : un après-midi ensoleillé, je me rends à la piscine de Vincennes afin de profiter de sa fraîcheur. J'observe distraitement un jeune homme, excellent plongeur et nageur remarquable. J'aime son aspect juvénile et sage. Il s'approche de moi, souriant, et nous engageons la conversation. Il s'appelle Paul. Son langage est choisi et délicat. Il pratique un français étrangement soutenu pour son âge. Je le revois le lendemain au même endroit et, volontairement, il m'éclabousse en riant d'un spectaculaire plongeon. Je l'invite à se joindre à Gilbert et à moi pour déjeuner. De nouveau, nous discutons et son aisance me surprend, comme s'il pratiquait depuis toujours l'art très français de la conversation. Il me regarde intensément, avec une effronterie sensuelle. Il m'invite à une promenade au bord de la piscine. Nous faisons le tour du bassin. Il bifurque vers un coin plus tranquille. Je le suis. Soudainement, au détour d'une coursive, c'est un jeune faune bouillonnant qui m'embrasse voluptueusement. Je suis littéralement transporté par la profondeur de ce baiser – un baiser brûlant qui semble demander davantage, impérieusement, follement. Paul cache bien son jeu. Lorsqu'il nous raccompagne à Rivoli, Gilbert et moi, il semble presque nous devancer. Le garçon bon chic bon genre se jette dans notre lit avec enthousiasme et assurance. C'est un ardent. Très naturellement, nous commençons à nous voir tous les trois.

Je découvre en Paul un garçon dont la détermination n'a d'égal que l'exceptionnel intellect. Fruit d'une éducation catholique très stricte, sa personnalité est à la fois turbulente et disciplinée. Malgré son jeune âge, il me fait découvrir des territoires artistiques que j'ignorais. J'aime le rêve de beauté qui nourrit sa passion pour l'opéra et le ballet, qu'il fréquente en solitaire. Jusqu'à présent, je côtoyais des stars de la variété et du spectacle, mais mon répertoire classique – nourri par Marina – restait très conventionnel.

L'expérience de l'opéra au côté de Paul illumine et bouleverse mon rapport à la musique. Cette initiation aux arts lyriques est si profonde que je leur associe désormais la figure de Paul. Si Gilbert m'avait fait découvrir Yourcenar, Paul m'ouvre ce monde. Tout est histoire de rencontres. La musique classique est sa signature. Nous baisons en musique, nous nous réveillons en musique : elle anime notre vie d'un faste nouveau dont Paul est l'emblème. Il a une culture musicale très « Vienne fin-de-siècle » : il me fait découvrir Strauss et *Ariane à Naxos*, dont le livret de Hofmannsthal l'éblouit. Paul est presque hypnotisé par cette œuvre mythique, où chaque personnage luit d'une vie intense. Lors de l'aria finale, Ariane est drapée dans un long manteau à la Klimt, qui scintille d'un éclat majestueux et violent, avant d'être rejointe par Dionysos.

Paul est intarissable sur la mise en scène de l'œuvre et le contexte qui présida à sa création. Il en va de même pour les compositeurs autrichiens expressionnistes plus difficiles, moins accessibles, comme Alban Berg. Lors de notre séjour à Vienne, je reste sous le charme de sa culture lyrique débordante, toujours dénuée de pédanterie. Durant ce voyage, je l'imagine sous les beaux traits tourmentés du peintre Egon Schiele, dont l'intense personnalité saute aux yeux à chaque toile. Pas étonnant que Klimt ait été un des plus proches amis de Schiele, dans cette Vienne théâtre de l'« Apocalypse joyeuse », qui fascine Paul. Strauss, Berg, Schiele, Klimt me révèlent toute sa complexité.

C'est avec la même passion qu'il nous convainc, Gilbert et moi, d'assister à *Saint François d'Assise* de Messiaen, opéra qui dure des heures. À l'écoute, il se complique parfois d'un éclat inquiétant qui rehausse l'intranquillité de Paul. Si je me consume de sentiments pour lui, cette intensité me fait du bien : j'ai besoin de cette force de vie pour sortir des années noires du sida. Il m'inonde d'un amour qui mêle l'esprit à la chair, et qui se déverse dans de longs échanges épistolaires. Paul ressemble au cycle des marées ; il vient me voir quand la mer se retire.

Mais rien n'est simple, car Paul a reçu une éducation ultracatholique. Il a du mal à assumer pleinement notre relation et le plaisir qu'il prend avec Gilbert et moi.

Un samedi que je l'accompagne à l'Opéra Bastille, assis au rang 15, il me fait remarquer qu'il porte du noir, ce qui ne m'alarme pas, car la couleur se généralise dans le monde de la mode. À l'issue de cette soirée, je n'ai plus aucune nouvelle de lui. Silence. Je suis mort d'inquiétude, car les disparitions de mes proches me reviennent à l'esprit, et je crains que sa personnalité imprévisible ne l'ait conduis à un acte malheureux. Ce n'est qu'après un mois d'angoisse que je reçois une courte lettre de sa part qui met un terme à notre histoire. Cette tenue noire qu'il arborait lors de notre dernière soirée ensemble, c'était sa manière de porter le deuil de notre relation. Je repense aux mots d'Egon Schiele, qu'il aurait pu faire siens : « Tout est ombre, la ville est noire, tout n'est que truc et formule. Je veux être seul. » Son absence me pèse, sa vitalité, sa culture et ses fulgurances étaient comme une liqueur – forte, intense, à l'image de l'*Orphée et Eurydice* de Pina Bausch, qu'il adore.

Mais je n'ai pas le luxe de me laisser aller, de m'appesantir sur mon sort ou de me morfondre. Je me suis fait cette promesse : la maison Jitrois ne sombrera pas. De fidèles clientes m'y aident. Ainsi, un après-midi, une petite femme âgée nous invite-t-elle à nous rendre au Royal Monceau, afin de rencontrer une cliente qui ne se déplace pas. Une danseuse. Étrange qu'elle refuse de bouger. Lorsque nous arrivons dans sa suite, d'autres maisons de mode sont présentes et attendent patiemment. C'est souvent la règle.

À notre grand étonnement, nous sommes annoncés en premier. La mystérieuse cliente nous invite à pénétrer dans sa chambre d'une voix un peu éraillée. En bruit de fond, je reconnais des mélodies arabes que fredonnait parfois Dalida. Je reconnais aussi cette voix. Il s'agit de celle d'une sublime chanteuse et danseuse du Moyen-Orient, superstar de la variété arabe. Sachant que nous patientons dans l'antichambre, elle décide de nous voir sans attendre. Nous l'avons rencontrée, il y a quelques années, à la boutique du 38. Vexée de n'avoir pu pénétrer dans la boutique Saint Laurent mitoyenne – alors fermée –, elle était entrée avec curiosité chez Jitrois. Un jeune homme raffiné aux allures de cheikh et aux yeux d'un vert incroyable l'accompagnait. Mes créations lui avaient immédiatement plu, car elles soulignaient ses formes galbées. Gilbert et moi l'avions aidée à faire son choix, sous l'œil approbateur de son compagnon, qui accédait à tous ses désirs. Depuis, nous avions sympathisé, mais l'avions perdue, de vue.

Avec stupeur, je découvre en entrant une femme allongée sur le ventre, le tronc plâtré jusqu'au bassin, loin de la danseuse d'avant. Je ne veux pas perdre la face devant cette beauté orientale, mais l'émotion m'étreint si fortement qu'elle m'arrache des larmes. Touchée par ma compassion, elle me confie avoir été victime d'un grave accident. Elle me raconte la violence du choc, la douleur, son dos brisé, le transport en avion sanitaire jusqu'à Paris, vers la Salpêtrière, un lieu qui me fut longtemps familier. Toute la nuit, elle partage avec nous son angoisse quant à la fin de sa carrière et fait diffuser inlassablement ses shows télévisés d'antan.

Je crois à l'effet pervers d'un analgésique puissant lorsqu'elle me demande d'ouvrir mes valises pour voir ma collection. Me voilà, à 23 heures, en train de présenter des modèles à une femme réduite à une tête et des membres sortis d'une carapace de plâtre. J'ai l'impression de jouer dans une mauvaise version d'*Oh les beaux jours* de Samuel Beckett. Elle observe les tissus, demande à toucher les matières. Son regard s'anime lorsque sa peau entre en contact avec le vêtement. Le toucher ravive, chez l'ancienne danseuse, la mémoire du mouvement et du geste. D'un clignement d'œil, elle me fait comprendre qu'elle souhaite acheter pratiquement tous mes modèles. Il est 5 heures du matin et elle nous annonce qu'elle repart au Moyen-Orient en avion privé dans la matinée. Il faut faire vite. Gilbert, toujours pragmatique, lui demande avec tact comment elle souhaite régler.

« Passez-moi ce bloc-notes. »

Elle parvient à griffonner quelques mots en arabe, incompréhensibles pour nous, suivis d'un chiffre astronomique.

« Portez ceci à la banque », fait-elle, flegmatique.

Gilbert s'inquiète. Que signifie ce bout de papier ? Que faire ? Il opte pour la solution la plus galante et la moins risquée : laisser nos affaires dans la suite et se rendre immédiatement sur les Champs-Élysées, à l'Arab Bank, pour faire le pied de grue jusqu'à l'ouverture et prendre les dispositions nécessaires. À 6 heures arrive l'homme de ménage. À 7 heures, c'est au tour d'un homme bien mis qui est en fait le directeur de l'établissement. Fébrilement, Gilbert, tel un mendiant, lui tend le billet à en-tête du palace. Après un rapide coup d'œil, l'homme demande le plus naturellement du monde :

« En espèces ou un chèque ?

– Puis-je avoir un chèque ? Mais un chèque de banque, je vous prie, répond-il timidement.

– Mais, monsieur, vous êtes dans une banque », rétorque l'homme, un sourire moqueur mais bienveillant au visage.

Et Gilbert de repartir avec le précieux sésame. Pour notre cliente, l'achat de ces pièces est comme le symbole de sa résilience future. Tous ses efforts convergent vers un seul but : porter ces robes, symboles de sa guérison, pour danser de nouveau. Elle y parviendra.

Durant cette période de renaissance, les femmes ont une importance fondamentale pour moi : les clientes, bien sûr, mais aussi les membres du clan Jitrois. En l'occurrence, Véronique, qui a repris la boutique de Saint-Tropez en 1988, est le point de départ de l'aventure Johnny Hallyday.

Véronique partage la vie de Renaud, un *biker* flamboyant. Ce fan de Harley Davidson et de grosses cylindrées l'a convertie aux coutumes du motard et à son monde codifié. Il vient parfois la chercher à la boutique. Fine et menue, elle monte à l'arrière de ce vrombissant carrosse mécanique avec son enthousiasme méridional. Renaud est un proche de Johnny, à qui il vend de magnifiques motos et, à plusieurs reprises, il emmène Véronique à la Lorada, la maison que celui-ci vient de faire construire vers Ramatuelle, d'après les noms de ses deux enfants, Laura et David. Il faut imaginer une immense villa de plus de 700 m^2 dont le modèle est une hacienda néo-mexicaine, avec plusieurs hectares de terrain et même un lagon. Cette résidence est un lieu de retrouvailles pour *bikers*.

Véronique, avec son don inné pour les relations sociales et la sympathie qu'elle irradie, s'intègre parfaitement au clan Hallyday, nouant des liens avec Adeline Blondieau et Christian Audigier, la star du *streetwear*. Il suffit d'avoir vu une fois dans sa vie *Easy Rider* pour comprendre que le cuir est une composante naturelle du monde des *bikers*. Il n'est guère étonnant que Johnny soit sensible à l'esthétique Jitrois, d'autant plus que Véronique a plusieurs fois évoqué la marque avec lui. Observateur, ce dernier a remarqué que des stars américaines comme Schwarzenegger ou Stallone portaient le blouson Globe. Pour son premier achat, il choisit un blouson Cactus. Le contact est établi.

Au début des années 1990, Johnny Hallyday vit à Paris dans un vaste hôtel particulier au 7 de la villa Molitor, avec une cohorte d'amis et de fidèles, parmi lesquels Véronique et sa fille Gala, dont je suis le parrain. Comme de nombreuses stars, il déteste la solitude et a besoin de vivre très entouré. C'est alors que, soutenue par son producteur Jean-Claude Camus, Véronique propose à Johnny de me rencontrer – d'autant plus qu'outre les blousons Globe il a remarqué le blouson en croco que j'ai créé pour Elton John.

« Allô, Jean-Claude ? C'est Johnny Hallyday. J'ai vu dans un livre les blousons de cuir que tu as réalisés pour Arnold Schwarzenegger, Sylvester Stallone et Elton John. J'aime bien l'esprit. »

Ainsi survient mon premier contact avec Johnny. Ou plutôt mon deuxième. Il y a d'abord eu le Golf-Drouot, dans les années 1960. Je le lui rappellerai plus tard. À l'issue de notre conversation téléphonique, je suis invité à la villa Molitor. Je m'y rends avec entrain et curiosité. Je franchis une grille qui donne sur une allée calme, bordée de pavillons et de petits immeubles. C'est le 16e discret, où les célébrités aiment vivre à l'abri des regards. Quelques arbres, des chants d'oiseaux : tout est fait pour oublier le tumulte de Paris. Je m'avance vers le perron et sonne simplement. C'est Johnny lui-même qui m'accueille, souriant et amical. Je pénètre dans un univers qui rappelle le Far West, avec des canapés de velours rouge, une décoration saloon chic aux lumières tamisées. Les murs sont ornés de souvenirs glanés aux États-Unis lors de son périple sur la route 66. Je sens tout de suite que j'ai face à moi un homme qui fonctionne à l'émotion, au sentiment, et qui aime faire partager son univers. La décoration parle de ce qu'il aime, de ce qui le rend heureux. Nous nous asseyons et il entame la conversation.

« Je travaille sur un prochain spectacle, un truc énorme. Je suis à la recherche d'un nouveau look, une tenue de scène rock. »

Je suis aux aguets, attentif à ce qu'il me dit. Je l'observe et l'imagine déjà en Jitrois.

« Avec du cuir, mais classe. Avec du métal aussi, mais fashion. »

« Avec du cuir, mais classe » : cette formule m'interpelle, car tout mon travail a consisté à extraire le cuir des limitations qu'on lui prête, à en faire une matière noble, élégante et puissante. Plus je l'écoute et plus je vois en lui non seulement le rocker et le *biker*, mais aussi l'alliage fécond de *Mad Max* et d'*Easy Rider*. Je suis ému que l'homme que j'admirais sur scène trente années auparavant me demande conseil, me fasse confiance. Nos regards se croisent : le sien, dont le bleu aigue-marine rappelle celui des mers du Sud ; le mien, dont le vert d'Orezza intense intimidait mon fils. À cette époque, nous avons chacun un fils et une fille issus de deux mariages différents. Lui : David, fils de Sylvie Vartan, et Laura, fille de Nathalie Baye. Moi : Caroline et Jérôme. Nous avons sensiblement le même âge et sommes du même métal : hommes libres, nous vivons pour créer, nous savons tomber et nous relever. C'est aussi pour cela que notre entente est si naturelle. Si bien que lorsque Johnny me propose, ce soir-là, de créer ses costumes pour son grand concert de 1993 au Parc des Princes, j'ai le sentiment qu'il s'adresse à un ami.

En préparant ses tenues, je vais apprendre à mieux le connaître – et plus le projet se précisera, plus notre amitié se solidifiera. Je prends l'habitude de dîner régulièrement villa Molitor et j'ai le plaisir de le convier à Rivoli pour des soirées en petit comité. Je lui présente Gilbert, qu'il accueille avec une grande sympathie. Johnny n'est pas comptable de la vie des autres. Il me présente sa nouvelle compagne, Karine, que j'habille. Cette estime et cette reconnaissance réciproque me permettent de mieux cerner l'homme Hallyday, le talent du chanteur, l'énergie du showman et la sensibilité de l'artiste, dissimulée derrière ses lunettes de motard. Je l'écoute, je l'observe et j'imagine alors pour son spectacle trois tenues différentes qui sont autant de facettes de sa personnalité.

La première tenue, que je baptise « perfecto cotte de mailles », il la revêtira pour entrer en scène. C'est le moment du contact premier avec des fans chauffés à blanc, celui de l'assaut et de l'énergie. C'est l'image archétypale du guerrier qui fend la foule et se jette dans l'arène : je veux un costume confortable, beau mais protecteur. Je le parsème donc de clous, car je souhaite une armure qui ait la douceur du cuir et la force du métal. Quant à la deuxième tenue, je la crée comme une mise à nu, un moment plus intime avec les spectateurs. Après l'effervescence des retrouvailles, l'homme se dévoile davantage. Ce sera le « croco bleu Hallyday », gilet et pantalon en crocodile bleu teints d'après la couleur de ses yeux, laissant bras et épaules nus. Pour montrer la vulnérabilité de l'artiste après la force du guerrier, c'est dans cet ensemble qu'il entonnera une de ses chansons phares, « Le Chanteur abandonné ». La dernière tenue est à l'image de l'homme qui dompte la machine, symbolisée sur scène par une gigantesque main métallique et d'énormes cylindrées. L'homme et le fer, quoi de plus archétypal ? Il y a de l'alchimiste chez Johnny, un rapport familier aux matières (cuir, métal) et à la force qui se dégage d'elles. Il y trouve les courroies de son art scénique et de la puissance de sa voix. Je conçois donc un ensemble de cuir noir cerclé de lames.

Pour mettre au point chaque pièce, nous travaillons en étroite collaboration. Il passe régulièrement dans mes ateliers pour observer et commenter mes différents croquis. Il est réceptif à mes idées et ose des questions techniques dont la précision trahit sa méticulosité de professionnel : j'aime ses demandes pertinentes sur le poids des tenues, la souplesse ou la qualité des matières. C'est surtout leur façon de prendre la lumière qui le préoccupe : nous soumettons chaque échantillon à celle des projecteurs. Johnny est une « bête de scène » qui revendique la flamboyance, le feu de Vulcain autant que l'inspiration des Muses : de cet alliage – brûlure et caresse – naîtra le fameux « gilet xylophone » qu'il portera à plusieurs reprises. Pour « mettre le feu », comme il aime à dire, je lui propose différentes tuniques rougeoyantes qu'il pourra porter à sa guise sur scène. Il adore l'idée. Nos discussions nous entraînent parfois tard dans la nuit : qu'importe – lui et moi avons une affinité avec l'obscurité, celle de l'inconscient pour moi, celle qui précède l'éclat des projeteurs pour lui. « Noir c'est noir » est un de ses grands succès.

« La lucidité est la blessure la plus proche du soleil » écrit René Char : c'est cette lucidité que j'aime chez Johnny Hallyday. Tant pis pour les jaloux et les aigris : « Quoi ma gueule, qu'est-ce qu'elle a ma gueule ? » Lui et moi sommes deux « gueules », comme on le dit dans le cinéma. Parfois je l'accompagne à la salle de sport. C'est un homme exigeant : son corps est son allié le plus fidèle et il le soigne. Comme moi, il s'astreint à une discipline physique régulière et sans concession. Ici aussi, nos chemins se rejoignent. Nos corps sont des armes pour nos guerres. Les siennes, il les mène sur scène.

C'est ainsi qu'arrive le grand soir, la première du Parc des Princes du 18 juin 1993. La foule s'amasse sur les boulevards adjacents, les allées sont envahies de milliers de fidèles qui entonnent le nom de leur idole. On me dirige vers une entrée réservée aux VIP, puis dans un vaste labyrinthe où je croise un Jean-Claude Camus aux cent coups, car on attend Jacques Chirac, Alain Delon, Jean-Paul Belmondo et Line Renaud, entre autres. L'air est électrique. J'arrive enfin dans la loge de Johnny. Il semble calme, comme à son habitude, mais son émotion est palpable, comme la mienne : « J'ai un trac à crever », confie-t-il. Je m'assure que tout est au cordeau, je soigne les derniers ajustements avec l'aide de son habilleuse et de sa maquilleuse. Puis un ronronnement lointain attire mon attention. Progressivement, il se fait vrombissement, bientôt couvert d'acclamations. Le fracas se rapproche, prêt à nous submerger. Les 60 000 fans viennent de faire leur entrée. La foule se met à scander son nom. À cet appel, Johnny se lève, très concentré, et livre à son public une performance exceptionnelle.

Il fait son entrée sur le côté, au cœur de la fosse, entouré d'une dizaine de gardes du corps. De cet égrégore, Johnny est le catalyseur, imperturbable au milieu d'une marée humaine qui le célèbre, le vénère. Certains essaient de le toucher, comme on touchait le corps d'un monarque, mais sans aucune violence, avec le respect que l'on accorde aux héros ou aux grands. C'est un Hercule vêtu de mon blouson d'un noir flamboyant rehaussé de clous aux reflets argent. Ce blouson est le symbole de la passion de Johnny pour le *live*, de son grand respect pour ses fans et de celui que, spontanément, on lui accorde. Hissé sur la scène, il se retourne vers son public, triomphant. Il se recoiffe tranquillement et débute son spectacle. Le succès est immédiat. Charnel. Impressionnant. *Backstage*, nous sommes conquis par la variété de son répertoire et son talent scénique. Chanteur, crooner, rocker, acteur, *biker* : c'est un cortège d'individus multiples à la voix extraordinaire qu'il incarne.

Ils sont 60 000 à être les témoins de cette épiphanie, dont une Catherine Deneuve silencieuse et attentive.

Soixante ans après ma première rencontre avec Johnny, lors d'une soirée prestigieuse orchestrée par *Madame Figaro*, une jeune femme s'approche de moi. Ses yeux magnifiques rappellent étrangement ceux de Johnny. Je suis profondément ému et surpris. Elle se présente en ces termes : « Je suis Laura Smet, la fille de Johnny. Je sais que mon père vous admirait énormément. Quant à moi, je suis réalisatrice de cinéma, et j'aimerais que vous jouiez dans mon prochain film. Vous verrez, c'est très simple, il vous suffira de jouer le rôle du couturier. » Ce moment sera le couronnement d'une histoire longue et riche en émotions.

En 1993, à l'issue de mon travail avec Johnny Hallyday, une conviction se cristallise. L'engouement du rockeur pour la matière rappelle James Dean, et le cuir participe à la réussite de sa performance scénique. La matière n'est pas à classer au rang des accessoires : elle est un élément premier de la force de l'artiste. Quand Johnny Hallyday fend la foule, il le fait avec d'autant plus d'aisance que le cuir lui donne assurance et vigueur. Le cuir est la fibre du corps glorieux de l'artiste. Matière vivante, il gaine en épousant parfaitement ses formes et ses muscles. Le cuir confère à son geste la beauté de l'Egawa, ces ornements de cuir dont les samouraïs paraient leurs armures pour exhiber leur invulnérabilité et leur puissance.

Ce que le cuir fait au corps, il le dispense aussi à la psyché : cette enveloppe protectrice agit en renfort du moi. Johnny l'a intuitivement compris, car nous avons longuement préparé sa tenue de scène. Le cuir opère autant comme outil de spectacularisation pour ses fans que comme ressource de réassurance et d'affirmation pour lui. Cette expérience du Parc des Princes est en pleine adéquation avec ma vision de psychothérapeute. On ne parle plus seulement de tenue ou de mode, mais d'un second épiderme, d'un « moi-peau », dirait le psychanalyste Didier Anzieu. Quand la matière adhère à la peau, elle renforce la sensation d'un moi unifié. Johnny a cette intuition forte que le rapport à son art passe aussi par son rapport à son corps. Gainée par le cuir, la silhouette est lisse et tonique, le mouvement scénique précis et agile : la voix qui naît de cette fusion est hardie et puissante.

Par ce retour au corps, je veux réinventer la silhouette. Cette nouvelle conception est en rupture avec l'héritage des années 1980, marquées par les volumes et les épaulettes hyper-structurées. Je veux inventer une cinétique du cuir dont la plasticité s'accorde au mouvement. Elle doit favoriser la mobilité tout en assurant une parfaite sécurité. La texture doit être douce et souple, solide et protectrice. Me revient à l'esprit la toile cirée de mémé Lulu sur laquelle, enfant, je prenais mon petit-déjeuner : lisse et imperméable à l'extérieur, j'aimais la retourner pour la douceur de son coton. Une toile, un encollage. Quoi de plus simple ? Je suis certain que l'on peut faire la même chose avec le cuir. Après tout, mémé Lulu portait des fourrures dont l'envers était encollé à de la toile pour les renforcer, faisant de la pièce un ensemble solidaire. Pourquoi ne pas encoller l'envers de la surface noble avec du lycra de DuPont de Nemours pour l'empêcher de se déformer ? Quand nous demandons à un mégissier de reproduire le procédé avec des peaux de la meilleure qualité, le résultat est à la hauteur de nos attentes.

Yves Saint Laurent regretta toute sa vie ne pas avoir inventé le jean – cela m'a toujours marqué. Lorsque j'invente le jean en cuir stretch noir cinq poches, son ombre n'est pas loin. Imprégné d'une forme de minimalisme, je le décline avec le legging en cuir stretch, qui devient une pièce iconique et très populaire. Je ne cesse alors de redécouvrir le cuir, dont j'affirme l'aspect totémique et polymorphe. La matière séduit, capte le regard.

Ainsi démarre mon aventure avec le cuir stretch – et, avec elle, la renaissance de la maison Jitrois, que l'on associera dorénavant à ce cuir seconde peau.

C'est d'ailleurs le cuir stretch qui attire l'attention d'un personnage romanesque, attaché de presse aussi habile qu'un Talleyrand. Issu du village corse de Balagne, Christophe Millant connaît tout Paris, ses secrets et ses alcôves ; il virevolte entre les cercles politiques, artistiques et médiatiques, chevauchant son scooter pour se rendre d'un cocktail à l'autre. Il ne cesse de m'intriguer par ses amitiés et ses connexions : je l'imagine au XVIIIe siècle, en aventurier des cours européennes et des cénacles d'influence. Son entregent s'appuie sur un carnet d'adresses qui crée des synergies inattendues entre personnalités singulières. Bref : il est aux attachés de presse ce que Proust est à la littérature, malgré une certaine réticence à la lumière autant qu'aux flashs des photographes.

Le regard bleu et redoutable de Christophe fond sur le cuir stretch avec l'agilité d'un aigle : il lui trouve sa plus éclatante ambassadrice en la personne de Vanessa Demouy, star de 20 ans qui triomphe à la télévision dans la sitcom *Classe mannequin*. Ses courbes parfaites sont les emblèmes de la lingerie Aubade et, très naturellement, ses formes épousent le cuir stretch noir Jitrois. Notre apparition à la cérémonie des Best Awards en 1994 est retentissante et la presse people s'en régale. Une esthétique se fait jour, dont les modèles Jitrois portent le sceau : une ligne de plus en plus gainée, soulignée par des coupes qui adhèrent à la peau. Lorsque, en 1997, Jean-Baptiste Mondino photographie Stella Tenant pour *Vogue Paris*, il signe la consécration de ce nouveau style Jitrois.

Je regarde Christophe opérer sans toujours comprendre où il veut m'emmener, car ce fin politique a toujours deux ou trois coups d'avance sur tout le monde. Il vise de nouveau juste lorsqu'il me présente Surya Bonaly. Championne de patinage artistique connue pour ses quadruples rotations et ses saltos arrière, elle adopte la marque en sportive. Le vêtement souligne la force en elle et l'intense travail qui fait de son corps le relais de sa réussite.

Puis c'est grâce à Véronique, qui m'a déjà présenté Johnny Hallyday, qu'Ophélie Winter entre dans l'aventure. Disque d'or en 1995 avec son single « Dieu m'a donné la foi », sa proximité avec MC Solaar, puis avec Prince, répond à mon désir de mélange et de métissage. Lorsque je l'habille avec un pantalon de cuir en vernis rouge, elle dégage une énergie gouailleuse et toujours souriante qui n'appartient qu'à elle.

Vanessa, Ophélie, Surya : trois stars françaises qui marqueront, par leur fidélité, la renaissance de la marque.

Celle-ci profite également d'une situation internationale singulière. En effet, si, à l'Ouest, les États-Unis continuent à vivre une récession violente, l'Est, avec la chute du mur de Berlin en 1989, connaît un bouleversement géopolitique d'ampleur. Nous voyons arriver une nouvelle clientèle venue de Russie et d'Ukraine, portée par un appétit pour le luxe à la française, et singulièrement pour le monde de la mode. Raïssa Gorbatchev, épouse du Président, ne cache pas sa prédilection pour la mode tricolore et assied son image en Occident par ses tenues. Les relations franco-russes sont alors au mieux, étayées par une ancienne tradition d'amitié et de coopération diplomatique, dont témoigne la correspondance entre Voltaire et Catherine II dès le XVIIIe siècle. La période d'après-guerre, malgré ses vicissitudes politiques, n'a pas entamé l'image de la France auprès des Russes. Si bien que cette nouvelle clientèle va rapidement plébisciter les grandes marques hexagonales, dont Jitrois, en jetant son dévolu sur le déjà fameux pantalon en cuir stretch noir.

Chez ces jeunes femmes, je remarque une silhouette souvent très fine et des jambes longues et fuselées qui s'accordent parfaitement à mes modèles. L'ourlet est souvent superflu, tant leurs mensurations frisent la perfection. Leur amour de la matière est évident – tout comme leur tropisme naturel pour la fourrure, dont elles sont certes familières, mais dans une version généralement moins raffiné que celle qu'elles découvrent à Paris ou à Milan. La fourrure représente, en Russie, une tradition ancienne liée aux conditions climatiques et au statut social : mon modèle Cross en cuir stretch gainant – une veste croisée noire avec un col en fourrure évasé qui met en valeur les formes de ces jeunes femmes, dont le corps est un étendard – fait fureur auprès d'elles. La fourrure allie chic et séduction : imaginez un aréopage de superbes filles blondes arrivant dans les clubs les plus en vue, vêtues d'une fourrure qu'elles font savamment glisser sur leurs épaules. La sensualité de la matière joue comme une caresse sur leurs épidermes clairs. Elles savent à merveille manipuler le chinchilla, qu'elles agitent en dansant ou font descendre le long de leurs hanches.

Nous embauchons des collaboratrices russes comme la belle Ludmila, qui a quitté son pays avec un doctorat de physique nucléaire en poche. La boutique bruit des accents de cette langue si particulière que je ne pratique pas, mais dont la sonorité ambivalente sied aussi bien à la poésie d'un Pouchkine qu'aux chansons plus rugueuses d'un Vyssotski. Souvent, des acheteuses arrivent à la boutique avec des valises qu'elles remplissent de vestes Cross et de jeans en cuir stretch noirs. Le règlement se fait invariablement en espèces pour des pièces qui se revendront lors de *trunk shows*.

Pour les jeunes Moscovites, Jitrois devient une marque associée à la séduction, mais aussi, plus fondamentalement, à la recherche d'assurance et de sécurité dans un système soviétique qui ne cesse d'agoniser. En effet, lorsqu'il succède au président Gorbatchev en 1991, Boris Eltsine fait face à une déliquescence sociale qui impacte violemment les Russes. Si, en juin 1992, les accords entre Bush et Eltsine signent la fin de la guerre froide, les troubles intérieurs s'intensifient. Le président Eltsine échappe à un coup d'État militaire, dont il sort victorieux au prix de 1 500 morts. L'état d'urgence et l'imminence de la guerre en Tchétchénie dégradent fortement le climat politique d'une société minée par la violence, avec un taux d'alcoolisme qui ne cesse de grimper.

Il importe donc de se protéger, d'afficher une puissance dont les longs manteaux noirs Taormina sont une illustration, déclinant en la sublimant l'image de l'Amazone. Porter du Jitrois, c'est se protéger, être une femme forte, mais aussi un investissement sur l'avenir : c'est l'accessoire qui permet de séduire en revendiquant un statut social – à telle enseigne qu'Alla Werber, directrice du magasin Tsum et grande figure de la mode en Russie, m'avouera plus tard que c'est grâce à une jupe Jitrois de taille 34, gardée comme un fétiche, qu'elle a séduit son mari. C'est par ailleurs à celle qui saura porter cette jupe qu'elle octroiera le privilège convoité de devenir son assistante.

Si l'essor de la marque nous a entraînés vers l'Ouest et les États-Unis dans les années 1980, la renaissance de

Jitrois dans les années 1990 sera la conséquence d'une ruée vers l'Est, dont le cuir stretch est la boussole.

À cet engouement oriental vient s'ajouter un événement français – un mariage qui signera symboliquement nos retrouvailles avec le succès.

En 1996, Véronique arrive à la boutique et nous présente, avec son enthousiasme habituel, une jeune fille aux faux airs de Shirley Temple. « C'est une copine de Johnny », me dit-elle tout sourire. Et elle m'explique avec force détails que Johnny Hallyday l'a rencontrée lors d'un road-trip à Miami avec son mari Renaud. Elle est un peu timide, mais très souriante. Sans que nous parlions vraiment, une complicité très naturelle s'instaure entre nous.

« Elle serait bien pour la marque, non, Jean-Claude ? » me suggère Véronique.

En effet, je la trouve très jolie, la silhouette fine.

Je la regarde l'air de rien. Je connais ma Véronique par cœur. Elle a une idée derrière la tête. Je me laisse donc convaincre par son intuition. Nous organisons quelques séances photo à l'hôtel Castiglione avec Laeticia, qui seront publiées dans *L'Officiel*. Elle se révèle superbe devant l'objectif. Véronique a vu juste : elle incarne la marque à merveille !

Heureux de ce développement, Johnny nous invite une nouvelle fois, Gilbert et moi, à la Lorada, à Ramatuelle. J'accepte avec plaisir. Je suis toujours heureux de descendre dans le Sud avec Gilbert. C'est pour nous le lieu de notre première rencontre, la célébration intime de l'amour qui nous unit depuis tant d'années. Gilbert est comme le soleil de Nice : fidèle dans le quotidien, et lumineux quand celui-ci se fait plus âpre.

Nous arrivons à Ramatuelle comme on entre dans l'espace intime d'une mémoire à deux. Johnny nous accueille chaleureusement. Je m'y sens tranquille et serein. Le chanteur exprime ici son naturel simple, presque timide. C'est un code implicite : la Lorada est un espace où l'on vit sans faire semblant, sans représentation ni compétition. Ce n'est pas une scène. Le rythme de la Lorada me convient bien. Je fais de la musculation avec Johnny : nous soulevons de la fonte en compagnie de son coach sans nous préoccuper de notre apparence. J'aime aussi jouir de l'immense parc et des eaux tièdes de son lagon. La gym, la natation : mon corps se détend. Il fait soleil : mon esprit se calme. Je regarde Gilbert à mes côtés, conscient de vivre avec lui des moments uniques.

Johnny est un homme généreux, attentif au confort de ses hôtes. Ses dîners réunissent de nombreux convives : il existe un vrai collectif autour de lui, lié par un code implicite et par une esthétique très Harley Davidson. J'aime ce clan Hallyday, dont il est le patron. J'aime ces *bikers* qui défient les préjugés, habillés de cuir, tatouages cernés de noir, parfois de la graisse dans les cheveux qu'ils recoiffent de leurs doigts aux bagues d'argent. Vêtus comme des guerriers du bitume, ils agissent avec l'intégrité des grands aventuriers. J'observe avec empathie ce monde que je commence à connaître du fait de ma proximité avec Johnny, et désormais avec Laeticia.

À la Lorada, jamais de débordements, jamais de propos déplacés. Il y règne une fraternité où l'on trouve naturellement sa place et où le respect fait office d'art de vivre.

Alors que chacun discute et s'anime avant le repas, Johnny m'attire discrètement dans l'immense cuisine. Intuitivement, je sens qu'il veut me demander quelque chose. Son langage non verbal trahit une nervosité dont il n'est pas coutumier avec moi. Puis il plante son regard acier dans le mien.

« Jitrois, tu peux demander à Laeticia sa main pour moi ? »

L'émotion me submerge : il se met à nu. C'est face à moi qu'il choisit de tomber le masque, dans un geste presque adolescent. Je retiens mes larmes. Ce n'est plus le *biker* superstar au perfecto sombre que j'ai face à moi, mais un homme amoureux et intimidé. Je comprends que notre travail sur le concert du Parc des Princes était bien plus que la simple confection de tenues de scène. C'est de façon muette que s'est construite une relation, non seulement d'amitié, mais aussi de confiance. Je prends conscience du poids symbolique du vêtement, qui m'est déjà familier comme thérapeute, mais que j'expérimente ici en tant qu'ami. Nos séances de travail lors de la confection de ses tenues du Parc des Princes furent en fait ma réponse, inconsciente, à son besoin, inconscient lui aussi, de sécurité. Il se préparait à faire face à ses fans ! Je suis honoré de son estime et j'accède bien entendu à sa demande.

J'aperçois Laeticia dans le jardin. La gorge serrée, je m'approche d'elle. Elle se retourne, souriante. Elle lit sur mon visage que ma présence n'est pas anodine : peut-être a-t-elle remarqué mes yeux légèrement embués ? Elle ne se départ pas d'une attitude douce et amicale. Sa candeur m'intimide lorsque je m'adresse à elle.

« Laeticia, Johnny m'a demandé quelque chose. »

Son regard se fait plus insistant. Un léger rouge monte à ses joues. Ces quelques secondes de silence font grimper la tension. Elle est suspendue à mes lèvres.

« Veux-tu l'épouser ? »

Sa poitrine se soulève. Son menton tremble. Le mien aussi.

« Oui », dit-elle, rayonnante.

Émus, nous tombons dans les bras l'un de l'autre, secoués par des pleurs de joie. En nous retournant, nous séchons nos larmes, amusés de voir qu'aux fenêtres un auditoire légèrement fébrile a suivi de près notre conversation. Johnny apparaît sur le pas de la porte. Laeticia se jette dans ses bras pour l'embrasser. Le clan est heureux. Moi aussi. Je repense à ce jeune rockeur vu sur scène au Golf-Drouot lorsque j'avais un peu plus de 20 ans, et dont je partage aujourd'hui l'émotion. L'inconnu est devenu un ami. Et toutes ces années me semblent belles, redoutables et prometteuses.

Leur mariage est célébré le 25 mars 1996 par Nicolas Sarkozy, en sa mairie de Neuilly-sur-Seine.

« Chère Laeticia, avant de vous marier, je dois vous dire que je connais toutes les chansons de Johnny. »

Et le maire d'alors de se fendre d'un petit medley.

Lors de cette cérémonie, je suis le témoin de Laeticia. Je lui dessine un petit tailleur de cuir bleu ciel gansé de blanc, hommage pastel à son sourire. Leur union durera vingt-et-un ans.

6

LE NOUVEL ÂGE D'OR

C'est un dimanche de septembre 1996. Épaules nues, débardeur blanc et taille fine, il fait des tractions. Je l'observe et m'approche de lui.

« Avez-vous bientôt fini ?

– Non, mais on peut alterner », me répond-il.

Il réalise ses tractions avec une aisance qui sied à ses biceps saillants. Ses triceps se contractent et accompagnent chacun de ses mouvements avec régularité. Son corps reste droit, il ne s'agite pas, guidé par une assurance acquise au terme de longues heures d'exercice. Je le regarde et lui souris. Il engage la conversation. Je le trouve séduisant, vif et intéressant. Je réalise que c'est la première fois que je le croise dans cette salle de gym du Palais-Royal où Gilbert et moi aimons nous entraîner. Son exercice terminé, il se dirige vers d'autres machines. Gilbert me rejoint et je continue à l'observer. Je lui donne 25 ans tout au plus ; il a en lui un charme discret qui me plaît. À ma grande déception, je finis par le perdre de vue et quitte la salle de sport.

Nous croisons Jean, notre ami dermatologue, qui nous parle d'un *tea dance* au Palace, l'endroit gay le plus couru du week-end. Du fait de notre rythme de travail effréné, Gilbert et moi ne fréquentons plus les boîtes depuis environ dix ans. J'apprends qu'un *tea dance* est une fête où l'on danse de 18 heures à minuit. Quant au Palace, si je connais ce lieu incontournable de la nuit parisienne, il me semblait qu'il avait perdu de sa superbe depuis bien longtemps. Après tout, pourquoi ne pas essayer ? C'est l'occasion de sortir un dimanche et de ne pas rentrer trop tard. Nous y allons avec davantage de curiosité que d'enthousiasme. Arrivés face à la porte, je remarque, amusé, qu'une foule de tous âges se presse devant l'entrée. Il y a tous les genres, tous les styles. C'est plutôt sympathique.

« On va pouvoir danser ! » me dit Gilbert en entrant, ravi d'avoir cassé la routine habituelle du dimanche. La musique oscille entre house, techno et disco. Nous franchissons le long couloir peuplé de garçons qui discutent et s'observent debout ou assis. Il règne une odeur de tabac et de velours usagé comme dans les vieux cinémas. Face à l'immense fosse, peuplée par une foule jeune et masculine, trône une scène sur laquelle se hissent les meilleurs danseurs, torse nu.

« Regarde, c'est le mec de la gym ! » dis-je à Gilbert en lui indiquant sa silhouette sur l'estrade.

Sans hésiter, je fends la foule et me dirige vers lui. Nous entamons un corps-à-corps parfaitement coordonné sur un son techno. Nos oscillations sont suffisamment synchronisées pour que je sente ses cuisses, son corps ferme et ses pectoraux dessinés. J'aime le toucher de sa peau, ses secousses énergiques. Il m'embrasse à pleine bouche, sans interrompre notre chorégraphie, alors que le *beat* nous pousse à une étreinte toujours plus intense. Gilbert nous rejoint et se glisse derrière nous pour former un langoureux triumvirat, au milieu d'une foule de garçons toujours plus enfiévrés.

« Tu veux rester un moment ou on y va ? fais-je au garçon avec un sourire complice.

– Oui, on peut y aller », me répond-il, décidé et presque impatient.

Et Gilbert d'ajouter :

« Ah, non ! Pas déjà ! On est arrivés il y a à peine une heure ! »

Dans ce « pas déjà », je perçois d'une part l'envie de Gilbert de s'amuser, mais aussi l'intuition que ce garçon pourrait être davantage qu'un coup d'un soir. Nous venons de nous séparer d'un jeune Sébastien, et Gilbert aimerait profiter plus longuement de la vie à deux.

Nous apprenons que ce jeune inconnu s'appelle Yann. Son look est au diapason de cette nouvelle génération gay qui mélange un bomber Schott et des chaussures Caterpillar à un débardeur et un Levi's 501. Étrangement, il porte une ceinture Jitrois siglée.

« D'où tiens-tu cette ceinture ?

– D'un dîner chez Jean-Claude Jitrois. C'est lui qui me l'a offerte. »

J'éclate de rire et lui réponds : « Je ne me souviens pas de ce dîner. »

Yann comprend sa méprise et rougit. J'ai offert cette ceinture à un de mes anciens coups, qui se révèle être son colocataire.

S'il n'est pas un habitué des plans à trois, il n'en laisse rien paraître et nous passons une nuit merveilleuse. Le plaisir est comme le cuir : il adhère à nos corps en même temps qu'il les libère ; il nous rend forts et énergiques. Les différences d'âge s'effacent et se dissolvent dans la nuit. L'intuition de Gilbert était la bonne : nous revoyons régulièrement Yann durant le mois de septembre et, dès novembre, il s'installe à Rivoli. S'il comprend rapidement notre fonctionnement, le trouple est pour lui une expérience nouvelle – qu'il est prêt à tenter à une condition : « Pour que ça marche, pas de butinage. »

Ce qui nous conduit à presque deux années d'une relation exclusive à trois. Je m'en satisfais temporairement, d'autant plus que le sida rôde toujours. Une partie de notre génération navigue entre vie et maladie, entre prises de risque et *backrooms*, à l'image du sulfureux écrivain Guillaume Dustan. Notre mode de vie est bien différent, car nous vivons pour le travail, loin du phénomène *clubbing*. Avec Yann, nous utilisons toujours des capotes, jusqu'à ce que son test négatif nous permette de nous envoyer en l'air sereinement. J'ignore encore qu'il sera le déclencheur d'un renouveau de mon mode de vie et de la maison Jitrois.

Étudiant en troisième année d'école de commerce à Paris, il commence rapidement à travailler pour la maison et nous présente à ses amis, garçons en général éduqués et cultivés. J'ai d'ailleurs couché avec la majorité d'entre eux bien avant de le connaître, ce qui me fait discrètement sourire. Yann est un pianiste hors pair : il nous fait découvrir Bach, Beethoven et Wagner, comme Paul nous a fait découvrir l'opéra et Messiaen.

Nous prenons progressivement nos marques et, lorsque Yann fait la connaissance d'Édith, l'entente est immédiate et naturelle. Nous dînons souvent tous les quatre. J'aime voir se développer cette complicité entre eux, toujours aussi forte aujourd'hui. Les dîners sont de beaux moments de discussions, d'échanges et d'entente. La confiance est profonde entre nous, si bien que Yann nous confie, à Gilbert et moi, les contrariétés qu'il rencontre avec sa famille. Nous insistons alors auprès de lui : « Pour que ça marche entre nous, il faut te réconcilier avec ton père. »

Yann comprend que notre relation doit se construire sur la proximité et la transparence avec les siens. Gilbert et moi sommes très attachés à la famille et, si la nôtre est originale, elle n'exprime ni opposition ni défiance aux modèles plus conservateurs. Nous accompagnons donc Yann sur ce chemin vers l'apaisement. Je considère qu'un trouple, autant qu'un couple, a des vertus thérapeutiques pour chacun de ses protagonistes : nous nous aidons, nous nous soutenons, nous partageons. Nous sommes trois individualités singulières, mais solidaires. Rien ne m'est plus étranger qu'une cohabitation ponctuelle, purement sexuelle, sans réciprocité. Notre mode de vie fonctionne un peu comme une fraternité religieuse non chaste. Le troisième décentre notre union et nous offre un autre regard.

Nos nuits répondent aussi à ces lois de l'hospitalité et du partage. C'est ensemble que nous accueillons le soir. Nous faisons l'acquisition d'un lit adapté, sur mesure, à la Samaritaine. Très pratique, il est composé de trois sommiers, trois matelas et trois couettes qui permettent à chacun de préserver le calme de son sommeil. Yann se lève souvent le premier. Il se glisse hors du lit, par le bas et le milieu, avec délicatesse, pour jouer plusieurs heures à des jeux en réseau comme *Civilization*.

Cela fait partie des contrastes que j'aime chez Yann : *gamer* invétéré, c'est un grand lecteur qui nous initiera à des écrivains comme Pierre Combescot ou nous lira chaque soir la *Recherche* de Proust, dont nous parcourrons ensemble l'intégrale. C'est après avoir vu au cinéma *Qui a peur de Virginia Woolf ?* avec Liz Taylor et Richard Burton que Yann nous amène à lire Woolf. Nous arpentons ensemble *Les Vagues*, avec une magnifique préface de Marguerite Yourcenar, qui en assura la traduction. Si j'associe Gilbert à Marguerite Yourcenar, Yann est lié à Virginia Woolf : le continuum entre la vie et la littérature se dessine parfois par d'extraordinaires carambolages. Notre complicité est charnelle autant qu'intellectuelle, et chaque nuit nous nous endormons en partageant une communauté de rêves. Forts de ce partage, nous sommes à la fois un et trois, semblables aux singes de la sagesse : Yann l'oreille, Gilbert l'œil, et moi la parole.

Progressivement, Yann va me guider en des territoires qui m'étaient relativement étrangers, au rythme de la culture *clubbing* des années 1990. Portés par la house et la techno, les lieux de fête sont aussi célébrés par une avant-garde littéraire qui va de Virginie Despentes à Bret Easton Ellis. Aux clubs plus établis, comme le Queen ou le Space, s'ajoutent des lieux plus interlopes à Londres, Berlin, Barcelone. Je me laisse entraîner dans de nocturnes échappées à travers l'Europe : au Trade, à Orange Nation, au Kitkat ou au Berghain. Avivés par les couleurs d'un monde dont je me sens désormais partie prenante, ma vision et mon regard de créateur évoluent. Cette nouveauté devient consubstantielle à la famille Jitrois et, par imprégnation, rejaillit sur la maison pour renouveler non seulement son esthétique, mais aussi sa communication. Toutefois, un élément fait défaut à cette immersion dans le *clubbing* contemporain.

« Ça ne marchera jamais si on ne partage pas ça », nous dit un jour Yann.

Contrairement à lui, héritier du film *Trainspotting*, nous ne consommons pas de drogue. Or, pour Yann, le rapport aux produits est important, car il prolonge l'expérience musicale et l'intensifie. La MDMA, ou ecstasy, est alors très en vogue. Je suis néanmoins méfiant, car je n'ai jamais eu besoin d'une béquille chimique pour profiter d'une vie que Yann, moqueur, qualifie parfois de « monacale ». Il est vrai que Gilbert et moi avons une routine de travail éreintante, ponctuée d'épisodes sexuels mais assez casanière. Yann tente de nous convaincre en citant une réplique de *Trainspotting*, lorsque Mark Renton, le héros, entend Diane lui dire : « Le monde change, la musique change, les drogues changent. »

Je mets un bémol à son enthousiasme en précisant que je n'aime ni la perte de contrôle, ni la violence que peut entraîner l'ecstasy. Il se veut rassurant. L'image de Michel Foucault me revient en mémoire : en 1975, à l'âge de 46 ans, le philosophe fit un road-trip sous LSD dans la vallée de la Mort en Californie, qu'il décrivit comme l'une des « expériences les plus importantes de sa vie ». J'en ai alors 51, suis en pleine possession de mes moyens et ne recule jamais devant une expérience inédite. Gilbert ne voit pas d'inconvénient à jouer le jeu, mais j'y mets une condition : pas d'excès, un lieu sans danger que l'on connaît, et leur présence à mes côtés. Je suis finalement curieux : que vais-je découvrir ? Que vais-je vivre ? Sous mescaline, le poète Henri Michaux a tenté l'expérience des drogues, qu'il décrivait comme une « connaissance par les gouffres » où se redistribue la sensibilité. J'accepte.

Nous convenons d'aller un samedi soir au Queen, boîte gay incontournable des Champs-Élysées, approvisionnés comme il se doit.

La foule s'agglutine devant la porte, suspendue au bon vouloir de Sandrine, la physio, entourée de molosses qui font respecter à la lettre ses décisions. Me connaissant par la presse, elle me repère immédiatement, nous nous embrassons et entrons en ignorant la file d'attente qui déborde sur la rue adjacente. Nous descendons quelques marches, déposons nos vêtements au vestiaire et sommes dirigés vers le carré VIP, au centre du club, face au bar. Une petite cordelette de velours sépare ce saint des saints du reste de la boîte. Un clone de Mister T. en régit l'accès.

Nous prenons place autour d'une table carrée, dans des fauteuils à l'esthétique rectangulaire très années 1980. Au-dessus de nous, de beaux garçons bodybuildés se suspendent à des filets ou s'y emmêlent pour danser. Les corps sont sculptés, ruisselants de testostérone. Un régal. J'observe cette pêche miraculeuse osciller au rythme d'un tempo qui m'enivre. Je me sens formidablement bien, entouré des deux hommes que j'aime, salué par quelques amis ravis et surpris de me retrouver là. Plus en hauteur, une petite coursive fait le tour du club, sorte de chemin de ronde pour garçons en chasse qui observent ou se draguent gentiment. Les volutes de tabac nous enveloppent et répandent leur brouillard, facilitant les étreintes au centre de la piste. Une longue file d'attente derrière le DJ marque la présence des lavabos, où l'on contente certains besoins, naturels ou pas, avec une décontraction juvénile.

Yann me donne discrètement un petit comprimé marqué d'un dauphin, qu'il m'enjoint d'avaler. Je le regarde, je regarde Gilbert – et hop ! Je gobe le poisson-pilule. Nous nous mettons à danser. D'abord avec légèreté, puis de plus en plus intensément, pénétrés par les vagues de techno. Tout est beau : les garçons, les tenues, les sourire, la vodka dont le jus transparent se perd dans des verres translucides. L'effet est fabuleux. Ma confiance est décuplée ; mon amour pour Gilbert et Yann, immense – de la taille du Queen ! J'ai ouvert une porte vers une sensualité nouvelle, des sensations délicieuses et excitantes. Je m'abandonne. L'ecstasy est une invitation au voyage et au lâcher-prise. Qu'il est doux de se sentir pulser comme une vague noyée dans l'océan, entouré de Gilbert et Yann. Sans culpabilité.

Cette expérience inaugure un rapport au collectif dont je ne suis pas coutumier : le contact électrisant avec les foules compactes, un sens de la transe propre aux *raves*. Lorsque nous retentons le même type d'expérience à Londres, au Trade, nous emmenons Véronique.

« Jean-Claude, prendre de la drogue ? » fait-elle, ébahie, en apprenant la nouvelle.

Le Trade est le temple de la hard house, enflammé par de légendaires DJ comme Tony De Vit. On y pénètre avec une nervosité juvénile, la *pre-rave tension*, vers 4 heures du matin le dimanche, en trois étapes qui prennent des heures : à l'extérieur, fouille en règle et files d'attente, dont une que nous évitons à cause du physio que Nicolas, un de nos amis, pourvu de la gouaille d'Arletty, trouve de loin « trop cruel ». Dans l'antichambre du club, le vestiaire : il faut patienter également. À l'intérieur, au niveau du *ground floor*, le long de Muscle Alley, se trouvent les différents stands de dealers, qui commercent avec le sérieux d'un épicier proposant ecstasy, amphétamines, LSD et kétamine. Toute cette marchandise forme des petits tas hétérogènes, présentés sur des tables dans de petites alcôves indiquant les tarifs. De tels stimulants ne sont pas de trop pour supporter le passage progressif de 120 à 170 bpm. Le *middle floor* est destiné à la techno et le *loft floor* à la house. L'ensemble forme un décor très sombre, de style industriel, où des mecs hyper-musclés roulent des épaules en se matant. Les lumières saccadées des lasers donnent à l'ensemble une atmosphère de science-fiction, style *Alien*.

Le Trade est alors, pour Yann, Gilbert et moi, un lieu de célébration de notre vivre-ensemble : nous y allons tous les trois et ne songerions jamais à nous y rendre seul ou à deux. C'est aussi cela que je définis comme l'essence du *clubbing* : non pas un plaisir solitaire où chacun danse loin de l'autre, mais le collectif, les amis, la proximité heureuse. Le condensé de ce que j'aime, de ce qui m'émeut, de ce qui me porte. Le sel de ma vie. Le *clubbing*, c'est aussi un exercice de dévoilement. On accepte sans pudeur de danser, de se montrer librement et de partager en toute confiance ce moment de vulnérabilité. Ni force, ni faiblesse : juste la conscience d'un moment privilégié. La présence de Gilbert et Yann me soulève, me rassure et me fait du bien. Je suis heureux. Nous rentrons les pieds en sang, ravis et souriants. Nous aimons descendre au Cliveden Town House et prenons soin de demander invariablement la même chambre. J'y cache, prévoyant, les ecstasys restants derrière un tableau, pour les récupérer au prochain voyage.

Nous découvrons Londres et ses trésors, dont la galerie Saatchi & Saatchi et ses fabuleux artistes : Damien Hirst, Grayson Perry, Tracey Emin, et surtout Louise Bourgeois à l'ouverture du Tate Modern. Son immense sculpture de métal, intitulée *Maman*, qui figure une araignée monumentale créée pour l'inauguration du musée, me bouleverse et s'imprime durablement en moi. Depuis, j'associe Londres à cette artiste, tant cette ville-araignée attire les créateurs les plus prolifiques et les plus excentriques dans sa toile. D'ailleurs, ses nombreuses galeries font de la capitale anglaise une avant-garde de l'art contemporain. C'est notre découverte du Trade qui sera décisive dans le choix d'ouvrir une boutique sur Sloane Street.

En 1998, Londres est le creuset de bouillonnements multiples, tout d'abord politiques : Tony Blair prend ses fonctions en 1997, année de la mort de Lady Di. Favorisé par une conjoncture économique positive, son charisme marque un nouvel élan. Je retrouve la vitalité que j'ai connue à New York lors de mon premier voyage : tout semble alors possible.

C'est dans ce contexte que le footballeur Emmanuel Petit va donner l'impulsion définitive à notre projet londonien. Emmanuel est un footballeur de génie, membre de l'équipe de France lors de la Coupe du monde de football de 1998. Tyen a réalisé une série de photos pour notre campagne publicitaire avec David Fumero, vêtu d'un manteau beige qui a attiré l'attention d'Emmanuel. Fumero y est remarquable, le torse nu et les hanches saillantes en saint Sébastien maniériste. Le footballeur vient une première fois à la boutique pour y acheter un Skin Jean. Yann le reconnaît. Ayant tout de suite apprécié l'homme, nous suivons avec ferveur la Coupe du monde et exultons lorsqu'il marque le dernier but historique qui rapportera à la France son trophée. Il revient ensuite au 38 avec Ariane, sa compagne. Depuis la Coupe du monde, il est devenu un héros national. Emmanuel adore mes créations ; Ariane les dévore.

Je crée avec lui un lien amical et spontané. Nous allons dîner au Costes et j'évoque mon engouement pour Londres. Il m'écoute et m'encourage à y ouvrir une boutique Jitrois. Il est même partant pour y investir à hauteur de 50 %, car il habite la ville et joue pour Arsenal ! Tout s'enchaîne. Yann, fort de son énergie habituelle, trouve l'agent immobilier idoine qui déniche la boutique de Sloane Street. Cette rue nous est familière, car proche du Cliveden. Dans la foulée, nous concevons une décoration en jersey blanc qui dispense une clarté digne du Korova Milk Bar d'*Orange mécanique* de Kubrick. L'ambiance de la boutique est très chic, un peu éthérée, et mêle une ambiance *sixties* à des éléments plus agressifs, dans le plus pur style Allan Jones. Le décalage entre la rue très sophistiquée et la boutique à la déco provocante est volontaire.

Notre clientèle y est plus fortunée qu'à Paris, et plus internationale aussi. Emmanuel Petit et Ariane deviennent des amis, si bien que celle-ci, après leur séparation, dirigera la boutique. Grâce à eux, nous bénéficions d'ambassadeurs exceptionnels en la personne d'autres stars du ballon rond, comme Zinédine Zidane, Didier Drogba ou David Ginola, alors au sommet de leur carrière. Le Skin Jean les séduit, car il n'a pas le côté sexualisé du cuir stretch noir et confère une allure très masculine.

Les grands sportifs ne me sont pas étrangers puisque j'ai habillé Mike Tyson, Michael Schumacher ou Surya Bonaly. Je remarque que la marque leur plaît, probablement en raison du contact entre la matière et le corps, de l'aspect que prennent mes pièces de cuir sur leurs silhouettes affûtées. Nous attirons aussi une clientèle plus exclusive, comme Sir Robert McAlpine, un des plus importants constructeurs immobiliers de Grande-Bretagne, dont l'épouse vient s'habiller à Sloane Street ; suivent lords et ladies, dont l'apparence policée dissimule une excentricité toute britannique.

Londres devient ma seconde maison. Grâce à l'Eurostar, je m'y rends en général du vendredi au mardi avec Yann et Gilbert. Nous voyageons léger, car notre trouple choisit de tout avoir en double : brosses à dents, rasoirs, vêtements, comme une troupe de fashion comédiens bohèmes et itinérants. Notre appartement londonien est à deux pas du point de vente et notre directeur français, Jean-David Malat, l'occupe en notre absence pour diriger avec panache la boutique de Sloane Street.

Comme à notre habitude, nous travaillons d'arrache-pied, mais intégrons une routine de *clubbers* réguliers, emmenés par Yann, à notre routine de *workaholics*. Grâce à lui, je comprends que le Royaume-Uni a la meilleure culture club du monde. Elle est le fruit de la mode. En effet, dès la fin des années 1960, Londres s'anime de manifestations des « *King Mobs* », qui sont autant de formes de contestations artistiques. Ils inspirent Malcolm McLaren, le célébrissime producteur des Sex Pistols, et s'expriment dans les rues ou dans les allées de Camden Market où j'aime flâner. On y déniche des trésors. McLaren et sa compagne, Vivienne Westwood, que je rencontrerai plus tard dans d'amusantes circonstances, ouvrent le SEX, boutique de ralliement de la sous-culture contestataire, dans les années 1970. On y trouve en vrac des vêtements, des œuvres d'art *destroy* : tout ce sur quoi va se construire le mouvement punk. C'est avec ce mouvement et la force de la musique des Sex Pistols que naissent les clubs les plus underground, dont Londres est l'épicentre – voilà pour la généalogie du Trade.

Pour moi, le *clubbing* est une histoire d'art, de contestation et de révolution. Le jour, ses adeptes déploient vêtements, looks, performances. Le cuir participe de cette mythologie : l'uniforme punk intègre en le détournant le perfecto, qui s'orne d'éléments en denim ou d'épingles à nourrice. La nuit, le club ou la boîte deviennent un espace autant qu'un moment de célébration païenne pour marginaux dont la musique est le mantra. Être un *clubber* ne signifie pas aller en boîte une fois par semaine, le samedi soir. Être *clubber*, c'est s'intégrer à un mode de vie plus vaste, qui diffuse ses codes de façon continue.

Je m'imprègne de cette énergie, de cette créativité fébrile dont l'acmé est pour nous le Trade. Le *clubbing* me rend joyeux et inventif. Cette éthique de la fête marque la genèse de mes soirées rue de Rivoli, où les « Jitrois », Gilbert, Yann et moi, comme nous a surnommés Éric Dahan, reçoivent le Tout-Paris de la mode et du spectacle. J'aime ce mélange entre Londres et Paris, ces deux cultures opposées en surface, mais créativement proches. Ce *melting pot* de sensations et d'images, de couleurs nouvelles et de climats antithétiques se répercute sur ma vision de la marque : je redécouvre l'intensité de mes débuts. Mes modèles s'avivent au contact de cette intense circularité émotionnelle découverte à Londres, et qui attise mon amour pour Gilbert et Yann.

Afin de rendre la marque plus visible, Yann, fort de son expérience média, nous recommande de séparer les supports, c'est-à-dire les magazines, pour notre diffusion. Nous décidons de diversifier notre communication : pour fonctionner, un produit doit être vu au moins trois fois par le client. Nous jouons donc sur une stratégie de visibilité qui allie la publicité, que nous gérons de A à Z avec Tyen par exemple, et le rédactionnel, qui consiste à donner carte blanche à un artiste pour imprimer sa vision de la marque. De fait, les plus grands photographes sont au cœur de notre stratégie éditoriale.

Helmut Newton participe aussi à cette aventure : nous avons déjà travaillé avec lui à Monaco avec Sarah Marshall, mais nous voulons quelque chose de novateur, de différent et, pour lui, de moins confortable. J'en discute longuement avec lui.

« Je veux des morceaux de femme », me demande-t-il.

Nous demandons à un atelier qui fabrique des décors pour l'Opéra Bastille de créer des sculptures en polystyrène figurant des parties démesurées du corps féminin. Puis s'organise la séance photo avec Newton et son épouse, Alice Springs, dans un paysage de banlieue semi-industriel, où ces formes de polystyrène sont entièrement habillées en Jitrois. Comme Hitchcock dans ses films, Newton apparaît indirectement sur chacun de ses clichés. Ce travail donne naissance, en 1998, à un calendrier d'inspiration surréaliste. Les images en noir et blanc à la Man Ray célèbrent de façon troublante une femme pulsionnelle, dont les formes dévorent parfois l'image : un dahlia noir fait de cuir. Ces photographies figureront parmi ses grandes réalisations et sont aujourd'hui exposées à la Fondation Helmut Newton de Berlin.

En 1999, nous créons un objet racé, sorte de court bréviaire, intitulé *Les Fleurs*, où nous conjuguons les dessins de Thierry Perez aux photographies des Cyclopes. C'est presque un manifeste néo-dadaïste qui intègre nos créations et nos modèles aux arts visuels. Ce travail de création connaîtra une de ses plus spectaculaires réussites sous l'égide de Karl Lagerfeld, avec qui un premier contact indirect s'établit à plus de 2 000 kilomètres/heures dans les airs.

De mes *trunk shows* new-yorkais, je me souviens surtout de Régine et de sa force de travail. Elle prend le Concorde deux fois par semaine pour animer ses clubs parisiens et son Reginette à New York. À son exemple, c'est à la faveur d'une promotion exceptionnelle que je réserve trois billets pour un trajet Paris-New York en Concorde. L'élégance du design de l'avion, symbole prestigieux d'un temps que l'on sait déjà aboli, m'émeut immédiatement. Circonstance singulière : Yann est le petit-fils d'un astronome directeur de l'observatoire de Nice et fou d'avions.

Le Concorde est un monde à part. Un lounge cosy est réservé aux voyageurs, invitant au calme et à la détente. Puis nous nous installons dans la minuscule cabine parmi les *happy fews*, engoncés dans des fauteuils clairs et haut placés. Lors du décollage, je suis littéralement collé à mon siège et ressens physiquement toute la puissance de l'appareil. L'excitation cède le pas à l'ébahissement lorsque j'aperçois le ciel violet et les courbures de la Terre à travers les minuscules hublots. Je me sens euphorique, grisé par les hauteurs. Dans le Concorde, on peut à loisir croiser des personnalités dont le nom évoque à lui seul la stratosphère. On y déguste des mets d'exception, la fine fleur de la cuisine française. Je sirote du champagne de la maison Cattier à une température parfaite, conscient de voler à Mach 2 et heureux de partager ce moment avec Gilbert et Yann. Les hôtesses sont aux petits soins. Nous sommes une dizaine de passagers, unis par l'excitation de voler dans cette petite fusée. On y parle doucement, bercé par le léger souffle de la climatisation ou la lumière tamisée de petits plafonniers individuels.

Cette ambiance est propice aux conversations et nous rencontrons Gilles Dufour, le collaborateur de Karl Lagerfeld, accompagné du top model Inés Sastre. Je la connais pour ses défilés, mais aussi pour son parcours hors du commun, qui a conduit cette jeune femme espagnole à obtenir une licence de lettres à la Sorbonne en 1996. Je lui souris, car je suis touché, en elle, par l'alliance entre la beauté d'une infante et la finesse que la littérature accorde aux sourires. Ému, je discerne en elle mon *anima*, mon double féminin, qui porte un vêtement comme on lit un livre, en le déchiffrant, en le vivant. Notre conversation est douce et légère. Yann amuse beaucoup Gilles Dufour, qui se marre, sensible à ses traits d'humour. Il associe Jitrois aux bandelettes de cuir et connaît très bien notre travail. Conquis, il nous propose tout naturellement de rencontrer Karl Lagerfeld.

« Passez-moi un petit coup de fil et je vous présenterai Karl. Je suis sûr qu'il sera ravi de faire une séance photo avec vous. »

Nous terminons ce voyage sur une note de bonne humeur. Nous avons tous profité de ce moment. L'altitude donne de la légèreté aux relations humaines et le monde me semble moins dramatique à 18 000 mètres au-dessus du sol. Inés, Gilles, Gilbert, Yann et moi sommes revigorés par cette délicieuse parenthèse aérienne. Nous regrettons de nous séparer, mais promettons de nous revoir vite.

De retour à Paris, nous fêtons l'anniversaire de Yann et invitons bien entendu Gilles Dufour. Nous avons voulu une décoration qui rappelle le Concorde et l'intérieur de la boutique de Londres, à la Allen Jones. Au plafond, nous fixons d'immenses capotes en jersey blanc, remplies de sable, dont le mouvement de balancier est amusant et incertain. Au détour d'une conversation, Gilles Dufour me fait part de son intérêt pour la marque Jitrois, dont le côté créatif et hétérodoxe intéresse Lagerfeld. Lorsque Yann le rappelle quelques jours après, il nous confirme que ce dernier souhaite nous recevoir afin de voir certains de nos modèles.

Yann et Gilbert se rendent chez lui, rue de l'Université, à l'hôtel Pozzo di Borgo, dit aussi hôtel de Maisons, du nom du marquis de Maisons qui l'habita dès 1707. Il est aujourd'hui propriété de la République du Gabon. Passé la cour pavée, on débouche sur un vestibule où se déploie le grand escalier en pierre qui monte à l'étage. On les introduit dans un immense et somptueux appartement, décoré de boiseries XVIIIe ornées d'allégories diverses. Un dîner y est organisé autour d'une immense table ronde stylisée pour une assemblée de convives iconiques et de top models de premier plan. Ce cénacle, dont le naturel sophistiqué évoque les protagonistes d'une *dolce vita*, en paraît irréel. Les livres achetés chez Galignani sont présents partout, classés dans d'immenses bibliothèques ou empilés en tas, du sol au plafond.

Karl Lagerfeld se lève de table, salue Gilbert et Yann avec son accent caractéristique. Il les fait pénétrer, au son des craquements du parquet à la française, dans un grand salon attenant qui lui sert de studio photo. Chez un photographe, c'est un signe de confiance que de dévoiler ainsi l'intimité de son travail créatif. Karl vient d'achever un shooting et tout est encore en place : l'éclairage très précis, la disposition des meubles… Gilbert et Yann ont sous les yeux l'essence de son travail et de sa technique. En cinéaste, Truffaut a révélé tous ses secrets dans *La Nuit américaine*. En photographe, Lagerfeld leur dévoile les siens dans ce salon luxueux qui sent la poussière et l'encaustique.

Yann et Gilbert en sont à la fois honorés et intimidés. Ils notent qu'il travaille avec des plaques photographiques faites de verre et de sels d'argent. De l'alchimie, du grand œuvre. Ils lui présentent certains modèles. Courtois et sérieux, Lagerfeld les observe, très concentré, alors que leur parviennent, ouatées et lointaines, les conversations de ses hôtes. Il réfléchit et propose de réaliser une série de photographies qui nécessiteront la création de pièces très précises par la marque : grands manteaux, bandes de cuir de style vénitien, robes de cuir cousues sur de l'organza. Bien entendu, il choisira lui-même les mannequins. Il est d'ores et déjà décidé à réaliser un travail inspiré de Léon Spilliaert, illustrateur et lithographe d'Ostende mort en 1946. Beaucoup plus tard, le chanteur Arno déclarera que Spillaert est un de ses principaux inspirateurs.

Huit jours plus tard, je reçois les six clichés de Karl. Mon cœur bat la chamade tant je suis impatient de découvrir son travail. Je m'interroge, j'hésite. Vais-je être déçu ? Conquis ? Je tremble un peu. L'émoi me saisit au fur et à mesure que je découvre les photographies. Je suis bouleversé. Karl n'a pas réalisé une simple série de clichés : il a regardé, compris mon travail, et il l'a retranscrit par l'entremise d'un miroir symboliste. De la lumière en clair-obscur émergent des corps et des visages aux regards évanouis, un univers immobile dans lequel la parole semble impossible. Seuls les corps parlent, et c'est le langage du cuir. Une matière sombre, vivante, enveloppe des anges de glace. Ils ont l'apparat des gisants. Karl est parvenu à déambuler au cœur de l'imaginaire Jitrois – une flânerie nocturne qui en révèle presque l'inconscient. Je m'observe dans ces clichés, me mire dans les bandes de cuir dont les irisations habillent et déshabillent les modèles, hommes et femmes.

C'est comme si Karl avait compris mon rapport au cuir, matière qui m'accompagne depuis mon enfance et le blouson de mon père. Sa force est de saisir l'essence de Jitrois dans l'interstice des apparences : il ennoblit autant qu'il subvertit. S'il puise son inspiration chez Spilliaert, il trace des sentiers nouveaux pour moi. Ce ne sont pas des personnages que capture Lagerfeld, mais des « âmes de nuit » dont l'aura, certes éloignée de la marque, dévoile un double insoupçonné de son esthétique. De fait, les photos seront publiées dans le *Vogue Paris* de mars 1998, surprenant tous ceux qui pensaient tout connaître de Jitrois.

Quant à moi, je suis transporté de bonheur et d'autant plus touché que Karl m'offre les négatifs uniques de son travail. Pour le remercier, je décide, fidèle à mon habitude, de lui envoyer des fleurs, comme je l'ai fait pour Helmut Newton au moment de le remercier de ses « morceaux de femmes ». Celui-ci a d'ailleurs tellement aimé mes arums qu'il les a photographiés dans sa chambre du Royal Monceau, avant de m'envoyer le cliché dédicacé. Je me rends donc chez Lachaume, rue Royale, le plus illustre et le plus ancien fleuriste de Paris : Marcel Proust y avait ses habitudes. Lorsque je demande une brassée de roses blanches et que j'informe le fleuriste du destinataire, celui-ci me rétorque, très professionnel : « Monsieur Lagerfeld déteste les tiges longues. » Or Lachaume a fait des tiges longues une de ses spécialités. Qu'à cela ne tienne : je lui demande d'équeuter les fleurs. Puis j'ai l'idée de les placer dans des timbales de vermeil que je collectionne avec minutie depuis bientôt vingt ans. La maison Lachaume place le tout dans un magnifique panier rempli de mousse, puis l'envoie à Karl, rue de l'Université. Il y répondra quelques jours plus tard par ce mot manuscrit :

Cher Ami,

Merci d'abord pour le somptueux cadeau et la très gentille lettre.

Je suis ravi que les photos vous plaisent. C'est amusant parce que c'est tellement différent de ce que vous faites d'habitude. C'est cela qui m'amusait de faire.

Votre équipe a été formidable et je dois aussi vous féliciter pour la qualité exceptionnelle de vos cuirs (et aussi du travail impeccable). Bravo !

Très amicalement vôtre et à très bientôt peut-être,

Karl

À la même époque, une totale inconnue fait son entrée dans la boutique du 38. Véronique l'accueille sans bien comprendre ce qu'elle désire à cause de son accent québécois prononcé pendant qu'elle lui demande avec un naturel déconcertant si nous pouvons descendre à Monaco pour présenter nos modèles à sa sœur. Elle nous présente une page arrachée d'un numéro du *Vogue Paris* où Sarah Marshall pose en bustier de cuir brodé or.

« C'est la tenue que ma sœur voudrait porter aux World Music Awards de 1997. »

Véronique la toise et comprend progressivement que sa sœur est en fait Céline Dion. Avec fébrilité, elle nous fait part de cette demande et nous convainc de descendre à Monaco. C'est une véritable équipée que nous préparons avec l'effervescence qui nous caractérise, car je dois également réaliser une robe pour la prestation de la chanteuse. *Ex nihilo*, dirais-je, car je ne l'ai même pas rencontrée. Je me lance dans une véritable enquête policière afin de déduire sa taille, la largeur de son buste et son tour de hanches : je scrute la presse *people*, les couvertures des magazines à ma disposition ou les prestations qu'elle a enregistrées à la loupe. J'observe, je dessine, je jauge et choisis une matière or et stretch, afin que sa respiration et sa voix ne soient pas contraintes. Je travaille à l'intuition et transmets mes croquis, une robe en cuir doré rebrodé taille 34, à l'atelier de François Métreau.

Pour la cérémonie, je choisis de m'inspirer du bustier doré de *Vogue* qu'a apprécié Céline et j'y adjoins une étole en plastique transparent, brodée de cuir doré et irisé. Je songe à la Callas et à son habitude de porter cet accessoire, symbole des grandes chanteuses d'opéra. J'imagine pour Céline un look à la Casta Diva, qui renvoie justement à la cantatrice, à ses gestes et à son style de grande tragédienne.

Pendant ce temps, Gilbert et Yann préparent les portants qui nous accompagneront dans ce voyage, autant dire l'ensemble de la boutique ou presque : robes, bustiers, vestes ; nous choisissons non seulement des pièces iconiques, mais aussi des réalisations plus récentes. Avec l'euphorie que crée l'inattendu, Véronique, Gilbert, Yann et moi descendons à Monaco dans une atmosphère joyeuse et impatiente, chargés de toute la collection.

Dès notre arrivée, nous chargeons Véronique de faire parvenir la robe à Céline et de la lui passer. Avec une certaine nervosité, Gilbert, Yann et moi attendons son feedback. Tout est possible : refus ou enthousiasme, la coupe qui ne convient pas, la matière trop voyante. Véronique revient, essoufflée.

« La robe lui va impeccablement, mais elle n'a pas d'escarpins assortis. Et elle doit essayer les robes d'autres couturiers avant de se décider. »

Rien n'est joué. Mais j'adore ce type de défi. Il est déjà 17 heures et nous écumons les boutiques de chaussures en hurlant et en riant. Pour être certains de ne pas faire d'erreur, nous optons pour quatre paires que nous faisons livrer. Nous formulons toutes les conjectures possibles : l'ensemble conviendra-t-il ? d'autres créateurs nous ont-ils déjà doublés ?

Le soir même, nous sommes conviés à la cérémonie qui récompense Céline Dion en tant que « *best-selling Canadian artist* ». C'est Stéphanie de Monaco qui ouvre la soirée, face à un parterre de stars qui compte bien entendu son frère, le prince Albert de Monaco.

Je suis heureux de revoir Stéphanie et ne peux m'empêcher de repenser aux magnifiques photos de la princesse en cabochon bleu et vert, ou vêtue d'une robe de soirée bleu turquoise. J'aime Monaco, pas seulement pour les heures d'analyse auxquelles j'ai participé là-bas, mais aussi car le destin de Jitrois est lié à ses princesses.

Retour sur scène : Stéphanie invite Halle Berry et Bon Jovi à la rejoindre, pour remettre à Céline son prix. Celle-ci est invitée à chanter « Call the Man » sur scène.

Nous sommes tous un peu tendus : une catastrophe peut toujours advenir, la robe se déchirer ou gêner les gestes de la star. Je retiens mon souffle quand retentit le début de la chanson. Céline apparaît au milieu du chœur, merveilleusement vêtue de ma robe qui lui fait une silhouette dorée comme l'Adele Bloch-Bauer de Klimt. Un écrin irisé qui sied à ravir à la « *golden voice of Canada* », comme l'a surnommée Halle Berry. Sa prestation est très applaudie. Lors de la remise du prix, je remarque que les reflets blonds de sa chevelure sont au diapason du cuir de sa robe, tout comme ses discrets bijoux en or. Je suis soulagé et heureux. Mon œil ne m'a pas trompé. Détendu, je peux profiter du spectacle sans inquiétude. Non loin de moi, je reconnais un Julio Iglesias souriant.

Au dîner, après le show, Céline porte l'étole, dont elle s'enveloppe avec naturel. Elle en a saisi la gestuelle. Avec la gentillesse et le charmant accent qui la caractérisent, elle me remercie très chaleureusement et nous demande de venir le lendemain à l'hôtel de Paris afin de lui présenter la collection.

Nous nous y présentons donc avec les portants et l'ensemble des pièces. Ce palace Belle Époque, inauguré en 1864, respire l'art de vivre des grandes familles européennes du début du xxe siècle et leur passion pour la French Riviera. Son bar américain est un lieu légendaire de Monaco, où, dans une ambiance années 1920 à la *Gatsby*, la jet-set se régale de ses exceptionnels cocktails signatures, gins et autre. Nous en profiterons une autre fois…

Céline occupe une des plus belles suites de l'hôtel. Elle nous accueille avec son amabilité coutumière et nous pénétrons dans un magnifique salon baigné par le soleil monégasque. Elle est radieuse, en pleine forme, sa maquilleuse à ses côtés. Elle me remercie à nouveau pour la robe et nous bavardons tous très spontanément. Nous nous tutoyons immédiatement et je comprends à son sourire que cet essayage n'aura rien de guindé ni de formel.

« Oh, Jean-Claude, j'adore ça, dit-elle en m'indiquant un bustier de cuir. Est-ce que je peux l'essayer ? »

L'essayage commence alors avec une Céline guidée par son goût et sa spontanéité. À aucun moment, elle ne rompt notre conversation : elle choisit, essaie en me demandant mon avis ou en se tournant vers Véronique. Elle ne recherche pas la distance ou l'isolement. C'est un travail d'équipe. Tout est sujet à échanges, avis, interrogations et rires. Une partie de plaisir que nous immortalisons par des photos où, hilares, nous avons tout d'une bande d'ados en goguette. Nous faisons quelques pauses, au cours desquelles je discute avec Céline, chez qui je décèle une sincérité inhabituelle pour une star de son calibre. Je reconnais la volonté, le travail acharné en elle. Nulle arrogance, mais une détermination indéfinissable. Je comprends que, sur scène, rien n'est laissé au hasard par Céline. Le processus artistique lui demande un engagement total. Aucune oisiveté. La scène est une machine qui l'avale, la transforme, lui impose ses codes – un tour de force. De cette tension, qui est aussi une torsion, naît le personnage de

Céline Dion. Sous la direction de son manager et époux, René Angélil, elle est parvenue à exprimer un potentiel qu'elle-même ne soupçonnait pas. C'est de cette discipline qu'est née la chanteuse. Tout a été appris : marcher, bouger, parler, chanter, se tenir sur scène. Son corps est le script de cette éducation quasi militaire, qui réclame des efforts constants et soutenus. C'est le destin de tout artiste. Claudia Cardinale ne disait-elle pas du cinéaste Luchino Visconti qu'il l'avait « dressée à être belle » ? Intuitivement, je repense à la Callas : après sa première rencontre avec Visconti, elle a accepté de se plier à toutes ses exigences. Il l'a habillée à sa guise et lui a fait perdre trente kilos. Un régime spartiate et douloureux qui permettrait à la Callas de chanter, en 1955, la *Traviata* du siècle – et d'enchaîner les succès et les rôles.

C'est justement ce vernis de star internationale qui cède progressivement chez Céline Dion lors de cette séance d'essayage. Chaque tenue lui permet de passer librement d'un personnage à l'autre : pom-pom girl en tenue colorée, femme fatale en bustier de cuir, néréide en petite robe bain de soleil à bretelles. Chaque essayage est le moment de rejouer un bref psychodrame, où, loin de se perdre, Céline renoue avec la petite fille qu'elle était. Je l'encourage et la guide. L'armure cède. Le vêtement lui redonne le sens du jeu : elle peut en toute confiance laisser de côté la star pour jouir d'un moment d'entière liberté. À ses côtés, je me sens aussi thérapeute. J'aime voir advenir en elle cette intimité avec soi que la scène l'a contrainte à abandonner. J'aime être le catalyseur de cette éclosion, comme je le fus et le serai avec de nombreuses stars. L'art d'être soi, le soi que justement la lumière et le spectacle effacent derrière l'icône.

Pendant toute notre séance, René Angélil, silencieux, est occupé dans l'autre pièce. Il ne dit rien. N'intervient pas. Il marque juste une surprise en lisant le montant de notre facture.

« Vous l'enverrez à ma comptabilité, à New York », dit-il à Véronique.

Mais Céline, heureuse et reconnaissante pour ce moment, lui demande de nous régler tout de suite afin de se montrer agréable. Il s'exécute sans discuter. Nous ressortons un peu grisés et ravis par cette séance d'essayage. À nous quatre, nous formons une véritable petite bande, réunis par le travail, l'audace et une certaine folie.

Ces succès auprès des professionnels, de la presse française et du public, entraînent une demande croissante, qui nous fait évoluer vers de nouvelles techniques signature, dont l'emblématique Minoray et surtout le Skin Jean. Celui-ci est né d'une volonté d'élargir notre clientèle afin de ne pas demeurer une marque de niche trop exclusive. Il nous faut donc une gamme d'appel : j'ai l'idée d'un cuir teint en blanc avec double teinture bleue qui rappelle un jean. C'est une pièce qui confère à la fois un look décontracté et sportif. Surtout : elle est lavable en machine.

Pour son lancement, j'organise un événement presse inédit rue de Rivoli qui a tout du *happening* situationniste et rappelle mes premières boutiques. J'achète des machines à laver et des étendoirs que je fais livrer dans le grand salon Napoléon III, au parquet point de Hongrie et aux moulures blanchies. Le contraste saisissant répond à mes attentes : j'aime ces oppositions entre le chic et le provocateur, le faste d'un décor majestueux et l'utilitarisme d'une blanchisserie. Je suis parfaitement à mon aise dans l'un et l'autre. On ne peut être créatif si l'on est snob. Je m'amuse déjà des réactions des journalistes de mode. J'installe une planche devant les lave-linge et, lorsque la presse arrive, c'est tout sourire que je commence à repasser un jean en cuir au fer chaud. Les odeurs de lessive embaument le grand salon et le bruit sourd et régulier des lave-linge complète l'ensemble. Dans cette chaleur humide de pressing, des jeans tournent dans les machines ou sèchent de-ci de-là, transformant les lieux en laverie Jitrois. Je papote avec les uns et les autres, fer à la main, en commentant la praticité du cuir et la manière dont il se prête au repassage. Sur les étendoirs suspendus au plafond repose une partie du linge : nous ne sommes plus rue de Rivoli mais dans *L'Or de Naples* de Vittorio de Sica. On s'attendrait presque à voir surgir Sophia Loren !

L'événement fait le buzz, car nous sommes visibles un peu partout : *Vogue*, *Elle*, *Marie Claire*. Le succès est immédiat et nous permet d'investir des lieux de *retail* en vue, comme Leclaireur ou Isetan au Japon. Les nouveautés marchent bien. On peut parler d'un moment Jitrois. Le travail de Yann nous permet, outre les photos et les magazines, de nous faire diffuser dans plus d'une vingtaine de boutiques de mode parmi les plus influentes au monde, y compris à Hong Kong, chez Joyce Ma. Adoubés par la presse, nous pénétrons enfin le milieu très fermé des acheteurs de mode.

Grâce à Sylvie Chou, directrice de l'espace créateurs, nous entrons aux Galeries Lafayette, aux côtés de Vivienne Westwood, Jean-Paul Gaultier, Paco Rabanne et Yohji Yamamoto. Premier stand jouxtant l'escalator, cet emplacement idéal à l'étage luxe n'a rien à voir avec notre corner obscur de la Trump Tower. Le truculent Marc Diaz, fidèle depuis l'avenue Montaigne, y exerce ses talents auprès d'une clientèle très internationale et amuse de sa gouaille l'ensemble de l'étage. Il y sert la jeune Beyoncé, chaperonnée par sa mère pour une tenue qu'elle portera le lendemain aux MTV Video Music Awards de 2003. Notre stand performe de façon exponentielle et bat tous ses concurrents.

Madame Meyer, propriétaire des Galeries Lafayette et héritière unique de cet empire parisien, demande à Sylvie Chou de consulter l'ensemble des créateurs de l'étage pour la direction artistique de la saison du blanc. Elle souhaite une création originale sur le thème du mariage. Elle choisira la proposition qui lui plaît le plus et qui jouira donc d'une visibilité exceptionnelle.

« Allô, Yann ? C'est Sylvie. Sylvie Chou. On organise un événement autour du mariage pour la saison du blanc. On cherche quelque chose d'original. Tu as une idée ?

– Une idée sur quoi ?

– Sur le mariage. »

Grand blanc.

« Yann ? Tu es là ?

– Tu sais, nous, le mariage, c'est pas vraiment notre truc. Sauf le mariage à trois.

– Très bonne idée ! Je te rappelle d'ici deux semaines. »

Lorsque Yann nous en parle, Gilbert et moi nous en amusons et, rapidement, nous oublions la proposition de Sylvie. Deux semaines plus tard, nouveau coup de fil.

« Allô, Yann ? C'est Sylvie. Sylvie Chou. Le *board* a adoré ton idée et Léone Meyer est emballée.

– Quelle idée, Sylvie ?

– Le mariage à trois. Vous avez trois semaines pour finaliser votre projet. À bientôt. »

Gilbert, Yann et moi tombons des nues. Nous imaginions les Galeries Lafayette comme un lieu bourgeois, gentiment conservateur. C'est tout l'inverse. On se tourne alors vers des amis chics, géniaux et un peu déjantés comme le styliste Jacky Rezno, les photographes Cyclopes et le graphiste Thierry Perez. Nous incluons aussi des créatifs comme François Métreau et soumettons un appel d'offres aux Beaux-Arts de Paris. J'assure avec Jacky la direction artistique du projet, d'où surgissent de magnifiques intuitions créatives et une installation finale qui se veut une trilogie sur le mariage. Nous la déclinons en trois créations simultanées sur notre stand.

- Une série de portraits de mariage classiques des années 1950, pris en pied par les Cyclopes et affichés du sol au plafond : le mari, la femme et un tiers homme ou femme qui vient court-circuiter la représentation binaire du couple.

- Trois vieux écrans de télévision renversés verticalement et juxtaposés qui diffusent chacun l'intérieur d'une cabine de douche où l'eau coule en continu. Une suite d'étudiants et d'étudiantes des Beaux-Arts se succèdent pour se doucher, sans rien dissimuler de leur nudité. La juxtaposition des trois écrans et de leurs protagonistes électrise le public, comme un jackpot de possibilités.
- Jacky Rezno propose de finaliser l'installation avec un film très personnel sur Adam et Ève où, surgissant dans un éclair, un serpent androgyne incarné par Vincent Mc Doom, bouleverse le traditionnel duo époux/épouse.

Enfin, en caractères verts sur fond noir tout autour du stand, l'article 212 du Code civil défile en boucle : « Les époux se doivent mutuellement respect, fidélité, secours, assistance. Les époux assurent ensemble la direction morale et matérielle de la famille, etc. »

L'inauguration du stand a lieu à 20 heures, à la fermeture du magasin, dans une ambiance festive et décalée. Kenzo est là ; Vivienne Westwood aussi, au bras de son compagnon, le couturier autrichien Andreas Kronthaler. Vincent Mc Doom saisit l'assemblée en apparaissant vêtu d'une combinaison Jitrois moulante de résille blanche, brodée de roses de cuir et d'épines qui enserrent son corps. Gilbert, Yann et moi, les Jitrois, nous prenons au jeu, amusés, sous l'objectif des photographes, entre deux coupes de champagne. Mon attaché de presse, Alexis Barichella, déboule doublement menotté à son mari et à leur meilleure amie. Madame Meyer est ravie, ce qu'Agathe Godard s'empresse de chroniquer dans *Paris Match*, à l'unisson de toute la presse parisienne. Le lendemain matin, en revanche, une partie de la clientèle des Galeries Lafayette manque de s'étrangler, confrontée à la nudité des étudiants des Beaux-Arts sur les écrans en haut des escalators. Dans la journée, les écrans indiscrets seront éteints.

Pendant dix ans, ce stand de 25 m^2 nous garantira un chiffre d'affaires qui bat tous les records de vente.

Le succès de la maison et le travail intense qui l'accompagne ne nous privent pourtant pas de vacances festives et créatives, en particulier à Ibiza.

Pour certains, Ibiza, c'est la plage. Pour moi, Ibiza, c'est une pulsation. Celle du son et de la musique électro. Si le Trade nous a appris Londres, le Space nous apprend Ibiza. Au hasard d'une de nos premières locations, nous jetons notre dévolu sur une charmante maison non loin du Space. C'est une boîte mondialement connue, qui, depuis sa création en 1989, attire une caste de *clubbers* confirmés et exigeants. Les plus grand DJs s'y produisent, Robbie Rivera, Sven Väth ou Erick Morillo, des noms à faire se pâmer n'importe quel producteur de label. À Ibiza, les DJs sont comme des dieux, leur Olympe est le Space, et nous, leurs zélotes dévoués.

C'est ainsi qu'un matin notre propriétaire arrive, tonitruant au volant de sa vieille 4L, typique des Ibicencos vétérans et terriens. Gilbert, Yann, Véronique et moi sommes en plein petit-déjeuner, surpris de le voir débarquer à l'improviste.

« Mais qu'est-ce que vous faites là ?! Il y a le feu au Space ! Il y a Carl Cox qui mixe ! » nous crie-t-il.

Nous réalisons qu'il ne s'agit de nul autre que Pepe Rosello, le propriétaire du Space ! Quant à Carl Cox, il est aux DJs ce que la Callas est aux sopranos. Comme un seul homme, nous nous précipitons, rejoints en chemin par Richard Picasso, un ami de Véronique, petit-fils de l'ogre génial.

Si notre attirance pour le Space est si puissante, c'est que la musique est pour nous un soleil. Nous ne sommes que ses satellites : vivant à son contact, nous avons besoin de cette lumière désormais vitale. Au Space dansent les plus belles filles et les plus beaux garçons de la planète ; on y respire des volutes d'alcool ou d'ecstasy, et le désir y flotte comme la « schizophrénie d'un parfum ». La drague est fluide, festive et omniprésente. Les garçons vibrent avec la souplesse de leurs muscles bandés et les filles ondulent comme des déesses hindoues. Le lieu a des proportions spectaculaires, nimbées de vagues de lumière qui inondent nos corps parfaitement glabres de vagues stroboscopiques. Gilbert, Yann et moi oscillons sur les explosions hardcore du *sound system*, enveloppés de saccades house et techno. Sur la Discoteca, la scène principale du Space, les beautés aux torses de colosses frayent avec les belles de jour en bikini. Homos ou hétéros, qu'importe : ces assignations sont pulvérisées par l'aube crapuleuse qui se lève sur le Space.

Je ris en voyant Gilbert et Yann se déhancher comme des contorsionnistes en jean de cuir tout droit sortis du *Cruising* de William Friedkin. Baigné d'effluves de parfums et de sueur, je distingue Véronique, virevoltant autour d'une nuée de beaux gosses. Le *clubbing* nous transporte, nous unit et se confond avec la marque Jitrois. Faire un avec la musique, c'est faire un avec une génération. Le son du Space donne lieu à des formes et des schémas qui se glissent dans mes créations comme autant de leitmotivs. J'y vois les couleurs – bleu, vert, noir – qui électriseront mes modèles. J'écoute pour mieux voir. Je danse pour créer. Les corps satinés des *clubbers* inspirent la souplesse de mes cuirs. La matière répond au toucher et aux oscillations des corps. Tout n'est que transe, pulsation et création. L'époque pulse dans mes collections, comme mon sang bat dans mes artères. Je fais un avec mon époque. Le temps s'abolit : entre deux soirées au Space ou au Trade, une parenthèse. Chaque fête n'est que la continuation de la précédente. Le moment du *clubbing* prime sur toute autre temporalité et je m'y sens inondé d'un bonheur absolu, que je partage avec Gilbert et Yann. Je me sens invulnérable à leurs côtés.

Sur les conseils de Yann, le Space hébergera dès l'année suivante les plus brillants DJs du moment, John Digweed, Sasha et Paul Oakenfold. En retour, Pepe Rosello nous offre un *membership* à vie, symbolisé par une carte de membre dont la rareté suscite la convoitise. Il n'y aura jamais plus de deux mille exemplaires de ce sésame en circulation. Les Guetta n'en reviendront pas lorsqu'ils viendront dîner chez nous. Non seulement nous louons la villa de Rosello, mais nous faisons désormais partie du cercle très privé des membres à vie du Space. C'est d'ailleurs sur ce dancefloor que nous rencontrons Isabelle et Guillaume Monnier. Notre amitié est immédiate et perdure encore aujourd'hui. Guillaume est un polytechnicien brillant et excentrique, passé des plateformes pétrolières du Nigeria à la maison Dior. Il sera notre directeur général pendant cinq ans, puis reprendra un de nos ateliers, Tequila, dont il fera une référence en matière de travail du cuir pour les plus grandes maisons françaises. Isabelle et lui deviendront nos compagnons de *clubbing* à vie.

Cette euphorie des années 2000 fait souffler un vent d'optimisme et de prospérité sur la planète. Ma marque est rajeunie ; elle reflète mon goût de la vie. Je veux célébrer cette énergie lors de mes propres fêtes à Rivoli. Nous lançons de grandes soirées, que nous voulons sulfureuses, élégantes et louches. Pour y parvenir, rien de tel que le mélange. Un mix entre gens chics, convives un peu plus suspects, voire troubles, auxquels on associe des *clubbers*, des mannequins, des stars et bien entendu d'anciens plans cul. Les journalistes sont aussi de la fête, d'Agathe Godard de *Paris Match* à Éric Dahan, qui chronique nos nuits parisiennes dans *Libération* en ces termes :

> « Dès l'arrivée dans le hall marbré, une imposante sécurité black accueille entre deux murs de néons aveuglants, signature du maître des lieux Jean-Claude Jitrois. Après avoir salué Ariel Wizman devisant doig-

tage avec le serpent, on tente d'emprunter l'ascenseur piégé par une foule de créatures, avant de localiser un sas miroir balisé de stroboscopes où des gogos strassés se harnachent avant de reprendre place sur les podiums du sanctuaire. »

Il y a tous ceux qui ne sont pas invités, tous ceux qui, frustrés de ne pas en être, parleront de la fête mieux que ceux qui en étaient. Lorsque j'organise un raout, je fixe moi-même le calendrier de la nuit parisienne : Jean-Roch me confiera que les clubs parisiens font salle vide le temps de ma soirée, conscients qu'ils ne peuvent rivaliser. Si les Romains célébraient les liberalia en mars et les Saturnales en décembre, mon mot d'ordre est « *carpe diem* » le temps d'une nuit, le temps d'un « Black Leather Ball ».

L'invitation consiste en une tablette de chocolat de chez Cluizel, en référence à nos abdominaux, et le *dress code* va de soi : du cuir et du noir. À l'entrée, les uns reçoivent une boule de geisha ; d'autres un chapelet dont les grains sont formés de comprimés d'ecstasy, de Viagra et de Xanax autour d'une croix de pharmacie. Hedi Slimane s'en inspirera. Ici, le collectif se crée dans le jeu et l'excès. L'entrée franchie, un laser pointe les invités qui empruntent un long couloir noir constellé de miroirs et de pilastres, sur lesquels sont juchés des garçons et des filles enrubannés dans des bandelettes de cuir noir. Leurs silhouettes hiératiques rappellent le décorum de *La Belle et la Bête* de Cocteau, à ceci près que le son tribal d'un Malcolm Duffy venu tout droit du Trade leur impose un rythme plus hardcore. Une fois dans le salon, il suffit de lever les yeux pour être saisi par le plafond en miroir éclaté à la Ólafur Elíasson que certains, embués par l'alcool, croiront voir s'effondrer. J'accueille mes invités, une bouteille de champagne à la main, dont je remplis leurs coupes, flanqué de Gilbert qui s'assure du bon déroulement des festivités, et de Yann qui me souffle un indice au moment opportun pour reconnaître immédiatement les illustres inconnus qui me saluent ou m'embrassent.

Sous les auspices du faux Modigliani, le salon fait office de dancefloor, alors qu'une première pièce peinte en noir, avec des matelas au sol, tient lieu de boudoir-*backroom* et qu'une seconde se pare de baigneurs suspendus par des fibres optiques pour une ambiance plus lounge. À l'étage, j'ai fait aménager un espace VIP qui communique avec le salon via un escalier : Mark Wahlberg ou Julia Migenes y devisent face à un faux Basquiat ou un Soulages à l'authenticité douteuse. « Mon grand-père serait si content de voir que vous avez un tableau de lui », me glisse le petit-fils du peintre. On rit, on crie en dansant. Carine Roitfeld, flanquée de Benjamin Galopin, arbore un look faussement grunge et très sophistiqué pour bavarder avec de jeunes inconnus.

La soirée monte en intensité au rythme des bpm, alors que Mia Frye exécute une splendide chorégraphie aux côtés de la sublime Katoucha, qui s'esclaffe en agitant sa chevelure. Je salue Pascal Greggory, entouré d'une floppée de magnifiques éphèbes. Le look *Portier de nuit* de Sarah Marshall est pile dans le ton de la soirée. Frédéric Beigbeder arrive. Jean-Baptiste Mondino et Ellen von Unwerth aussi : les photographes sont bien représentés. On hurle pour parler ou on rit sans raison. Le couloir s'est transformé en lieu de passage où, à l'odeur acide de l'alcool, se mélangent des parfums d'excès et de liesse. On y transpire, on s'y effleure et on y nage autour de splendides Ganymède. Cette foule oscille, s'électrise, incapable de résister aux sons syncopés qui arrivent par vagues. Un magma coloré d'épidermes et de cuir envahit l'espace alors que les stilettos claquent sur les parquets.

À 2 heures, la musique cesse. Les lumières s'éteignent. Les fenêtres s'ouvrent. Pris dans un rai de lumière et suspendus dans le vide, deux sosies de Liza Minnelli, coupe à la garçonne, chapeau melon et porte-jarretelles, miment la scène épique de *Cabaret* à califourchon sur des chaises. Dans le velours de la nuit, ils reprennent en chœur : « *Willkommen !* Bienvenue ! *Welcome!* », sous les regards ahuris des badauds de Rivoli. La filiale Jitrois de Londres est bien représentée avec Emmanuel Petit. On parle anglais, allemand, français, qu'importe, nous sommes à Paris et partout : le monde entier se retrouve chez moi. Olivier, mon majordome, veille au service et au bien-être des invités, auquel je suis très attaché. De mon côté, pas le temps de s'amuser : au cours de la soirée, jusqu'à 800 personnes seront passées dans l'appartement – j'essaie d'en saluer la majorité personnellement. Gilbert et Yann courent en tous sens, au deuxième ou au troisième étage, afin de parer à toute éventualité.

Lorsque arrive la police, alertée par le bruit, Yann déploie des trésors de diplomatie : « C'est la soirée de Monsieur Jitrois », dit-il avec courtoisie en les invitant à se joindre à nous, inquiet qu'ils lèvent la tête et aperçoivent les chaises et les filins suspendus dans le vide, pour lesquels nous avons « omis » de demander une autorisation.

Les policiers, conciliants, nous invitent à essayer de faire moins de bruit pour ne pas gêner les voisins. Ces derniers sont pourtant invités. Si la fête ne souffre pas le calme et le silence, c'est que la lumière joyeuse de la nuit fait s'envoler les barrières et les artifices diurnes. Je respire avec plaisir ces moments où se révèlent les identités, où la démarche flottante des heures laisse s'exprimer les inconscients. La nuit et la fête ont ceci de commun qu'elles dévoilent l'invisible et initient le dialogue avec ce que nous avons de plus souterrain. Quand le jour se lève, la fête se dissipe. Les plus hardis, Kappauf, Cyrus Pahlavi, Ali Mahdavi, finissent par s'éclipser, évanouis sous les reflets bleutés de leurs cernes. La magie s'envole à l'aube – il ne subsiste d'elle qu'un souvenir intense, immortalisé sur la pellicule d'un photographe.

7

MILLENIAL
2000-2014

L'homme observe les danseurs qui s'agitent sur un rythme house. Son regard se perd sous des paupières trop lourdes. Des garçons à la plastique insolente tenant des filles au visage de madone apparaissent et disparaissent sur la scène. L'homme semble hagard. Des lasers affûtés, presque voyeurs, se réfléchissent sur les visages de la jeunesse parisienne *arty*. L'homme essaie de suivre le tempo, mais n'y parvient pas. Il est maladroit, presque grotesque. Il bouge comme s'il était empêtré dans un marécage, alors qu'autour de lui les couples déploient une agilité de patineurs. Son corps, appuyé contre un pilier de l'Élysée-Montmartre, oscille étrangement et menace de s'effondrer sur les gobelets qui jonchent le sol devant lui. Des odeurs chimiques mâtinées d'alcool forment un halo autour de nous. Il a presque mon âge, mais ses traits fatigués trahissent la chute d'un Horla décimé. Il semble chercher vainement quelque chose dans son jean, un remontant peut-être. J'ai presque envie de le soutenir, de l'aider à rentrer chez lui. D'autres s'en chargent difficilement. Il s'attire parfois des regards inquiets, tant il ressemble au portrait d'un Dorian Gray auquel chacun craint de ressembler un jour. De petits groupes de modeux le reconnaissent en chuchotant. Est-ce cela, avoir 60 ans ? Être une vieille gloire que l'on reluque de loin tout en ironisant : « Il a mal vieilli », « Il ne tient plus », « Il fait pitié, le pauvre » ? Des propos qui me sont étrangers, tout autant que ces *clubbers* qui me sourient et me saluent, alors que je ne les connais même pas. Gilbert et Yann à mes côtés, nous formons désormais le plus glamour des trouples parisiens, « les Jitrois ». Cette gloire singulière fait de moi une image observée à son tour, presque épiée. La liberté que m'autorise l'anonymat à Londres n'a plus cours ici. J'ai presque l'impression que la nuit m'engonce, et ce sentiment d'être en représentation me donne envie d'ailleurs.

Comme le disait Régine, il est peut-être temps pour moi de « réinventer la nuit ».

Après quatre années de fêtes extraordinaires à Ibiza, Mykonos ou Londres, je garde une hygiène stricte : du sport, pas d'alcool et une certaine lassitude pour les paradis artificiels. Du sexe de façon régulière, et toujours pleinement. Intensément. Nous continuons à sortir, Gilbert, Yann et moi, mais les *afters* m'ennuient. J'ai parfois l'impression d'en être revenu. Depuis quelques mois, une petite musique intérieure me pousse régulièrement à m'interroger sur ma vie. Je suis heureux avec Gilbert et Yann. Je connais de beaux succès avec ma maison, et la reconnaissance de la Fédération de la haute couture et de la mode et de la presse spécialisée m'est désormais acquise. Mais n'est-ce pas trop confortable ? Lorsque je me suis lancé dans l'aventure Jitrois, j'avais le désir de fuir un certain conformisme. Ne suis-je pas désormais un transgressif conformiste ? Je relis *Alexis ou le Traité du vain combat* et trouve des résonances familières dans l'interrogation du narrateur, comme souvent chez Yourcenar. Mais pas de réponses. Juste une prolongation de mon propre questionnement.

J'y répondrai néanmoins par une rencontre.

C'est le 3 octobre 2002 que je découvre Alexis. Assis sur la moto de Christophe Millant, devant la boutique du 38, je profite d'une journée ensoleillée en discutant avec mes assistants, dont le fidèle Renaud. Arrive Benjamin Galopin, l'assistant de Carine Roitfeld, accompagné d'un beau jeune homme souriant et réservé.

Nous échangeons sur les folies de notre été et sur l'ouverture de la boutique de Marbella avec Rossy de Palma, qu'il a couverte pour *Vogue*. Benjamin me présente alors le nouveau venu. Nous entamons la conversation et Alexis m'apprend qu'il a un projet assez audacieux – une série d'émissions qui se déclineraient en séquences de cinq minutes, avec un fil rouge : le feuilletage d'un magazine de mode commenté par un créateur établi. Il me propose timidement d'en réaliser le pilote. Je fais la moue, hésitant, et je demande à Renaud d'aller consulter mon agenda. Benjamin nous quitte et me voici seul avec Alexis, au milieu des touristes et des fashionistas qui déambulent le long du Faubourg. Renaud tardant à revenir, je l'invite à me suivre dans mon bureau.

Il me précède dans l'ascenseur. La cabine s'ébranle, silencieuse et tranquille. Nous sommes presque collés. Il sent bon, une Cologne fraîche comme un vétiver. Lorsque nous dépassons le premier étage, je remarque son visage doux et régulier. Au troisième, mon regard s'attarde sur sa mise soignée et ses mains belles et fines. Nous restons silencieux. Au quatrième palier, je sors de ma poche un sachet Ladurée que je lui offre et dont il extrait un petit biscuit. Arrivés au cinquième, je ressens un trouble puis une émotion, à la fois diffuse et prégnante. Je sais que lui aussi, mais il n'ose l'exprimer. Nous ne cherchons pas à aller plus loin. Nous convenons d'un prochain rendez-vous.

Quelques jours plus tard, il me rejoint chez moi en fin de journée, rue de Rivoli, afin de réaliser mon interview. Lorsque je lui ouvre la porte, je retrouve ce sourire charmant. Il remarque le ciel dégagé qui souligne le premier scintillement des étoiles. Dans cette pénombre de mystère, le sourire d'Alexis est une lumière. Il m'interroge sur tout, la mode, le cuir et même la chirurgie esthétique.

« Rien n'est plus chic qu'une cicatrice qui ne se voit pas », me dit-il. Il ne nous en faut pas plus pour nous aimer toute la nuit.

Sous ces auspices commence ma vie commune avec Alexis, et ma nouvelle vie avec Gilbert et Yann.

Aux questions que je me pose sur ma propre existence, Alexis apporte quelques réponses. Un cycle amoureux commence et un autre s'achève – mais sans qu'il soit question de rupture. Gilbert et Yann sont une part de moi-même et je n'envisage pas la vie sans eux. Si nous avions choisi de faire chambre à part depuis quelques mois, l'arrivée d'Alexis entérine cette décision. Gilbert et Yann forment désormais un couple et ont leur propre espace, pendant qu'Alexis et moi disposons du nôtre.

C'est un nouveau rythme de vie qui débute avec Alexis : ce n'est pas un *clubber*, il ne boit pas et ne prend pas de drogue. Sans nier l'importance qu'a eue le *clubbing* dans ma vie, c'est un quotidien différent que je crée avec Alexis.

Nous continuons à sortir, mais, lorsque, vers 4 heures du matin je sens venir la fatigue, Alexis est prêt à rentrer aussi. Nous laissons alors Gilbert et Yann prolonger la nuit et les recroisons souvent au moment de notre petit-déjeuner commun.

Le matin, Alexis passe de longs moments dans la salle de bains. Si bien que Gilbert et Yann s'interrogent sur ce qu'il y fait : dort-il, danse-t-il, ou autre chose de moins avouable ? Lorsqu'il en sort, précédé d'un nuage de parfum, la réponse coule de source : Alexis est coquet, accorde un grand soin à sa personne et ne se présente que parfaitement mis. Ce n'est guère surprenant, car ce diplômé de la Chambre syndicale de la mode s'avère un styliste doué.

Ce talent lui permet de s'intégrer rapidement à la maison, dont il structure le studio – qu'il finira par diriger. Gilbert et Yann reconnaissent son professionnalisme, qui enrichit les modèles d'une profusion de nouvelles techniques, finitions et broderies. Dans son travail de coordination de nos collections, il se révèle, comme nous tous, travailleur acharné. Comme ses parents, dont je fais rapidement la connaissance, et qui m'offrent toute l'hospitalité qu'il est possible d'espérer. Des longues heures passées à chasser vainement la palombe avec son père aux dîners familiaux autour d'une volaille à la broche, je savoure ces moments en famille auxquels j'ai toujours été attaché.

Ces années avec Alexis sont l'occasion de formidables voyages : lui et moi, nous nous sommes fait la promesse de les vivre intensément. Elles seront au nombre de dix, me dis-je en mon for intérieur, habitué à ce genre de cycles amoureux. Du Brésil à Saint-Barth, de Miami à l'Afrique du Sud, nous parcourons le globe en robinsons hédonistes et amoureux. Paysages somptueux, mers irisées et îles paradisiaques inspirent mes nouvelles collections. Gilbert et Yann sont parfois du voyage, comme lorsque nous nous rendons en Thaïlande, où nous sommes invités par Joyce Ma après avoir organisé avec elle un défilé à Hong Kong. Nous résidons dans un pavillon, au sommet d'un palace qui jouit d'une vue somptueuse sur les eaux turquoise de la mer d'Andaman.

Ce changement de dynamique s'opère doucement. Gilbert et Yann acceptent que je prenne le cap d'une autre vie. Notre trio fonctionne toujours – mais différemment. Si l'amour physique n'a plus cours entre nous, un autre lui a succédé. Il est nourri d'une fidélité indéfectible, d'une estime profonde et de rituels : nous continuons à habiter ensemble, à partager nos repas et, bien sûr, à travailler. C'est une fraternité monastique sans Dieu, une foi qui s'exprime à l'unisson de nos cœurs battants. Nul besoin de parler ou de faire des serments : il suffit que nous nous retrouvions. Notre mémoire est une, faite de moments paroxystiques, de réussites et parfois de chagrin. Nous avons nos morts et nos vivants. Nous partageons les mêmes fantômes, dirait Carl Gustav Jung.

Avec Édith, Gilbert, Yann ou Alexis, je ne me sens jamais seul. Je fus un enfant abandonné, je suis désormais un adulte entouré. De fait, ma façon de travailler évolue au gré d'une géographie des sentiments qui va de Londres à Paris. Je me consacre à la maison parisienne (création, presse, clientèle) tandis que Gilbert et Yann passent davantage de temps à développer la marque à l'international depuis Londres. En filigrane, j'y lis la délicatesse de Gilbert et Yann, qui souhaitent que je vive pleinement ma relation avec Alexis sans minimiser leur envie de liberté sexuelle, dont Londres est la pourvoyeuse idéale.

Si ces années sont fastes pour Jitrois, je ne me laisse pas aller à l'oisiveté. L'angoisse du chiffre d'affaires est mon moteur : je n'ai rien d'un rentier. Je vais tous les jours à la boutique, car j'aime le contact avec mes clients, les connaître, discuter, les voir essayer une pièce, puis en préférer une autre. La société Jitrois, dont je suis le directeur artistique, demande une attention constante. Nous sommes désormais quarante et nos bureaux, qui comptent un bureau de style et un autre de presse, font face à l'église Saint-Roch. Gilbert exerce les fonctions de président-directeur général, Édith celles de directrice générale, et Yann celles de directeur marketing. Nous sommes maintenant rompus aux mécaniques d'une grande maison qui se déploie aussi à l'international. Notre visibilité dépend aussi bien de l'originalité de nos modèles que de notre présence dans la presse de mode – c'est dire l'importance des photographes pour notre visibilité. Difficile pour un créateur de se passer de leur vision qui transcende les modèles. Après avoir travaillé avec Helmut Newton et Tyen, nous rencontrons Jean-Baptiste Mondino. Lorsqu'il photographiait Stella Tennant en Jitrois pour *Vogue*, nous avons découvert avec quelle acuité il saisit notre style. C'est un photographe star, iconique : il travaille avec Madonna et Jean-Paul Gaultier, réalise des clips pour Björk, Sting ou David Bowie. Plus que toute autre, sa mise en scène de *Cargo*, d'Axel Bauer, l'aura néanmoins imposé, dans les années 1980, comme une figure incontournable du clip musical.

Yann appelle son agent afin de lui proposer une collaboration. Je juge en effet qu'il nous faut un œil neuf. Je veux quelque chose de différent, d'inattendu et de disruptif. Mondino est très professionnel et choisit lui-même ses mannequins. Il arrive en général sur le set à 8 h 30 du matin et demande que tout soit installé selon ses directives pour commencer à travailler sans perdre de temps. Aussi Yann se prend-il une engueulade bien sentie – mais justifiée – lorsqu'il se présente en retard à son premier shooting pour nous. Mondino est très cash et très exigeant dans le travail, sans se montrer maltraitant avec qui que ce soit, mannequin ou assistant. Comme moi, il considère que le travail n'a rien d'une plaisanterie.

Deux semaines après cette première séance, je le croise à la salle de sport du Palais-Royal. Nous discutons, puis sympathisons très vite. Il aime bavarder entre deux exercices et c'est ainsi que je découvre un homme à l'humour ravageur, caustique et carnassier. Nous devenons très vite amis et il me rappelle souvent qu'originaire d'Aubervilliers, totalement étranger au milieu artistique, il a commencé à partir de rien. Son côté *bad boy* me fait penser à Jean Genet : un Genet de la photo, brillant et rebelle.

Sa personnalité est aux antipodes des autres. Mondino réfléchit à 360 degrés : du marketing au produit, de la photographie à la vente, de la musique à l'image, rien ne lui échappe. L'art et l'argent ne s'opposent pas pour lui. Il est de son temps, anticipe les tendances et comprend les autres comme personne. De quoi lui donner une pertinence redoutable qui renouvelle l'image de Jitrois. Il aime notre anticonformisme autant que j'aime le sien. Notre histoire l'amuse beaucoup. C'est pourquoi je lui laisse une grande liberté dans son approche du vêtement, dont il ne disposait pas dans d'autres grandes maisons, où l'entouraient des équipes et des personnalités quelquefois mues par des querelles d'ego. Avec nous, il échappe à cette sensation, car nous travaillons en parfaite harmonie. Ce côté *free style* stimule sa créativité et permettra à Jitrois de devenir une marque référente en matière d'image.

Il réalise pour nous la série « Factory », qui intensifie les aspects *trendy*, sexy et *underground* de la marque. Mondino y exprime tout son talent en saisissant sur le vif la beauté de jeunes mannequins d'allure désœuvrée. Les silhouettes interlopes du Velvet Underground s'y mêlent à l'indolence très Bret Easton Ellis des modèles.

Mondino sait inventer le présent, improviser l'instant : il photographie un mannequin endormi, capte le « moment d'après » lorsqu'il fige une jeune femme allongée sur un canapé, en proie à une langueur dont la cause est révélée par le lacet dissimulé dans la composition.

Avec « Les Paparazzi », Jitrois devient la marque des stars surprises de nuit dans un instant furtif, où les lumières artificielles des flashs se reflètent sur l'acier chromé d'une berline en forme d'hommage au roi des paparazzi, Ron Galella.

Puis l'iconique séance au Meurice avec le mannequin Liberty Ross et André van Noord nous ouvre un tout autre territoire, qui combine le luxe du palace parisien à une sexualité puissante mais délicate, à la Valmont. Chaque centimètre de peau y est photographié avec une minutie qui brouille les frontières entre chair et matière, vêtement et sensation. Mondino donne ici une interprétation parfaitement aboutie de la marque, stimulé par des lieux propices à toutes sortes d'improvisations : un homme en smoking et stilettos, une femme juchée sur un bureau Louis XVI, deux dobermans – réponse aux lévriers emblématiques du Meurice – entourant un mannequin. Ce sera une « séance full » qui cassera en les dépassant les derniers aspects sages et lisses de la marque, subvertis par les attitudes sulfureuses de Mondino : un avant-goût d'autre chose.

Notre collaboration durera trois ans. Elle permettra à la marque de s'approprier de nouveaux univers, des esthétiques différentes mais toujours animées par la même perfection du détail et le même goût pour les mises en scène.

Cette nouvelle approche esthétique n'aurait pas été possible sans ma rencontre avec l'architecte Christophe Pillet, qui travaille auprès de Philippe Starck. C'est au détour de la rue de Castiglione que je tombe sur la boutique du chausseur Rodolphe Menudier, décorée par Pillet, et dont le luxe minimaliste me séduit immédiatement avec ses murs en croco argent. J'entre en contact avec Christophe, qui comprend immédiatement ce que je souhaite pour la marque, mais l'interprète de son œil si particulier : « Tu veux un lieu qui soit un peu comme une garçonnière des années 1970 sur l'avenue Foch », me dit-il avec un demi-sourire. Et force est d'admettre que le modèle développé par Christophe, fait de laques noires, de miroirs en abyme, de tubes de plexi et d'escaliers qui desservent une succession de boudoirs aux tons sombres, va devenir le modèle de toutes les boutiques Jitrois.

Ce style plaît beaucoup à notre clientèle internationale, notamment russe, qui se reconnaît autant dans la vision de Mondino que dans l'esthétique nouvelle de nos points de vente. Je me rapproche alors de nos acheteuses russes, et tout particulièrement de Lidia Alexandrova, amazone à la frange stricte qui contraste avec la petite tiare qu'elle arbore le jour de notre rencontre. La marque fonctionnant très bien en Russie, elle nous invite à y faire un premier défilé.

Gilbert, Yann, Alexis et moi embarquons pour Moscou et découvrons avec stupéfaction une ville magnifique, qui mélange architecture soviétique imposante et merveilles de la Russie tsariste, dont le majestueux Kremlin et les églises orthodoxes aux toits arrondis et bigarrés, les kokochniks. Il faut préciser qu'en 2002 la Russie poursuit l'ouverture vers l'Occident débutée avec Gorbatchev et Eltsine. Le président Poutine est au pouvoir depuis deux ans sans, pour le moment, entamer de virage politique qui puisse nous alarmer.

Nous descendons au National, un immense palace, et jouissons, Alexis et moi, de la suite Jacques Chirac, qui donne sur la place Rouge. L'accueil de Lidia est d'une rare hospitalité : nous dînons au dernier étage du café Pouchkine, nommé d'après une chanson de Gilbert Bécaud, car les Russes adorent les chanteurs français. Nous sommes servis par un personnel en livrée et perruque Louis XV, puis dégustons un excellent caviar arrosé de vodka – de beaucoup de vodka. Si bien que j'irrigue discrètement les bacs à fleurs qui ornent la table avec l'eau-de-vie que l'on ne cesse de me servir. C'est dans une brume joyeuse que nous nous rendons au Propaganda, boîte gay moscovite incontournable.

Rien de comparable avec le Trade, le Space ou le Queen : l'entrée est discrète, sans file d'attente, et nous conduit à un sous-sol. Quelques ampoules dénudées assurent un éclairage plutôt rudimentaire. Qu'importe : l'ambiance y est électrique et, si nous sommes observés, je ne ressens ni malaise ni gêne, entouré de mes trois gardes du corps de choc. Le décor à la Fassbinder est digne de *Querelle* et rappelle la cale d'un bateau. La population, assez jeune et loin des bodybuilders habituels de la scène gay occidentale, s'éclate sur une musique techno industrielle très berlinoise. Le plus surprenant, c'est que personne ne se touche ou ne s'embrasse. Je ressens néanmoins une légère tension, comme si tout était en place pour un spectacle que chacun attend, mais qui ne vient pas. Mon intuition se confirme lorsque les lumières s'éteignent. Seule une ampoule qui se balance reste allumée, agissant comme un métronome qui décompte les secondes : dans cette obscurité, ce qui semblait un club gay aux allures de salon de thé se transforme en un lupanar où tout le monde se touche et s'agite. La lumière se rallume soudain et chacun reprend sa place, sagement, comme si de rien n'était. Alexis et moi rentrons alors à l'hôtel, fourbus, pendant que Gilbert et Yann continuent leur exploration canaille de Moscou. C'est avec Alexis que je visite le mausolée de Lénine, qui repose embaumé au pied du Kremlin, sous l'œil vigilant de beaux gardes rouges aussi imperturbables et immobiles que des statues.

Le dynamisme du marché du luxe en Russie attire de nombreuses grandes marques françaises, et Jitrois plaît à cette clientèle exigeante. C'est en partie cette dernière qui va faire le succès de nos boutiques de Courchevel et de Cannes – ouverte, celle-ci, sur la Croisette par Arnaud, le neveu d'Édith. Les Russes et les Ukrainiens y ont en effet leurs habitudes. La presse locale est au rendez-vous pour l'inauguration, notamment *Nice Matin*, avec qui, depuis mes premiers pas dans la mode à Nice et Saint-Tropez, j'entretiens d'excellentes relations. *Match* et *Gala* répondent aussi présent et c'est à partir de cette date que, chaque année, je me rends au Festival de Cannes. J'ai l'habitude de prendre possession des lieux un jour avant l'arrivée des stars, moment de calme qui précède la folie cannoise : la presse est alors disponible et ravie de me consacrer articles et photos. J'y honore chaque année la montée des marches avec parfois Adriana Karembeu, qui porte une de mes robes de cuir noir à franges, Sarah Marshall, Frédérique Bel ou Alexis, vêtu d'un kilt de cuir noir au ras du sol.

C'est un moment souvent galvanisant : quatre cents photographes hurlent mon nom sous une pluie de flashs qui claquent comme des éperons. C'est une mise en scène à laquelle j'ai conscience de participer, un ballet où vont et viennent les célébrités. Réalité ou fiction : on ne sait plus très bien tant le spectacle est partout. Tout le monde me connaît à Cannes. C'est le Sud, j'y suis partout chez moi et, si je deviens familier du festival, c'est grâce au Martinez, et un peu aussi par l'affection que, comme enfant du pays, j'ai pour Cannes, laquelle me le rend bien.

Ces belles années vont de pair avec le dynamisme florissant de la marque, porté par la forte créativité que suscitent mes nombreux voyages et la fidélisation d'une clientèle internationale. Lorsque Raymond Forni, président de l'Assemblée nationale, me remet en 2001 les insignes de chevalier de la Légion d'honneur, c'est justement pour récompenser la maison Jitrois – magnifiquement servie par l'œil de talentueux photographes comme Newton, Jean-Baptiste Mondino et, après lui, John Rankin – de sa participation au rayonnement de la France à travers le monde.

Cofondateur du magazine britannique *Dazed and Confused* en 1991, puis d'*Another Magazine* en 2001,

Rankin travaille pour de prestigieuses revues, comme *Vogue*, *Rolling Stone* ou encore *Esquire*. Écossais vivant à Londres, il est à la pointe du milieu artistique britannique, digne héritier du Swinging London. Lorsque nous entrons dans les locaux d'*Another Magazine*, il expose une partie de son travail sur la reine Élisabeth à la National Gallery. Ami avec les grands noms de l'art contemporain, comme Damien Hirst – qui nous offrira à chacun une esquisse de trois requins –, Rankin voit son travail avant-gardiste et dérangeant applaudi par Vivienne Westwood, David Bowie, Madonna ou Kate Moss, avec qui il travaille. C'est dans ses bureaux d'Old Street, place vibrante de l'avant-garde londonienne, que je comprends qu'il apportera à Jitrois son audace et sa parfaite maîtrise des codes de l'art contemporain ; peu de marques françaises de haute couture en affectionnent encore les standards. Notre triumvirat intrigue Rankin autant qu'il le séduit, mais il connaît mal la marque.

C'est en regardant ensemble le film *Les Prédateurs* de Tony Scott, avec Catherine Deneuve et David Bowie, que va naître l'idée créative qui fondera notre collaboration. La femme y règne en majesté, dominant des hommes fétichisés autant par l'entremise du cuir que la puissance de leur maîtresse. Dès notre première séance photo, il nous propose de travailler avec Tuuli Shipster, qui deviendra notre égérie et, finalement, son épouse. Ses traits ciselés sont caractéristiques des visages finlandais et sa silhouette est d'une finesse de libellule. L'aisance parfaite de Tuuli devant l'objectif lui confère une présence solaire, voisine de l'esthétique Jitrois : le cuir en est le miroir, et la femme – puissante, photographiée en dominatrice régnant sur des hommes qui vénèrent son magnétisme – l'incontestable suzeraine. J'encourage Rankin en ce sens ; cette promotion de la femme et de sa liberté est au diapason de mes convictions. Si la marque attire la gent féminine, c'est aussi parce qu'elle est synonyme d'audace et de liberté.

Une autre représentante en attestera : Lady Gaga.

« Lady qui ? demande mon assistant au téléphone.

– Qu'est-ce qui se passe ? fais-je alors qu'il raccroche.

– Nicola Formichetti nous demande si nous pouvons habiller une certaine Lady Gaga. C'est une chanteuse. Elle doit se produire ce soir au VIP chez Jean-Roch. »

Nicola Formichetti est alors un des stylistes les plus en vue. Son jugement est généralement sûr, et son nom un gage de confiance et de succès. Lady Gaga n'est pas encore la superstar qu'elle deviendra. Je prépare pour elle quelques tenues, et notamment le fameux body Minoray en cuir verni noir. J'apprendrai dès le lendemain que son concert a été un succès. Les photos de Lady Gaga en Minoray sont partout.

Aussitôt, je reçois une invitation à la rencontrer dans sa suite de l'hôtel de Sers, charmant petit palace à la discrétion hors normes, situé à deux pas des Champs-Élysées et ayant appartenu au marquis du même nom. Elle m'accueille avec un sourire de jeune fille, heureuse de sa prestation. Sa fraîcheur et son allant me font penser à une jeune première. Je suis touché par sa simplicité et sa chaleur. Si elle me remercie pour le body, c'est non seulement parce qu'il correspond parfaitement à ses goûts, mais aussi parce qu'elle l'associe à son succès. Toujours le cuir comme seconde peau, cette enveloppe protectrice que les artistes affectionnent. *Paris Match* couvre son séjour à Paris. Elle propose que l'on fasse des photos ensemble avec les tenues Jitrois qu'elle préfère : nous discutons autour d'un brunch, sous l'objectif du photographe Henri Tullio. Elle me parle de sa passion pour le chant, de sa carrière. Puis, émue, elle sort de son corsage un petit pendentif en forme de cœur. Il s'ouvre sur la photo de son père et de sa mère.

« Ce sont mes parents. Je ne les ai pas vus depuis six mois. Ils me manquent. »

C'est les larmes aux yeux qu'elle me fait cette confidence. J'ai une envie presque paternelle de la prendre dans mes bras. Elle m'embrasse sur la joue. Lady Gaga ne dissimule ni son affection ni ses sentiments. Son côté latin, peut-être, comme Madonna. Elle ose quelques mots de français et je lui réponds tout aussi spontanément. Nous promettons de nous revoir. Je repars avec une brassée de fleurs qu'elle m'offre, souriante.

Lorsqu'elle revient à Paris deux ans plus tard, c'est une star. Elle reste fidèle à sa promesse : elle me fait parvenir une invitation pour son spectacle à l'Olympia, The Fame Ball Tour, auquel je me rends avec Alexis le 9 juillet 2009. C'est une véritable performance, aussi bien musicale que scénique : elle y multiplie les références au pop art de Warhol, qu'elle retravaille par l'usage de la technologie et du multimédia. Son corps et sa voix participent de ce ballet ; elle y alterne chorégraphies précises et changements réguliers de tenue, dont l'excentricité est au diapason de son tube « Disco Heaven ».

Après le show, nous descendons dans le saint des saints, le bar de l'Olympia, où je retrouve une Lady Gaga rayonnante. La jeune chanteuse d'il y a deux ans s'est transformée en une impressionnante bête de scène, dotée de l'assurance et de l'exigence d'une grande professionnelle. Heureux de nous retrouver, nous discutons, bientôt rejoints par Pascal Nègre, le PDG d'Universal, qui la rencontre pour la première fois et que je lui présente. Je confie à Lady Gaga que son spectacle révèle une authentique maturité, aussi bien par son jeu scénique, sa façon de se mouvoir, que par sa tessiture de contralto.

La voix est un miroir pour l'artiste : c'est là qu'il va puiser sa singularité et la manifestation de son art, mais aussi sa propre mythologie. Je l'ai observé chez des chanteurs comme Johnny Hallyday et Céline Dion. La voix est un révélateur. Comme l'écrit André Suarès, « la voix ne trompe point », et c'est le corps et le souffle qui sont ses meilleurs alliés. Le corps, la voix, le souffle : autant de modes d'expression que j'ai longtemps travaillés et qui expliquent ma familiarité avec la création artistique. Lady Gaga n'échappe pas à cette règle, tout comme un chanteur star dont j'ai fait la connaissance durant ces années, et avec qui j'ai été amené à travailler.

Alors que je passe quelques jours avec Alexis dans notre appartement de Macklin Street, mon téléphone portable sonne. Je décroche, fébrile, car la boutique de Paris doit me communiquer le montant d'une vente importante. J'ai un moment d'étonnement devant le numéro masqué, mais je n'y prête pas vraiment attention. Sans laisser mon correspondant s'exprimer, je lance un abrupt : « Combien ? »

Au bout du fil, un silence. Puis une voix inconnue, calme et aimable. Avec beaucoup d'assurance, un homme me dit : « Gilbert Coullier m'a donné votre numéro. »

Gilbert Coullier est le plus important producteur de spectacles de France. Je réfléchis vite, passant en revue les grands noms de son écurie : Céline Dion, Johnny Hallyday, Patrick Bruel…

« Je souhaite que vous réalisiez mes tenues pour mon retour sur scène en France, le 2 mars 2007 à Bercy. »

L'intéressé m'éclaire très vite : il s'agit de Michel Polnareff. Il m'explique qu'il a besoin d'une tenue de scène lumineuse, qu'il veut honorer son public par un vêtement unique pour leurs retrouvailles.

« Vos cuirs répondent parfaitement à mes exigences scéniques », ajoute-t-il en se remémorant avec plaisir une collaboration passée pour un ancien spectacle.

Je n'ai pas souvenir de cet épisode, mais qu'importe – il m'annonce qu'il sera en France prochainement et désire me rencontrer. Je raccroche, encore surpris : Polnareff, l'homme aux dizaines de millions d'albums, l'homme né comme moi en 1944, l'homme dont je partage l'amour de la liberté, le provocateur qui, en 1972, pour son concert Polnarévolution à l'Olympia, fit placarder 6 000 affiches dans toute la capitale sur lesquelles il posait en travesti, exhibant ses fesses nues ; Polnareff, l'homme des succès et des épreuves, des périodes sombres et de la pleine lumière, le mélodiste visionnaire. Alexis n'en revient pas. Nous nous regardons et partons d'un immense rire de joie.

Quelques semaines plus tard, Danyellah, la compagne de Michel, nous appelle pour nous informer de sa présence en France. Rendez-vous est pris. Un jeudi soir, une berline noire avec chauffeur vient nous attendre, Alexis et moi, devant la boutique du Faubourg. Le chauffeur nous bande les yeux. Sous le sceau du secret, nous nous laissons conduire vers un lieu inconnu. Une heure et demie plus tard, nous nous retrouvons au milieu de nulle part, peut-être à Barbizon, dans une auberge cossue et presque vide.

On me conduit vers la suite qu'occupe Michel Polnareff. Tout son entourage est présent. Je le cherche des yeux sans le reconnaître immédiatement, car il ne porte pas ses lunettes Pierre Marly. Il ne les a ôtées qu'une fois en public, lors d'une interview avec Michel Denisot pour Canal+ au cœur du désert des Mojaves. Il me salue très amicalement et entame la discussion. Je le laisse s'exprimer pendant trente minutes : je l'écoute, attentif, et, très spontanément, il se livre à moi. Je n'interviens pas, sentant que ces trente minutes sont décisives afin d'établir une connexion entre nous. Michel est très exigeant quant à la capacité d'écoute de ses interlocuteurs. Je perçois l'artiste rigoureux, l'homme des deuils et des renaissances, l'homme de scène perfectionniste. À l'issue de notre conversation, le lien est noué. Je demande à Alexis de nous rejoindre et de retirer son Skin Jean bleu pour que Michel puisse l'essayer, ainsi que ses bottes.

Sans aucune gêne, il enfile le tout face à un Alexis en slip ; la séance d'essayage peut débuter. Si, comparé à ces stars effrayées par les contacts ou les maladies, Michel se montre assez tactile et décontracté, il est néanmoins très superstitieux et souhaite que soient imprimés sur ses chemises des symboles archétypaux. Son souci premier tient à ce que sa tenue affine sa silhouette et lui permette de conserver son agilité sur scène ainsi que sa liberté de mouvement. Nous tombons d'accord sur un pantalon et un gilet de smoking en cuir stretch près du corps.

Pendant deux semaines, je suis en contact quotidien avec Michel : il réagit à chacun de mes croquis avec rapidité et précision. Tout l'intéresse : la coupe, les coutures, la réactivité de la matière à la lumière, l'effet sur le mouvement. Toute l'équipe du studio et du bureau de presse est en ébullition, car nous avons à peine quinze jours avant le spectacle, essayages compris. Nous nous rendons au Zénith de Limoges, où Michel répète, afin de réaliser les essayages dans les conditions exactes de la scène. Je découvre qu'il est aussi boxeur émérite : rompu aux techniques de coaching de Los Angeles, l'artiste ajoute une préparation physique intensive à celle du spectacle. Pour Johnny, c'est la musculation ; pour Michel, la boxe anglaise. Il nous gratifie de quelques démonstrations. À l'issue de l'une d'entre elles, alors qu'il enfile son peignoir de satin multicolore et sort du ring, je lui confie que j'ai eu Mike Tyson comme client. Même si ces séances de boxe lui permettent de canaliser son inquiétude et sa peur de décevoir son public – « mes moussaillons », comme il les appelle affectueusement, car lui-même se voit en « amiral » –, Polnareff angoisse. Son retour sonne pour lui comme des retrouvailles avec son passé, avec la France, ce très vieil amour qu'il chantait en 1978 : « Depuis que je suis loin de toi / Je suis comme loin de moi. »

Comme avec beaucoup d'artistes, je laisse Michel s'exprimer de la manière qu'il l'entend, me faire part de ses doutes sans les juger, mais en les comprenant. Je l'accompagne avec l'aide de Danyellah. Tout est scruté : le son, les effets de lumière qui irritent Michel car insuffisamment sophistiqués à son goût. Plus le temps passe, plus la pression devient forte. En proie à une crainte ou une hésitation, il arrive qu'il recommence intégralement la répétition du spectacle à minuit.

Les essayages se déroulent sans accroc, mais les chaussures ne lui conviennent pas. Les talons font trop de bruit sur scène alors qu'il souhaite paraître plus grand en conservant un pas feutré. Nous lui proposons au moins vingt paires différentes, mais aucune ne lui plaît. En mon for intérieur, je souris, car ce type de déboires n'est pas sans rappeler l'épisode des escarpins de Céline Dion à Monaco. Mais le temps presse. Le jour J, nous sommes dans sa loge pour les derniers ajustements. Néanmoins, les souliers n'ont toujours pas l'heur de lui plaire. C'est alors que Michel fixe les pieds d'Alexis, interloqué. Il désigne ses Nike Shox à swoosh argenté. Et, telle Cendrillon enfilant la pantoufle de vair, il affiche un air de satisfaction que je lui connais désormais bien lorsqu'il les lui emprunte : elles lui vont à merveille. Alexis passera son premier concert de Polnareff en chaussettes.

Michel se sent enfin prêt à retrouver son public. Je le sais rassuré, son angoisse canalisée. Face à l'objectif de *Match*, qui couvre l'événement, il affiche un air serein et une attitude concentrée alors que j'effectue les dernières retouches. Il arbore un ensemble pantalon en cuir stretch et veston de cuir noir sur chemise blanche, dont l'élégance est un gage de respect pour les 17 000 spectateurs présents ce soir-là. Face à un public ému de retrouver enfin son idole, il débute son spectacle avec « La poupée qui fait non », sa première chanson, suivie de « L'amour avec toi ». D'impressionnants jeux de lumière alternent avec des mises en scène plus intimistes. Dans ces deux registres, il est parfaitement à son aise vocalement et gestuellement, laissé totalement libre par sa tenue. Le spectacle s'achève sur un immense karaoké avec « On ira tous au paradis », repris en chœur par tout Bercy, avant qu'une pluie de papillotes argentées figurant les lunettes emblématiques du chanteur n'inonde les lieux. Nous le retrouvons en loge, tranquille et comblé. Parmi les personnalités présentes pour cette première figurent, entre autres, le Premier ministre Dominique de Villepin, Patrick Bruel, Laurent Voulzy, Julie Depardieu, Nadine Trintignant et Bernadette Chirac.

Le lendemain, Danyellah nous appelle et nous demande de revenir pour habiller Michel en loge. Il ne veut qu'Alexis et moi, personne d'autre. Superstitieux, Michel porte avec lui des amulettes et autres objets rituels qui repoussent le mauvais œil et doivent être chargés à la lumière du soleil pour faire effet. Nous sommes désormais acteurs de ce rituel quasi magique, comme si notre présence agissait comme un artefact.

Si j'assiste à tous ses concerts parisiens, Michel m'invite au Plaza Athénée un soir de relâche. Avant de le rejoindre, je profite du calme du bar et croise Régine. Quel plaisir de revoir celle qui n'a cessé de m'encourager et de me soutenir ! Nous nous remémorons quelques épisodes épiques, comme la venue de Liza Minnelli à la boutique de Saint-Tropez et sa danse improvisée en robe corolle. Puis Danyellah arrive, radieuse, pour me conduire à leur suite. Michel nous attend, souriant. Je reconnais son parfum, ces effluves fruités et fleuris très *new age*. Je me déchausse, m'assois près de lui sur le tapis. Il m'exprime toute sa gratitude comme à un vieil ami, accorde sa guitare et fredonne : « Je te donnerai tous les bateaux, tous les oiseaux, tous les soleils. »

C'est son cadeau pour moi, ce moment secret que je conserve en pensant à lui, ce présent rare où il célèbre l'océan, le voyage, la lumière de la mer, de ce Sud qui m'habite, de ce trésor qui m'a conduit de Paris à New York, de Moscou à Hong Kong, et dont aujourd'hui je sens la force dans la voix de Michel. Nous reprenons en chœur le refrain comme des Gitans enveloppés de nostalgie, la nuit, autour d'un feu.

Je me partage alors entre Paris et Londres, où notre collaboration avec Rankin est au zénith. Aussi bien dans la photographie que dans la presse avant-gardiste, le photographe fascine et fédère. Ses magazines sont lus par tout ce que Londres compte de créatifs, aussi bien dans la mode que l'art contemporain. Avide de découvertes et d'artistes insolites, il aime le bouillonnement et la créativité. Son militantisme le porte à s'engager pour des causes politiques ou sociales, comme Oxfam ou la prévention du cancer du sein, avec ses plus importants clients, comme Nike ou Avon. En notre compagnie, il pénètre le monde plus exclusif du luxe tandis qu'il nous permet de nouer des connexions nouvelles dans le monde de l'avant-garde, sans compter les stars que je croise régulièrement chez lui : Naomie Harris, Lindsay Lohan, Rita Ora, FKA Twigs, Lottie Moss, Erin O'Connor et Heidi Klum, qui se glissent avec plaisir dans mes créations.

Il nous présente à Katie Shillingford, *fashion director* d'*Another Magazine,* qui devient notre styliste photo. Elle nous accompagne sur tous nos défilés, notamment celui de Moscou, fin octobre 2011, où nous sommes invités par la Moscow Fashion Week pour sa clôture. Nous serons les seuls étrangers présents en tant que *guest designers*, statut très recherché par les maisons de mode, compte tenu de la visibilité qu'octroie une telle distinction. En 2011, la Russie s'occidentalise de plus en plus et l'industrie vestimentaire participe de la pénétration de la culture atlantique dans les mœurs des élites russes et d'une partie de sa population. Moscou ou Saint-Pétersbourg en sont les plaques tournantes. Notre clientèle russe devient plus exigeante, forte de sa familiarité croissante avec les grandes maisons de luxe françaises et européennes.

Nous arrivons à Moscou l'avant-veille du défilé. Il se tiendra au Gostiny Dvor, à proximité du Kremlin. Les lieux sont impressionnants : Katie Shillingford et moi-même réalisons que le défilé va être grandiose. Aucune restriction budgétaire ne nous est imposée. Je comprends notre chance d'avoir été invités pour un événement qu'il serait impossible d'envisager à Paris par manque de moyens. Tout est calculé et organisé : le casting, filmé par la télévision nationale, se déroule dans un grand bâtiment circulaire qui regroupe des centaines de candidates, toutes mannequins. Cette assemblée de jeunes filles n'est pas sans rappeler les descriptions des grands bals de *Guerre et Paix* de Tolstoï. Elles sont souvent grandes et mesurent plus d'1,75 mètre. Leur taille est svelte et leurs jambes fuselées. Elles ont des visages fins, embellis par des traits à la fois slaves et orientaux. La chevelure est invariablement lisse et claire.

Le professionnalisme de ces jeunes mannequins russes m'impressionne : jamais une plainte, jamais un caprice. Une capacité de travail rare aujourd'hui. Je devine que cet événement est pour elles le tournant d'une carrière potentielle. Elles m'inspirent d'autant plus de respect que j'aime profiter de cette rigueur dans mon entourage. Chacune a vingt secondes pour se présenter devant nous : la règle est la même pour toutes. Personne ne la conteste. Sur les trois cents candidates, nous en choisissons vingt-cinq.

Kathy s'assure que leur démarche ne soit pas trop sexy ni trop déhanchée. Mes vêtements sont déjà très gainés et le *sex appeal* ne doit pas prendre le dessus sur la silhouette. La styliste, toujours un peu froide, sait corriger ces excès ; elle est pour nous, comme l'écrit Braque, « la règle qui corrige l'émotion ». En dépit de l'affluence, tout se déroule avec fluidité et calme. Kathy et moi sommes très attentifs au respect de l'intimité des candidates, qui ont accès à des cabines d'essayage individuelles. L'ambiance très professionnelle et notre excellente entente avec Kathy nous rendent productifs : nous travaillons toute la nuit pour organiser l'ensemble de l'événement qui se tiendra le lendemain.

Dans cet environnement de travail, je ressens une grande force ; l'effervescence me maintient dans un état de tension et de création très puissant. J'aime cette stimulation, mobiliser totalement mes ressources physiques et mentales, être attentif à tout, ne rien laisser au hasard. Gilbert, Yann et Alexis sont bien entendu à mes côtés ; je sens en moi une énergie qui cherche un exutoire et dont le défilé doit être le catalyseur. Comment lui donner corps tout en se conformant à l'environnement moscovite ? Pénétré de cette vitalité, me vient l'image de la Russie et de son pétrole que j'imagine comme un fluide, une force inflammable qui irrigue tout le territoire : « Je veux que le pétrole coule à flots pendant le défilé », dis-je aux organisateurs, surpris et un peu décontenancés. Mais je n'en démords pas, me lançant dans de lyriques explications, dont, visiblement, ils ne comprennent pas le sens. Dans mon élan, je propose, en le mimant, de créer un fond blanc sur lequel on versera des seaux de pétrole. Dubitatifs, ils me regardent du coin de l'œil. Finalement, ils ont l'idée de filmer du pétrole qui coule sur un canevas et de projeter la vidéo sur le mur d'écrans blancs en fond de scène, qui deviendra progressivement noir. Parfait : j'ai ce que je voulais.

Bien entendu, nous ne dormons presque pas : à midi, tout est en place. Les répétitions sont terminées. Le personnel de sécurité investit les lieux pour s'assurer du bon déroulement du défilé. Je reste impressionné par ce déploiement de force, mais n'ai pas le temps de m'y attarder. En coulisses, je dois veiller à tout.

J'inspecte les tenues et les derniers essayages. Pas d'agitation inutile ni d'éclats de voix : les filles sont très concentrées. Les odeurs de cuir se mélangent à celle de leurs eaux de toilette. Certaines posent quelques questions en anglais à Kathy ; d'autres sont déjà au maquillage. Les coiffeurs préparent les chignons bas qui seront enchâssés dans un carré de cuir verni rouge, parant leurs chevelures crantées à la mode des Années folles. Gilbert et Alexis s'attachent aux derniers préparatifs. J'observe discrètement la salle et ses spectateurs. Il y a environ 3 000 personnes, dont de nombreux officiels et d'importants clients déjà fidèles de la marque. Les médias sont au rendez-vous et saluent l'entrée de nombreux VIP dans un crépitement de flashs. Puis la luminosité décline, l'agitation cesse.

Sur une bande-son house progressive conçue par Yann, les mannequins investissent le podium de leur démarche impeccable, sous le patronage du logo Jitrois inscrit sur un mur d'écrans blancs. Le cuir enveloppe la peau claire des filles comme une aura vibrante qui souligne leur beauté. Vénus aux jambes d'Amazones, la finesse de leurs corps élancés affermit leurs démarches. Mes pièces de cuir leur tiennent aussi bien lieu de luisantes parures que de séduisantes armures. C'est alors que les écrans blancs se couvrent progressivement de longues traînées de pétrole. Le fluide s'écoule et noircit les moniteurs, laissant scintiller le logo Jitrois en une hypnotisante phosphorescence. Face à cette éclipse de pétrole, les filles demeurent imperturbables, comme la persistance rétinienne d'un rêve de cuir. Elles se meuvent avec une détermination aussi saisissante que l'étoile rouge qui orne leurs chevelures. Après douze minutes de cadences, les écrans passent au noir total. Noyau de cette vision obscure, la marque Jitrois luit comme un ostensoir. La cérémonie se clôt sur des applaudissements enthousiastes qui font vibrer Moscou et résonnent dans le monde entier, de Paris à New York, de Hong Kong à Berlin.

J'ai conscience que la marque que j'ai construite à Nice il y a quarante ans représente un luxe à la française dont l'excellence le dispute à la subversion. Je suis heureux d'être l'humble ambassadeur de cette France audacieuse dans sa créativité et provocante dans sa singularité. C'est peut-être pour cela que le président Nicolas Sarkozy décide de m'élever au grade d'officier de la Légion d'honneur en 2012. Je partage cet honneur avec Jean-Michel Jarre, Michelle Yeoh, Franca Sozzani, qui œuvrent aussi à faire rayonner la culture et la création françaises. Mes amis sont là : parmi eux, Line Renaud, Marie-Anne Chazel, Marguerite Latsis, Emmanuel Petit et Marie, son épouse. Je suis honoré de la présence de Michèle Morgan. Je croise aussi Karl Lagerfeld et Carla Bruni. Ce jour-là, au ruban rouge de la Légion d'honneur se mêle le bleu du Mérite qui honore Jean Piat. Je suis ému de m'inscrire dans cette généalogie de légionnaires et fier de la reconnaissance que m'offre mon pays. Gilbert, Yann, Alexis et mon neveu Arnaud ne sont pas loin : c'est aussi grâce à leur soutien et à celui de mes équipes que je peux me prévaloir de cette médaille dont je partage avec eux le scintillement.

8

LA CITÉ DES FEMMES

Parmi les nuages, un dragon pourchasse une perle nacrée et plonge dans un camaïeu de bleu. Parmi les nuées, deux lions de Fo montent la garde face à un palais bleu cobalt. Je m'attarde devant un vase de mariage de forme balustre, décoré de lotus noyés de rinceaux indigo. Le bleu est partout. Il est splendide, lumineux. Il me rappelle l'École de Nice et les marines de Raoul Dufy. Je suis au cœur du musée national de la Chine à Pékin et j'y retrouve avec émotion cette couleur familière. Je continue ma visite, accompagné de mon interprète, qui se tient respectueusement en retrait. Alors que je m'avance vers la grande salle impériale, je suis subjugué par l'apparition d'un somptueux manteau d'homme en broderies de soie sur fond bleu nuit à décor de dragons qui traversent une mer écumante. J'admire l'assemblage des tissus, le travail de détail et la finesse des étoffes : le manteau semble posséder une personnalité, comme s'il flottait dans les airs. Je crois beaucoup en cette existence propre du vêtement : mes créations vivent avec leurs propriétaires, échappent à celui qui les a créées. Les vêtements Jitrois façonnent les hommes et les femmes qui les portent selon une grammaire autonome. En voyant ce magnifique manteau, je ne doute pas que l'habit est un symbole de puissance sociale aussi bien que la manifestation d'une intériorité ; une intériorité qui trouve le moyen d'exprimer par le vêtement ce que le langage, parfois, interdit : un désir caché, une force contrariée, ou tout simplement une beauté enfouie. Je termine la visite en traversant une immense salle qui abrite une armée de soldats de porcelaine, avant de découvrir, stupéfait, le costume funéraire en jade de l'empereur Liu Xiu. Je me perds dans ses reflets d'un vert étoilé.

Je sors du musée grisé par ses merveilleuses collections et me trouve sur la place Tian'anmen, face au mausolée de Mao Zedong. Me revient en mémoire le mausolée de Lénine à Moscou, que j'ai parcouru avec Alexis. Je contemple la Cité interdite, dont *Le Dernier Empereur* de Bertolucci m'a donné un aperçu lors de sa première en 1987 : je reconnais la porte du Midi, la porte de l'Harmonie suprême. Ce fut là le centre d'une des plus grandes civilisations du monde.

Mon interprète me rappelle que je dois retrouver Yann pour participer à l'inauguration de la boutique Jitrois de Pékin. D'origine chinoise, Jane, sa propriétaire, une de nos plus fidèles clientes de Londres, en a suggéré l'ouverture, car elle devine le succès à venir de la marque en Chine. Grande fortune de l'immobilier, c'est une femme d'affaires redoutable qui vit entre Hong Kong et Pékin. Avec sa fille, Zoé, elles ont choisi un des meilleurs emplacements pour la boutique, face au centre commercial Lane Crawford.

Les femmes ont toujours joué un rôle essentiel dans la vie de la marque. Gloria Blackburn à Los Angeles, Ingrid Méchoulam à New York, Joyce Ma à Hong Kong ou encore Marina Schreyer – autant de femmes puissantes et fortunées qui ont vu en Jitrois une expression de leur pouvoir.

Jane et Zoé : c'est une fois de plus par les femmes que nous pénétrons un marché, chinois en l'occurrence. Son fonctionnement est lié à des clans, à des familles ou des fortunes locales. C'est un monde à l'image de Pékin, plein d'oppositions et de disparités : présent et passé, histoire et actualité, tradition et révolution. Pékin est devenue une mégalopole où se côtoient immenses buildings brutalistes du district de la tour CCTV et vieux quartiers traversés de hutongs. Parfois, j'étouffe à cause de la pollution qui enserre la capitale dans un nuage opaque, et du bruit qui gronde en permanence et dont les vibrations continues me parviennent en un vague ronronnement. D'autres fois, je m'émerveille devant l'architecture rougeoyante du palais d'Été de l'impératrice Cixi ou le dédale de lacs, de jardins et de majestueux pavillons du parc Beihai. Cette ville, cœur d'un pays de plus d'un milliard d'habitants, respire la puissance. J'apprécie ces contrastes, car j'y devine une harmonie cachée, un équilibre entre de grandes forces. Après tout, j'ai construit la marque sur une rencontre entre la tradition du cuir et l'audace de formes contemporaines.

À Pékin, les femmes sont graciles, leurs silhouettes aussi fines que leurs alter ego moscovites. Mes vêtements sont des enveloppes parfaites pour ces corps sveltes et élégants. Je suis heureux de constater que Jitrois est souvent l'apanage de conquérantes sûres d'elles. C'est d'autant plus vrai en Chine, où de plus en plus de femmes choisissent de rester célibataires pour poursuivre leur carrière, leurs études, ou simplement pour disposer de plus d'indépendance. La carrière est décisive, le mariage secondaire.

Une imposante limousine mise à ma disposition m'arrête devant la boutique, où je retrouve Yann. Conçue par Christophe Pillet, elle est fidèle aux standards de la marque. Tout est prêt pour l'inauguration. Marc Diaz est sur place afin de former les vendeurs chinois aux codes de la maison. En Chine, le vendeur est d'une déférence extrême, il s'efface devant le client, se montre presque transparent face à ses désirs. Tout l'inverse de Marc ou de Gilbert, qui savent que l'expérience de vente de la marque est une forme de psychodrame : le client et le vendeur ont un rôle actif ; leur double courant d'échange fait partie de l'expérience Jitrois.

À mon arrivée, je suis sous le feu d'une nuée de photographes. Jane et Zoé me font un accueil impérial et me présentent à tout ce que Pékin compte de célébrités de la mode et du spectacle. On se presse à la boutique, où effluves de cuir bataillent avec de délicieux parfums d'encens. On sourit, on se salue en anglais ou en chinois. Mon interprète est d'une redoutable efficacité : me voici comme un poisson dans l'eau, à saluer l'un, à faire la conversation à l'autre, à répondre aux questions de l'une. J'aime mettre à l'aise mes interlocuteurs.

Loin de la caricature qu'on fait à tort d'eux, les Chinois ont un goût certain pour la fête, d'autant qu'ils affectionnent particulièrement le champagne – dont ils nous inondent d'ailleurs. On rit beaucoup, je discute avec des inconnues gainées de Jitrois qui évoluent dans la boutique avec la grâce de jeunes panthères. Je découvre que Jane a un carnet d'adresses phénoménal : elle me présente à Chen Luyu, vedette dont la célébrité est comparable à celle d'une Oprah Winfrey, puis à la star de cinéma Carina Lau, dont les yeux brillent lorsque j'évoque ma rencontre avec l'actrice Gong Li dans ma boutique de Paris.

Les photographes s'en donnent à cœur joie, si bien que le crépitement des flashs me ferait presque croire que je suis à Cannes. Zhang Ziyi, l'héroïne de *Tigre et Dragon*, fait une apparition remarquée. Qu'elle ait été mannequin ne me surprend pas, tant ses déplacements imitent la perfection d'un ballet de tai-chi. C'est ce qui me frappe lors de cette soirée : outre les silhouettes parfaites et les tailles dessinées, les invitées se meuvent avec une perfection presque fantomatique. Légèreté proprement aérienne – leur mobilité naturelle fait de chaque pas un glissement. Je suis attentif à cette conscience du corps très chinoise que je ne me lasse pas de discrètement observer. Je ne serai pas surpris d'apprendre par la suite que les arts martiaux chinois sont aussi une science de la précision et du déplacement.

Le dîner donné en mon honneur a lieu au cœur du plus grand parc privé de Pékin. On y est comme préservé du reste de la ville. Je suis saisi par le silence du jardin et les odeurs de pêcher et de cerisier qui embaument l'air. Deux splendides portes en bois ornées de lions gardiens marquent l'entrée du restaurant. Reçus par un staff en habits traditionnels chinois de soie et de broderies mordorées, nous traversons une série de petits salons en bois laqué fleurant les épices. À chaque déplacement, j'entends le frottement de la soie sur la peau, comme si le moindre pas était une caresse. Les tissus changent de couleur au gré des lumières qui enveloppent les différentes pièces. Je trouve ce spectacle aussi beau et délicat que le décor, inspiré de l'esthétique chinoise classique. J'effleure le mobilier, sombre quand il est fait de bois de rose ou plus clair lorsqu'il est de cèdre, dont la patine sensuelle érotise le toucher.

Nous arrivons comme une délégation impériale dans notre salon. Là, j'aperçois des symboles taoïstes ou confucianistes. Quelques visages de porcelaine nous regardent, impassibles, les traits plus inquiétants. Ici, la nourriture est porteuse de symboles comme la prospérité, l'abondance ou la longévité. Ce sont presque des formes archétypales de Carl Gustav Jung.

Je déguste un canard laqué en plusieurs services : le premier pour la saveur de la chair, le deuxième pour le croquant de la peau, le troisième pour la douceur de petites crêpes parfumées. J'apprends que le chef, dont la spécificité est de cuisiner à la mode impériale, comme sous le dernier empereur, a été au service du président

Hu Jintao. D'immenses bouquets multicolores ornent la table, parsemée de plats de légumes et de riz en forme d'animaux. Mes hôtes me témoignent une grande attention et un ballet dont je suis le centre, et qui ne vise qu'à me satisfaire, se joue discrètement autour de moi.

Je suis entouré de personnalités du spectacle et de sportifs, notamment un champion d'aviron très affable qui porte une énorme montre Richard Mille à plusieurs centaines de milliers d'euros. Ma voisine arbore quant à elle une rivière de diamants Bulgari, dont le nombre de carats est inversement proportionnel à son jeune âge. Jane a bien fait les choses, car on me propose un exceptionnel vin de Bordeaux. Je goûte au baijiu, alcool fort chinois traditionnel. Celui que l'on me sert est un cru exceptionnel. Un goût de riz brûlé presque caramélisé laisse place, une fois en bouche, à une puissante saveur d'alcool. Je trinque avec mon voisin sportif, comme le veut la coutume locale, qui accorde beaucoup de valeur aux toasts : « *Ganbei !* » Ce n'est pas mauvais, mais extrêmement fort. Mes hôtes sont ravis de me voir déguster. Cette boisson donne très chaud. Aussi, je demande à profiter du parc : le calme qui y règne contraste avec l'agitation de la ville au loin. Yann y goûte aussi un moment de silence après ces deux jours menés tambour battant.

Avant de repartir le lendemain pour Paris, on nous propose de visiter le 798 Art District, où nous nous rendons dès le matin. C'est un choc esthétique : cet incroyable complexe industriel chinois des années 1950 tranche en tous points avec la Cité impériale et ses trésors. À l'intérieur d'ateliers Bauhaus, l'art contemporain trépide dans ce qui fut un symbole de la puissance industrielle du pays jusqu'à Deng Xiaoping. On me présente l'artiste Liu Bolin, qui me reçoit dans son atelier. Liu Bolin : l'homme invisible. L'homme qui se fond dans les paysages et brouille l'identité du corps. Rendu célèbre par sa série emblématique « Hiding in the City », sa technique l'a amenée à se peindre minutieusement pour se fondre dans les paysages liés à différents aspects de la société chinoise. Bolin est simple et sympathique. Il nous convie à déjeuner dans une ambiance digne de la Factory de Warhol. Son pantalon de cuir Jitrois lui va parfaitement.

Nous repartons en limousine pour l'aéroport, dans un paysage de friches industrielles et de bâtiments du plus pur style brutaliste accolés aux vestiges d'anciennes pagodes. L'agitation de la ville est toujours palpable. Pékin ne dort jamais, comme New York. Si la capitale est le pivot de l'empire du Milieu, c'est aussi le domaine des femmes. Comme New York. Elles jouent aussi bien le rôle d'égéries que d'ambassadrices de la marque.

Originaire de Brooklyn, Wendy me demande dès les années 1980 de créer sa robe de mariée. Cliente au long cours, un peu amie, un peu muse, Wendy a un côté presque country à la Dolly Parton et une beauté très américaine, comparable à celle de la blonde Farrah Fawcett. Lorsqu'elle veut ouvrir un lieu qui reflète son goût très glamour pour la couture, son richissime mari ne peut dire non. Ce sera Kingdom, sis au cœur de Soho, quartier qui accueille de plus en plus de grandes marques de luxe. Wendy a des moyens considérables et sa connaissance intime des réseaux new-yorkais garantit à la boutique une clientèle fortunée, composée de riches anonymes, de businessmen et de *socialites* locales. Loin d'un caprice, Kingdom est une véritable entreprise qu'elle entend mener au succès. Son inauguration est un événement où se croisent *beautiful people*, relations de Wendy ou de son richissime époux et stars en vue, dont les frères Peter et Harry Brant, représentants de ce que New York a de plus glamour. J'y rencontre l'actrice Blake Lively, que le magazine *Time* s'apprête à faire entrer dans son palmarès des « 100 personnes les plus influentes de l'année ». Wendy offre à la marque ce dont rêve tout créateur : une immense notoriété auprès du gotha de la Grosse Pomme, composé de femmes comme Kim Kardashian ou Lindsay Lohan.

Kingdom m'ouvre aussi les portes de cercles new-yorkais certes discrets, mais considérablement influents. J'y fais la connaissance d'une de ses clientes, épouse d'un homme d'affaire et figure de la philanthropie américaine. Beaucoup de ses employés ayant perdu la vie lors de l'attentat du 11-Septembre, il a notamment assuré la sécurité matérielle de toutes les familles des victimes et reste profondément bouleversé par l'attaque, qui n'a fait qu'encourager sa fibre caritative. Sa femme, quant à elle, est la représentante de cette haute société new-yorkaise qui, malgré sa fortune, nourrit un goût consommé pour la discrétion et l'exclusivité.

Là où Wendy se montre pétillante et expansive, ma cliente de Kingdom conjugue le verbe et l'élégance. Ses vêtements sont d'un raffinement rare qui flatte sa silhouette fine. Aussi, lorsqu'elle me propose d'organiser une présentation dans son hôtel particulier proche de Central Park, j'accepte avec reconnaissance. Son enthousiasme maternel rappelle celui d'Ingrid Méchoulam pour nos premiers pas aux États-Unis. Elle nous accueille avec aménité chez elle et je découvre un bâtiment magnifique, caractéristique des bâtisses un brin Nouvelle-Angleterre du début du XXe siècle dont raffolent les riches New-Yorkais. Derrière une façade néo-classique se déploient des boiseries sombres et précieuses, un grand escalier nimbé d'odeurs de cire et un mobilier dont l'opulence, jamais ostentatoire, le dispute à un raffinement européen. Au cœur de ce palais urbain, je tombe nez-à-nez avec un impressionnant miroir concave bleuté d'Anish Kapoor, qui tranche délicieusement avec le classicisme des lieux.

La présentation se tient dans un salon de réception à double hauteur et réunit cent cinquante personnes. Ce *trunk show* est un événement qui participe de la vie new-yorkaise. Se voir inviter dans cet endroit représente un sésame. L'art de la conversation y reste aussi indispensable que revendiquer sa passion pour un couturier ou un peintre, voire appartenir au Cosmopolitan Club pour les femmes ou du Knick pour les hommes. Cette *high-society* demeure néanmoins très américaine dans son rapport décomplexé à l'argent et dans son absence de hiérarchies entre nouvelles et vieilles fortunes. Le maître mot ici est *charity*, autrement dit le don et la philanthropie, qui vont de pair avec le statut social. À ce titre, une partie des dons récoltés lors de ce *trunk show* iront à l'association du mari de notre cliente.

C'est là que je croise Jodi et Annette, toutes deux clientes fidèles de la marque, qu'elles ont découverte chez Kingdom. Jodi est P-DG d'un des grands noms de l'industrie mondiale de semi-conducteurs, et Annette a fait fortune dans les télécommunications en Nouvelle-Zélande. Remarquable femme d'affaires, Jodi est une figure du Women Leadership Council, cercle qui réunit les plus éminentes dirigeantes du moment. Qu'elles portent du Jitrois n'est pas un hasard, tant le cuir sied aux femmes comme elles, qui définissent en retour l'image de la marque.

Toutes deux me confient leur projet d'ouvrir un *flagship* Jitrois. Elles ont repéré une boutique à vendre au 959, Madison Avenue, proche de l'hôtel Carlyle. Le lieu leur a plu immédiatement. Volontaires et déterminées, elles s'investissent tout entières dans l'ouverture de l'adresse. Ce *flagship* est aussi le moyen pour elles de posséder un peu de Jitrois, de pénétrer ce milieu de la création. Jitrois est aussi la revendication d'une image, une mise en scène de leur carrière exceptionnelle et de leur statut. Elles sont de parfaites émissaires pour nous, dans une ville qui porte haut les couleurs du féminisme. C'est bien entendu Christophe Pillet qui se chargera de la conception de la boutique, où l'on retrouve nos archétypes : luminaires en acrylique, murs couverts de miroirs, buissons de tiges de plexiglas translucide. Sur le plancher blanc luminescent se reflètent les irisations dorées du plafond.

L'inauguration a lieu en 2015 : c'est le deuxième *flagship* Jitrois à ouvrir aux États-Unis. En hôtesses averties, Jodi et Annette choisissent la chanteuse Snoh Aalegra ce soir-là pour recevoir le New York des hommes d'affaires et des femmes fortunées. Ou plutôt l'inverse : des femmes d'affaires et des hommes fortunés, car, dans notre univers, les femmes sont actives, agissantes. Souvent, les hommes sont les spectateurs et adorateurs de ces femmes conquérantes. Envoûté par la voix soul de Snoh, je lance : « Aujourd'hui, j'embrasse tout le monde ! », ce qui les amuse beaucoup. Je les remercie de leur fidélité et me prête volontiers au jeu des selfies.

L'agitation des photographes attire une petite foule curieuse qui se masse devant la boutique. Entre deux flashs, je vois soudain Ingrid Méchoulam me sourire, puis, à ses côtés, Régine me faire un clin d'œil ! Toutes deux s'approchent pour me féliciter. Je n'en crois pas mes yeux. Mais ce n'est que mon imagination. Ou le champagne. Ou les deux. Leur image luit en moi : à l'une, je dois mon premier *trunk show* new-yorkais ; à l'autre, la conviction que tout est possible, surtout à New York. Je suis bien loin de la petite boutique de la Trump Tower, au bas d'un escalator et à côté des toilettes. Mais c'est ainsi que l'on apprend, sans honte du passé et avec l'envie de créer, de persévérer, d'entreprendre. J'agis en Américain et je pense en Français – cette soirée en est l'image, et la boutique, la consécration. Bientôt, les programmes américains comme *The Real Housewives of New York*, dont les participantes sont habillées en Jitrois, prendront leurs quartiers dans le *flagship* pour un épisode. Je m'amuse de ce palmarès dont je partage le mérite avec Gilbert et Yann.

À l'issue de l'inauguration, Jody et Annette ont convié pour un dîner très exclusif les meilleurs clients et quelques VIP, dont Ramona Singer, l'une des héroïnes de la célèbre émission. Nous nous retrouvons au Bilboquet, un des restaurants français les plus en vue de l'Upper East Side, qui œuvre dans le plus pur style bistrot chic. Nous sommes une vingtaine autour d'une magnifique table dont on m'a réservé la place centrale. Cet aréopage de beautés fait sensation, notamment Olga, la directrice de la boutique, avec son mètre quatre-vingt-cinq longiligne et sa blondeur extraordinaire. Se dégage de notre table un magnétisme que l'atmosphère joyeuse ne dément pas. À côté de moi : une jeune femme aussi gracile que Catwoman, regard de chat compris. Cette beauté urbaine me séduit par sa silhouette et sa haute taille. Elle porte une combinaison en cuir stretch noir de ma dernière collection et un rouge à lèvres carmin qui dessine sa bouche à la perfection. Je devine une peau blanche aussi fine que le voile d'une mariée sous les quelques espaces de chair dénudée.

Nous engageons la conversation et elle se présente sous le nom d'Amy ; très simplement, son regard soutient le mien, mais avec l'assurance du suzerain qui considère son vassal. La sensation est étrange, mais pas déplaisante. Il émane d'elle une autorité naturelle que sublime sa culture artistique et lyrique. Très touchée de me rencontrer, elle évoque avec une extrême justesse la maison Jitrois et, à mon grand étonnement, le travail du cuir et de la matière. Cette précision dans les termes confère à l'inconnue un charisme presque déroutant. Parfois, elle se tourne vers son voisin de droite, son compagnon, célèbre écrivain lauréat du prix Pulitzer – mais, étrangement, il l'écoute attentivement sans jamais prendre la parole. Il suffit d'un simple regard ou d'un imperceptible mouvement de tête d'Amy pour qu'il défasse sa serviette ou qu'il lui serve à boire. Je le trouve exceptionnellement prévenant. J'aurais aimé en apprendre davantage sur ses livres ou parler littérature avec lui, mais il semble qu'Amy ne le lui permette pas. Décidément, me dis-je amusé, les femmes Jitrois ne s'en laissent pas compter.

« Jean-Claude, il faut choisir le vin », me demande Jody.

Sous le charme d'Amy, je n'ai pas vu le sommelier patienter à côté de moi. Il me tend une carte où sont classées très rigoureusement de fastueuses bouteilles issues des plus grands vignobles français. Toute la table m'observe et attend. À New York, le restaurant français est un haut lieu de savoir-vivre et de distinction. Être français dans un restaurant français à New York soulève logiquement d'incroyables attentes chez mes hôtes. Peut-être m'imaginent-ils propriétaire de domaines viticoles d'exception ou m'ont-ils vu photographié devant mon ancien château de Lierville ? Je me concentre et prends un air extrêmement sérieux. Je fronce les sourcils. On ne perçoit plus que le discret tintement des bracelets en or massif de mes voisines. Je jette mon dévolu sur un exceptionnel meursault : à ce nom, la table tout entière pousse un cri de ravissement, même s'il demeure inconnu et totalement imprononçable pour certains.

Alors que je déguste le plat signature du restaurant, un exquis poulet cajun, quatre hommes patibulaires s'approchent de nous. Ils s'adressent à Gibert, Yann et moi, visiblement très à l'aise, comme si nous étions leurs invités. Ils débitent un anglais mâtiné d'espagnol dont je ne comprends pas un mot si ce n'est le terme « tequila ». Yann, amusé, m'explique qu'ils sont négociants en alcool. Leurs costumes rayés me font plutôt penser à des *bootleggers* à la *Borsalino*. Le staff ne semble pas se formaliser de leur présence. Ils ne prêtent aucune attention à mes voisines de table, qui papotent entre elles, hormis Jody, qui leur décoche son plus terrible regard. Au moment de quitter le restaurant, certaines empruntent leur propre limousine tandis que d'autres nous saluent avant de monter dans un taxi. Pas moyen de nous défaire des quatre pieds nickelés, qui insistent pour nous ramener au Carlyle en Hummer. Je rechigne, un peu stressé par ces inconnus, mais Gilbert et Yann ne se formalisent pas et trouvent même très pratique de ne pas rentrer à pied.

Nous revenons à Paris dès le lendemain, pris dans un tourbillon de *fashion weeks* et de collections, sans compter la recherche de nouveaux investisseurs pour financer la croissance de la maison. Le Covid mettra un coup d'arrêt à cette effervescence.

Le confinement instauré, nous fermons bien entendu la boutique, mettons les équipes au chômage partiel et nous replions rue de Rivoli, Édith, Gilbert, Yann et moi. La circulation et la frénésie de la rue ont fait place au silence. Soudain : un sentiment d'apesanteur. Les Tuileries, désertées par tous, sont une extension de mon appartement fantasmé en château, où je flâne comme un *gentleman farmer* arpentant sa propriété. J'en hume les senteurs et entends pour la première fois une multitude de chants d'oiseaux. Je n'ai jamais autant aimé la rue de Rivoli : elle révèle un visage que je ne lui connaissais pas, et j'apprends à la redécouvrir et à l'observer. Nous allons faire les courses à proximité, sans Yann, cloué au lit par le virus depuis le début de l'épidémie. Pendant les douze jours qu'il passe, malade puis convalescent, dans sa chambre, nous lui préparons chacun de ses repas, que nous glissons devant sa porte.

Le printemps est magnifique et nous donne une sensation de bien-être et de détente. Une fois guéri, Yann nous met tous au yoga une heure par jour : cette pratique me plaît, car elle travaille la maîtrise du corps, l'harmonisation de la respiration et des postures. J'y vois une forme de psychomotricité orientale. Nous organisons notre existence de façon très disciplinée, dans la régularité et le calme. Édith continue à nous régaler de sa cuisine : les repas pris ensemble restent des moments d'échanges privilégiés. C'est d'ailleurs au cours d'un dîner que je partage un souvenir qui rencontrera un grand succès auprès de Gilbert et Yann.

J'ai rencontré un soir, à l'Opéra de Paris, la chahbanou Farah Pahlavi, épouse du défunt shah d'Iran. Avec le port impérial qui sied à une ancienne souveraine, elle a eu cette réplique amusante : « Monsieur Jitrois, ce matin je vous ai vu dans mon placard. » Elle me signifiait avec esprit qu'elle était cliente de la maison, et que certaines de mes pièces garnissaient son vestiaire particulier.

À ce souvenir, j'ai l'idée de communiquer avec nos clientes, elles aussi confinées en jogging, via notre compte Instagram @jitroisparis. Je leur demande de dénicher dans leur vestiaire les pièces Jitrois qu'elles préfèrent, qui sont chargées d'une émotion heureuse, pour s'en vêtir, se mettre en scène et en faire un selfie afin de partager ce moment avec nous. C'est que la période est sombre, et l'anxiété palpable. Je souhaite proposer un moyen ludique de casser la négativité ambiante. Yann m'aide à monter une courte vidéo, prépare un conducteur et me filme, assis derrière une planche à repasser, en bermuda et tee-shirt blanc sous une chemise denim.

« Allez dans vos armoires, enfilez une pièce, racontez votre émotion et envoyez-nous la photo ! »

Le succès est immédiat : nos clientes postent leurs photos sur leur compte Instagram avec la mention #JitroisKlub et nous en repostons une partie. Certaines de mes amies, comme Anne Nivat ou Anne-Claire Coudray se prêtent au jeu. Se crée alors une communauté virtuelle dont Jitrois est le totem ludique : le Jitrois Klub est né. À l'évocation quotidienne de la maladie, nous substituons un dialogue fait d'enthousiasme et de vitalité. C'est ma façon de continuer à prendre soin de ma clientèle. Malgré cette période étrange, je reste indéniablement un animal social, qui fait de la relation le cœur de sa démarche de créateur. J'agis aussi en thérapeute, car je sais que certains souffrent de la solitude et qu'il est important de préserver et d'entretenir le lien. Je découvre qu'il est possible d'instaurer un rapport au monde via le digital qui ne soit ni toxique ni addictif.

Mes créations se prêtent bien aux images numériques : les couleurs, les matières sont vivantes et les clientes souvent très inventives. Elles éprouvent un attachement pour la marque qui me touche, et remettent au goût du jour des pièces parfois anciennes, mais qui leur vont à ravir. Il arrive que les filles empruntent les tenues Jitrois de leur mère et les réinterprètent, comme Carla Ginola. Jitrois est intergénérationnel. Via le #JitroisKlub, les clientes communiquent, créent de nouvelles amitiés ou en redécouvrent d'anciennes. Certains couples, je l'apprendrai plus tard, échangent même par ce canal, qui devient aussi un conduit de la communauté libertine. Je mute en un Choderlos de Laclos digital, initiateur de liaisons, non plus dangereuses, mais numériques et heureuses.

Cette période de réclusion m'a rendu beaucoup plus attentif aux réseaux sociaux, qui étaient déjà un vecteur de rayonnement important pour la marque, mais dont je ne réalisais pas l'exacte étendue. Je constate ainsi qu'Amy, ma voisine lors du fameux dîner new-yorkais, est une authentique maîtresse et met la marque à l'honneur dans ses publications particulières. À l'issue du confinement, nous voyons arriver à la boutique de Paris de plus en plus de couples américains à l'allure assurée, qui descendent souvent à l'hôtel Bristol, rue du Faubourg Saint-Honoré, non loin de la boutique. Ils publient des *stories* de leurs soirées souvent somptueuses et festives sur les réseaux sociaux. Ils recherchent la liberté à Paris, au gré de ce qu'ils nomment des voyages « art de vivre » – et que je qualifierais plutôt de voyages « *hard* de vivre ».

Leurs soirées s'organisent souvent à l'intérieur d'hôtels particuliers exclusifs et secrets de la capitale, autour de tables fastueuses : candélabres à deux ou cinq bougies en argent, chemins de table ornés de fleurs rares, porcelaines fines et couverts en vermeil. Les vins alternent entre grands crus de bordeaux dans une carafe à décanter et flacons iconiques de bourgogne, comme le bâtard-montrachet, servis dans des verres de cristal. Les assiettes sont souvent garnies de mets exceptionnels, gibiers, poissons ou abats blancs. On y devine un service impeccable. Les hommes portent le smoking et les femmes des robes Jitrois de cuir noir ou des pièces plus courtes et décolletées, qui laissent apercevoir guipures et porte-jarretelles. Au raffinement de la table succède une nouvelle étiquette, moins conventionnelle, où les femmes règnent sans partage. Les hommes ont les yeux bandés, agenouillés devant leur maîtresse et prêts à exaucer leur moindre désir, alors que d'autres s'inclinent devant des stilettos vertigineux.

C'est toute une scène que je découvre, curieux, par les réseaux sociaux, dont je comprends que Paris est un épicentre. J'apprends avec amusement que c'est une « tradition » qui remonte aux années 1970, inaugurée par l'écrivain Alain Robbe-Grillet et son épouse Catherine, grande maîtresse de cérémonie mondialement connue dans ce milieu. Sur ce théâtre aussi érotique que cérébral, c'est la femme qui dirige et organise face à un parterre d'hommes dociles. Je fais notamment la connaissance, à la boutique, d'une ravissante et élégante jeune femme, Dahlia, cliente Jitrois dont le compte Instagram est comme une mise en scène fantasmée d'elle-même. Sa beauté est exacerbée par ses tenues, qui fonctionnent comme des intensificateurs de désir. Si le fétichisme n'est pas une pratique dont je suis familier, Dahlia m'en démontre la sophistication.

Au-delà de cet univers, la marque attire des femmes indépendantes et actrices de leur propre vie. De Pékin à New York, de Londres à Paris, pour la majorité de mes clientes, la marque est la revendication d'un statut et d'un destin parfaitement assumés. La femme Jitrois est à elle-même son propre souverain.

Les femmes sont des phares pour moi. Du plus loin que je me souvienne, elles m'ont toujours inspiré. Dans mon enfance, mémé Lulu. Pendant ma période universitaire, Giselle Soubiran, Simone Veil, Eunice Kennedy, sans oublier mon épouse Édith. Par la suite, les plus grandes stars, de Brigitte Nielsen à Lady Gaga, ont été les meilleures ambassadrices de l'esprit Jitrois et de leur propre émancipation, si chèrement conquise et désormais inaliénable. Si j'ai pu en être même une seule fois le symbole, si aujourd'hui celles qui portent du Jitrois se sentent plus fortes, alors j'aurai transmis aux femmes une vision, ma vision, celle de la liberté.

Lorsque, ce 24 février 2024, j'assiste à une séance de photo au Studio Daguerre à Paris, je ne peux m'empêcher de repenser à toutes celles qui m'ont accompagné. Ce qu'elles m'ont transmis, c'est une résilience qui permet à la maison Jitrois d'être unique, de surmonter les obstacles comme elle célèbre les succès. S'il y eut des ruptures, ce furent aussi des commencements. Des femmes, j'ai gardé le courage et l'envie de faire, l'envie, toujours, de créer, l'envie qui éveille la curiosité : « *I do, I undo, I redo* », disait Louise Bourgeois.

Yann et Gilbert sont partout à la fois. De nouveaux mannequins me sont présentés alors que mes collaborateurs, Tristan, Jay, Ludovic, Céline, Ettore, Ariana, Mylène, Marc et Myriam, s'affairent sur le set. C'est à eux que je confie la marque Jitrois, c'est avec eux que je veux partager cette « envie de », cette énergie que je sens encore forte en moi. Je me sens bien, entouré de cette relève, dans ce Studio Daguerre où, en 1991, Tyen transmuait une Brigitte Nielsen hiératique en cariatide huilée portant un flacon de parfum géant. Je sais que je peux compter sur elle.

J'ai conscience que la maison a désormais son existence propre, qu'elle n'est plus seulement une émanation de moi. Je n'en suis plus l'unique dépositaire, mais j'en partage le douaire avec les femmes et les hommes qui m'entourent. Le « je » est devenu un « nous » : la marque Jitrois peut se prévaloir d'être un collectif. Jitrois, c'est une transmission et un partage. Quand je vois chacun à sa tâche au Studio, je comprends que la maison vit comme une tribu. Chacun sait ce qu'il doit faire, prêt à continuer l'aventure – cette aventure que j'ai commencée il y a plus d'un demi-siècle dans une petite boutique de

Nice. Pour que ce « nous » fonctionne, le mouvement, l'intuition, l'énergie et l'envie doivent s'y perpétuer.

Il faut du jeu. Le « nous » n'est rien sans le jeu. Le « nous » qui fédère Jitrois, c'est aussi une communauté ludique, que ce soit à la boutique, au studio ou ailleurs. Ce « nous » se nourrit d'un jeu plein de créativité, d'audace et de plaisir. Ce que je veux transmettre, c'est Jitrois, à eux et aux jeunes passionnés, un nom, la beauté d'une aventure humaine qui naquit d'un petit garçon gorgé du soleil d'Aix et d'Oran. Ce soleil fut si généreux que je ne saurais vivre aujourd'hui sans le partager.

Épilogue

Le papier est blanc. Immaculé. Je le caresse. C'est un bristol au gaufrage épais et délicat qui a la douceur du cuir. Je parcours de l'index le plein et le délié de ses lettres en relief. J'y lis : « Présidence de la République », « Palais de l'Élysée ». Le dîner de la mode a lieu le 2 octobre 2023 et j'y suis officiellement invité.

Pour m'y rendre, j'emprunte le Faubourg, voie royale vers ma mémoire. Je me dirige vers la boutique du 38, qui en est l'épicentre. Chaque souvenir s'y tapit et ronronne, faussement endormi. Parfois l'un d'entre eux se réveille : Liza Minnelli, Elton John, Mike Tyson ou Johnny Hallyday. Il suffit d'une silhouette gainée de cuir pour que le passé s'anime. Je retrouve Gilbert et Yann. Ils me sourient, s'assurent de chaque détail de ma tenue.

« Oui, j'ai bien mon passeport », leur dis-je, amusé de leur sollicitude.

À l'entrée du palais de l'Élysée, il y a déjà une petite file d'attente devant le contrôle de sécurité. Je présente mon invitation et mon passeport à un jeune gendarme. Il fronce les sourcils. Il s'étonne que les noms diffèrent, car le passeport est au nom de Jean-Claude Coste, et l'invitation au nom de Jitrois. Il tique. Je le regarde sans rien dire. J'ai l'habitude.

« Mais enfin, veuillez laisser passer monsieur Jitrois », lui enjoint alors fermement un officier en charge du protocole.

Ce jeune garde n'a peut-être pas tort : qui suis-je ? Jitrois ? Coste ? Suis-je le thérapeute, l'universitaire ou le couturier ? Le fils, le mari, le père ou l'amant ? Comment se fier à un passeport qui ne reflète qu'une identité de façade, un nom qui en dissimule tellement d'autres ?

On m'ouvre alors les portes du palais et, si j'en franchis le seuil, ce n'est pas par effraction, mais à l'invitation de son hôte-président. Seul, je traverse la cour d'honneur de l'Élysée. Arrivé sur le perron, je repense à cette autre cour, celle de l'hôpital Montperrin. Soixante-dix ans les séparent. Dans le hall, je suis accueilli par un huissier qui m'indique ma place et me sourit : « Vous avez de la chance, monsieur Jitrois : vous êtes à la table d'honneur. »

La jeune femme me guide vers les jardins, où se tient un cocktail. On respire en ces lieux verdoyants un parfum de nature peu commun à Paris. J'ai l'heureuse surprise de retrouver et d'embrasser mon amie Cher. Elle me demande des nouvelles de Jérôme, mon fils, dont elle avait fêté avec nous les 10 ans à Saint-Tropez. Puis nous nous regardons quelques secondes en silence. Le temps n'a pas effacé les étoiles qui brillent dans nos yeux.

Il est désormais temps de regagner nos places. Cher est assise non loin de moi. Je reconnais Nicolas Ghesquière et Anna Wintour derrière ses lunettes de soleil. À côté de moi Jon Batiste, dont on loue les talents de pianiste, non loin de Pharrell Williams. Je découvre avec plaisir que ma voisine est Maria Grazia Chiuri, de chez Dior. Notre hôte s'attarde avec les uns, échange quelques mots avec les autres. Il vient me saluer chaleureusement avant de s'asseoir à son tour, non loin de son épouse, qui me sourit. L'atmosphère est détendue. Les ors de la République réunissent tout ce que l'empire de la mode a de plus glamour. Au craquement si parfaitement français des parquets XVIIIe, sous les boiseries dorées de ce magnifique salon, j'imagine les personnages et les gloires qui s'y sont succédé. On s'attendrait presque à voir la Pompadour croiser de Gaulle.

Je me baisse pour ramasser ma serviette, mais une main s'en saisit et la repose sur mes genoux. Cela me rappelle un vieux souvenir de Lierville. Je lève les yeux. Je le reconnais immédiatement. Son visage est lumineux.

« Philippe, fais-je dans un murmure. Philippe, c'est toi ? »

Je frissonne. Je me laisse aller à ce glissement, à cette superposition du passé, du présent vers l'avenir. Serge Gainsbourg, assis au piano, improvise « La Javanaise », reprise en chœur par l'assemblée : *Nous nous aimions, le temps d'une chanson*. J'aperçois César comme un coq en pâte, qui tente d'entreprendre Naomi Campbell.

Il ne parle pas anglais, mais un patois niçois. Elle ne comprend rien, ne semble même pas le voir. Il ne s'en formalise pas et me fait un clin d'œil, goguenard.

Je regarde à ma gauche : ma voisine a changé. Elle est de dos ; sa silhouette, ses manières, son chignon blanc me sont familiers. Elle se retourne. Son regard est si plissé qu'il dégage une étonnante intensité. Je reconnais ses yeux bleus.

« Enfin on se rencontre, Jean-Claude », me salue Marguerite Yourcenar.

Un cri de joie attire mon attention. Je sursaute. Je regarde le jardin à travers les immenses fenêtres. La neige recouvre tout. Un petit garçon radieux attrape les flocons qui tourbillonnent autour de lui. Il court, il saute, son souffle s'échappe en volutes. Il déborde de vie. Puis il s'arrête, se retourne, me regarde ardemment. C'est mon petit-fils. C'est Adrien.

Remerciements à :

S.A.R. la Princesse Caroline de Hanovre, S.A.S. la Princesse Stéphanie de Monaco.

Brigitte Bardot, Jack Lang, Nicolas Sarkozy, Carla Bruni, Brigitte Macron.

Mes collaborateurs : Ariana, Céline, Émilie, Ettore, Gilles, Ingmar, Jay, Jocelyne, Ludovic, Marc, François Métreau, Guillaume Monnier, Myriam, Mylène, Thierry, Tristan.

L'œil de : Stéphane Cardinale, Les Cyclopes, Gilles Dufour, Karl Lagerfeld, Jean-Baptiste Mondino, Helmut Newton, Thierry Perez, Henri Tullio, Vincent Peters, Rankin, Pierre de Saint-Tropez, Katie Shillingford, Tyen.

La plume de : Mademoiselle Agnès, Laurence Benaïm, Henry Chapier, Anne-Claire Coudray, Éric Dahan, Niki

Galopin, Agathe Godard, Matthias Gunther, Marie-José Jalou, Kappauf, Anne Nivat, Natacha Polony, Carine Roitfeld, Anne-Florence Schmitt.

L'affection de : Ursula Andress, Marisa Berenson, Marie-Anne Chazel, Cher, Sylvie Choux, Yanou Collart, Joan Collins, Miley Cyrus, Vanessa Demouy, Céline Dion, Arielle Dombasle, Massimo Gargia, Carla Ginola, Laeticia Hallyday, Gabriel, Elton John, Francis et André Ladoux, Lady Gaga, Julien Landais, Philippe Lepek, Véronique Locci, Ali Mahdavi, Ingrid Méchoulam, Kylie Minogue, Éric Mouez, Brigitte Nielsen, Nikos, Alexis Pène, Diane Pernet, Emmanuel Petit, Dominique Piermay, Christophe Pillet, Michel & Danyellah Polnareff, Ariane Porthault, Stéphane Ratel, Régine, Axel Schmidt, Tuuli Shipster, Sylvie Tellier, Timothé Toury.

& Clément et Isabelle.

Crédits photographiques

Page 1 : coll. part. © D.R.

Page 2 : coll. part. © D.R.

Page 3, en haut et en bas à gauche : coll. part. © D.R. ; en bas à droite : © Alain Levy / L'Officiel de la couture

Page 4 : coll. part. © D.R.

Page 5, en haut : © Jean-Claude Sauer / Paris Match / Getty Images ; en bas à gauche : coll. part. © D.R. ; en bas à droite : © Tyen

Page 6 : coll. part. © D.R.

Page 7, en haut : coll. part. © D.R. ; en bas à gauche : © Tyen ; en bas à droite : © Jean-Baptiste Mondino / Vogue

Page 8, en haut à gauche : © Alice Springs / Helmut Newton Foundation / Trunk Archive ; en haut à droite : © Helmut Newton Foundation / Trunk Archive ; en bas à gauche : Karl

Table

Cet ouvrage a été imprimé en France par
CPI Brodard & Taupin
Avenue Rhin et Danube
72200 La Flèche (France)

pour le compte des Éditions Fayard
13 rue du Montparnasse, 75006 Paris
en juillet 2024

Photocomposition Nord Compo à Villeneuve-d'Ascq

PAPIER CERTIFIÉ

fayard s'engage pour l'environnement en réduisant l'empreinte carbone de ses livres. Celle de cet exemplaire est de :
450 g éq. CO_2
Rendez-vous sur www.fayard-durable.fr

Dépôt légal : septembre 2024
N° d'édition : 25-1508-2/01 - N° d'impression : 3057830